U0894546

文化关键词研究

第二辑

主编　李建中　高文强

WUHAN UNIVERSITY PRESS
武汉大学出版社

文化与文学研究

教学研究园地

硕博论坛

关键词方法研究

关键词的维度、现场和普泛价值

——以延安文艺为例

吴　艳

（江汉大学武汉语言文化研究中心）

摘　要：关键词研究不是今天才出现的，但关键词研究流行起来，却是源自于对英国学者雷蒙·威廉斯《关键词：文化与社会的词汇》的译介和相关研究成果。关键词研究存在两个维度，一是“语义学”即“新训诂学”维度，二是“历史语义学”维度。前者具有中国治学传统色彩，后者则是强调历史的“现在”风貌和普泛价值，是雷蒙·威廉斯关键词研究的新贡献。

关键词：关键词　维度　现场　普泛价值

对关键词研究成果的综论，影响比较大的恐怕是陈平原的《学术史视野中的“关键词”》。该文分上、下两部分，刊发于《读书》2008年的第4期和第5期。关键词研究的长处大家有目共睹，其短处是容易滑向一元论、霸权化和快餐化。我自己一直以来就想梳理延安文艺批评的关键词，在工作过程中，碰到一些问题，把它们整理出来，求教于各位学者同仁。

一、关键词研究的维度

几乎从一开始，对于“关键词”的引介就蕴涵了两种不太相同的工作目标：第一，通过厘清各专业术语的来龙去脉，达成基本共识，建立学界对话的平台；第二，理解各“关键词”自身内部的缝隙，通过剖析这些缝隙，描述其演变轨迹，达成对于某一时代学术思想的洞察。前者演变成“某特殊学科的术语汇编”，即普及适用的专门辞书，后者通过“对于一种词汇质疑探询的纪录”成为某一具体领域的专门史。不可否认，在“厘清概念”的同时，研究者也都不动声色地展现了自家的学术立场。①

当代“关键词批评”以英国学者雷蒙·威廉斯的专著《关键词：文化与社会的词汇》的出版为标志。这之前，与其相关的是“范畴”研究。如20世纪90年代，由中国人民大学蔡钟翔先生主持的中国古代文论范畴研究丛书，再往前推，有朱自清著述的《诗言志辨》。朱自清考辨批评史上有至关重要的“四个词句”：“诗言志”“比兴”“诗教”“正变”。其方法是将语义分析和历史考据相结合，“寻出各个批评的意念如何发生，如何演变——寻出它们的史迹”②。也就是关注“批评的意念如何发生，如何演变”这一研究策略。传统中国学术也有类似的思路。

关键词的爬梳整理在时空上有所侧重，时间上分为古代的、现代的，也有从当下文学研究里发现提炼新的关键词；空间上有国内的，也有国外的，后者主要是西方国家的。如王国维《论新学语之输入》中对新学语“直觉”的引介。他说：

① 参见陈平原：《学术史视野中的“关键词”》，《读书》2008年第4期。

② 朱自清：《朱自清全集》第6卷，江苏教育出版社1990年版，第127页。

夫 intuition 者，谓吾心直觉五官之感觉，故听、嗅、尝、触，苟于五官之作用外加以心之作用，皆谓之 intuition，不独目之所观而已。……则但谓之观，亦有未妥。然在原语，亦有此病，不独译语而。intuition 之语源出于拉丁之 in 及 tuitus 二语。tuitus 者，观之意味也。盖观之作用，于五宫中为最要，故悉取由他官之知觉，而以其最要之名名之也。①

我们当然不能只看到西方的关键词研究与我们传统文学研究的相关性，更应该注意两者的差异性。雷蒙·威廉斯《关键词：文化与社会的词汇》的研究方法与传统的范畴研究或者学语(术语)研究的不同之处在哪里？简单说来就是雷蒙·威廉斯的“历史语义学”(historicalsemantics)，其特征“不仅强调词义的历史源头及演变，而且强调历史的‘现在’风貌——现在意义、暗示与关系”②。

所谓语义学(semantics)，其范围与我国传统训诂学相当，治学方法上则有很大差异。早在 1947 年，语言学家王力先生就将西方的“语义学”称为“新训诂学”(在《开明书店二十周年纪念文集》上，王力发表《新训诂学》)。“新训诂学”不满于旧训诂学只研究某词语汉以前的古义，“新训诂学”也研究某词语千百年后新起的意义 。

雷蒙·威廉斯的关键词研究前一半是“新训诂学”，即语义学的研究方法，后一半则是“历史语义学”的，它“强调历史的‘现在’风貌——现在意义、暗示与关系。”这里出现了关键词的几次转换：从传统训诂学到王力的“新训诂学”，从“语义学”即“新训诂学”到“历史语义学”。雷

① 王国维：《王国维遗书》第 3 册，上海古籍书店 1983 年版，第 532 页。

② [英]雷蒙·威廉斯著，刘建基译：《关键词：文化与社会的词汇》，三联书店 2005 年版，第 17 页。

蒙·威廉斯《关键词：文化与社会的词汇》不仅具备“语义学”即“新训诂学”意义，同时更具备“历史语义学”的新元素，从某种程度上可以说是在旧有研究方法的基础上向前推进一步，像贺麟说的“必定要旧中之新，有历史有渊源的新，才是真正的新”①。

我们在运用关键词研究方法的时候，其实存在两个维度，一是“语义学”即“新训诂学”维度，二是“历史语义学”维度。前者具备中国治学传统根基，后者则是强调当下价值，是我们传统文学研究比较不太看重的方面。

二、关键词的发生史和发展史

在关键词研究的第一个维度“语义学”即“新训诂学”维度里，我们应该考辨经史子书，认真仔细考辨某一个关键词的历史源头及演变过程。

以延安文艺时期的“歌颂和暴露”“普及与提高”关键词为例。

文学的“歌颂与暴露”问题源于延安文艺整风中挨了批评或批判的作家和作品。如丁玲小说《在医院中》和杂文《三八节有感》、艾青论文《了解作家、尊重作家》、罗峰杂文《还是杂文的时代》、萧军杂文《论同志之“爱”与“耐”》，还有就是王实味的杂文《野百合花》《政治家，艺术家》。这些文本的共同特点，是“暴露”延安的阴暗面。延安时期的文艺，就不能抒写延安的阴暗面么？我们知道文艺作品从来就不回避现实中存在的问题，从某个角度甚至可以说文艺创作是作家“不满”的产物。暴露延安问题的杂文或小说在今天看来没有什么问题或者没有什么大问题，但是，当我们看到王实味《野百合花》被国民党特务收入“反共小

① 贺麟：《五伦观念的新检讨》，《文化与人生》，商务印书馆 1988 年版，第 51 页。

册子”中，我们是不是会吓得出了一身冷汗？文艺的歌颂与暴露问题，在延安时期就不是一个简单的学术问题，在某种角度，可以说是生死攸关的问题。

再看“普及与提高”这个关键词。为什么延安时期那么重视文艺的普及工作？延安时期的“演大戏”昙花一现，而秧歌剧却红红火火？《讲话》以后更是如此。这好像也只是一个简单的问题，我们仍然可以用战时的工具论、服务论解释，但这是不够的。提出“普及与提高问题”的重要基础是战时的工具论与服务论，这是不错的。具体说就是当时、当地的文艺受众状况决定了普及重于提高。要知道，在红军到达陕北之前，延安是全国最落后的地方之一，也是文化教育的荒原。陕甘宁边区成立以后，这种状况有了很大改善，但还没有得到根本改变。据《解放日报》统计，1941 年 11 月，陕甘宁边区的文盲人数占总人口的百分之九十三到百分之九十五，学龄儿童在学的只有四分之一①。所谓的贫穷、落后，反映在物资的、文化的、地域的、时代的诸多方面，这就是延安文艺面对的艺术受众与现实的最大特点。鲁艺的演“大戏”，开始为了学习技术，开扩视野是可以的，后来把“大戏”的演出与政治活动联系起来，以表示为政治服务的热情，结果显得文不对题。如欢迎周恩来等回延安，演出罗穆的《钟表匠与女医生》等。关键还在于，当时的延安处在战事频繁、物质匮乏、民众文化水平低下的环境里，要演好大戏十分困难，大戏演多了也不合时宜。在飞沙走石的年代，纯艺术的追求总是被大打折扣。

以上是“歌颂和暴露”“普及与提高”的发生史，两个关键词的发展史就更加复杂了。

---

① 邹贤敏：《东方马克思主义的典型示范》，载《邹贤敏学术文集》，湖北人民出版社 2008 年版，第 768 页。

“歌颂和暴露”这个关键词，到1977年就演变成“歌德与缺德”了。

1977年第11期《人民文学》发表刘心武的短篇小说《班主任》、1978年8月11日《文汇报》刊登卢新华的短篇小说《伤痕》引发了一场关于“伤痕文学”的争论，争论焦点集中在应不应该“暴露”、能不能揭露社会“阴暗面”等问题上，而且争论日趋广泛，进而出现了关于“歌颂与暴露”、“向前看”还是“向后看”的大讨论。

“歌文”中心思想是说，文艺工作者的任务是“歌德”——歌颂党、国家、社会主义和人民大众，而不是“缺德”——专门揭露“阴暗面”。从这个观点出发，文章把写“伤痕”、把揭露社会主义时期生活中的阴暗面的作品视为“缺德”，对“伤痕文学”进行了批判。而且，由于“文化大革命”“流韵”的影响，这种批判明显地像是一篇“大批判稿”。

7月16日《人民日报》发表阎纲的文章，指出“现在还是放得不够”，不是放得太过头了，批评有些人“以为中央重申四项基本原则就是文艺界反右的信号，因而又操起棍子准备打人了”。7月20日，《光明日报》发表王若望《春天里的一股冷风》的批评文章，言辞很“激愤”。说“歌文”犹如春天里刮来的“冷风”，是貌似正确的“谬论”。“其语气又何等霸道!”“比江青还江青”，“比张春桥十三年还十三年”。这篇文章使不同观点的争论带上浓重的火药味。《红旗》杂志发表的署名文章强调：“歌文”这些观点，同粉碎“四人帮”以来我国文艺界的斗争实践和创作现状很不相符，同党的十一届三中全会提出的解放思想、实事求是的方针背道而驰，因而是片面的、错误的。正如报刊上有的文章所指出的那样，它是“春天里的一股冷风”。在这股冷风的后面，可以明显地感觉到文艺界极“左”思潮的影响是不能低估的。7月31日，《人民日报》第三版以整版篇幅就“歌文”展开讨论，其中包括周岳的文艺短评《阻挡不住春天的脚步》，并转载了王若望的文章。周岳的短评把问题上升到政治高度，认为这篇文章是打着“歌颂社会主义”“为四化服务”的旗号，散布极“左”思潮，反对解放思想，反对“双百”方针，抵制中共十一届三中全会精神的贯彻执行。随后，不少省、市以召开座谈会等形式展开了对“歌文”的批评，文学论争已遍及全国20多个省市。

时任中宣部长的胡耀邦洞察了这一切，他抱着鼓励、支持“百花齐放，百家争鸣”的态度，按照“三不主义”(不扣帽子，不打棍子，不揪辫子)的原则，本着倡导一种新的文艺批评风气，加强文艺界团结，繁荣文艺创作的目的，指示中宣部，于当年9月4日至7日召开了一个小型座谈会，专门讨论这篇文章的得失。他亲自到会谈了自己的看法，他说，“李剑同志是个好青年，写了这篇有错误、有缺点的东西，我们不要过分地追究”，“对文艺上的争论问题，我们都要用同志式的，平心静气的方法来交谈、讨论，弄清思想，团结同志，促进文学艺术的繁荣”。会上李剑也作了自我批评，遂使这场争论趋于平息。

一个月后，中国文学艺术工作者第四次代表大会在北京召开，邓小平专门到会发表了祝辞。在讲到文艺批评时，他指出，“在文艺队伍内部都要提倡同志式的、友好的讨论，提倡摆事实、讲道理。允许批评，允许反批评，要坚持真理，修正错误”。这段讲话，当然是对历次文学运动经验教训的总结，而是否暗含着对于一个月前刚刚平息的“歌德”“缺德”争鸣的评价，耐人寻味。

从这次论争里，我们至少可以看到几条线索：起因与结果，首开了言者无罪的先例，是新时期文艺界思想解放的先声和标志。① 党的领导人的态度、文艺界专家的观点等，都释放出了许多新信息。

---

① 张范津：《歌德与“缺德”——新时期文学的一次大论战》，《邢台日报》2009年3月31日。

三、关键词的“现场意义”和普泛价值

关键词的“现场意义”一般在“厘清概念”的过程中体现出来，研究者既可不动声色地展现自家学术立场，也可适当地加以阐释。关键词的“现在风貌”即普泛价值，则是我们梳理关键词的发生史和发展史后的应有之义，比较困难，也比较容易被忽略。

比如“普及与提高”这个关键词。前面讲过延安时期“普及与提高”问题的紧迫性，其中普及重于提高，这是由当时文艺受众文化水平低下决定的。现在，“普及与提高”恐怕是提高重于普及。像习近平总书记在文艺座谈会上讲的，现在的文艺创造是“有高原没有高峰”，这就是要提高文艺创作水平，出精品杰作。再比如，网络文学创作写手有 70%的人不以文学的审美追求为目标，这就从另一个方面证明提出了网络写手提高文学创作水平的问题。

当然，关键词的普泛价值常常与特殊学科的基本问题发生联系，以新视角或者用新方法言说学科基本问题。因而，关键词研究结果，其理想状态是既有“某特殊学科的术语汇编”即普及适用的专门辞书，通过“对于一种词汇质疑探询的纪录”成为某一具体领域的专门史；也有如韦勒克《文学研究中的现实主义概念》般的以追踪某一个关键词而书写的专著。

韦勒克《文学研究中的现实主义概念》①追溯了现实主义术语在欧美各国的发生史和在时间和空间上的流行流变史。韦勒克告诉我们，现实主义这个概念在文学领域的具体运用是 1826 年。这个术语的流行与画家

① 韦勒克著，张今言译：《文学研究中的现实主义概念》，《批评的概念》，中国美术学院出版社 1999 年版，第 214-245 页。

库尔贝和小说家尚弗勒里的积极应用有关。此术语被20世纪的现代主义先锋派视为保守的现实主义，在19世纪诞生之时也具有挑战文学成规的前卫品格。现实主义是作为浪漫主义的对立面和论辩敌手出现的，它本源地含有反对幻想和伪饰崇尚真实的意义。历史地看，现实主义发端于与浪漫主义的论争，最终在与现代主义的论战中逐渐丧失了主流话语的位置。

如何将一个关键词敷演成一部专著？这又涉及关键词的选择问题。选择关键词与研究目标关系密切。我曾经写过一篇题为《“关键词”的选择与言说——以刘勰〈文心雕龙·风骨〉篇为例》的文章，说明《文心雕龙》凡50篇，除《序志》篇外，每篇标题就是一个“关键词”。各“关键词”的言说可独立成篇，又共同组成一个“体大思精”的理论专著。此文选择49个关键词加以论述，基于刘勰对他那个时代文风、文论状态的把握，也关涉写作《文心雕龙》的动机。认为选择关键词与论者写作目的紧密联系，写作动机高下决定关键词选择后预期言说目标之高下。刘勰研究关键词的方法——面向当下、面向问题、振叶寻根、观澜索源、敷理举统等也是我们今天应该学习的。

关键词研究不是今天才出现的，但关键词研究流行起来，却是源自于对英国学者雷蒙·威廉斯《关键词：文化与社会的词汇》的译介和相关研究成果。关键词的选择、辨析及其对当下意义的阐释，关乎研究者的学术准备、学术目标和学术趣味。学人治学多半具备不同路径，“江山代有才人出”，学界时有新思潮（以及“新术语”），正常的状态是：旧学新知，互相竞争。有人追求血统纯正，一以贯之；有人喜欢博采众长，融会贯通，各有各的利弊，这倒是我们应该注意的。

沈兼士释“鬼”与关键词研究的中国路径*

袁　劲

（武汉大学文学院）

摘　要：沈兼士对“鬼”字的解读，曾得到陈寅恪“凡解释一字即是作一部文化史”的认肯。就后世影响而言，“解字”与“作文化史”的“新训诂学”标准已成经典之论，然而作为根据的所论之经典却一直隐而不彰。其实，沈兼士因袭中国传统而又融入时代新变的“鬼”字解读，可谓兼具阐释的效力与魅力。站在今天回顾，厘定“鬼”字本指“类人异兽”自成一说，也经受住了检验；置入时空坐标轴与时代大语境观之，这一解读还蕴含着“打鬼”的微言大义与言说智慧。详细疏理“鬼”字释读的脉络，兼及未曾全面施行的新训诂学构想，可发现沈兼士对旧训诂学的改造已融入时空结合、古今对接与跨学科论证等新观念。对于文化关键词研究而言，这种根植于本土“解字”传统，又兼取西学而有所损益的理念与实践，如同一座待采富矿，实可谓“其则不远”。

关键词：鬼　沈兼士　新训诂学　关键词研究

---

* 基金项目：武汉大学博士生自主科研重点项目《元典关键词研究的学术路径与方法论探索》（2015111010201）。

作为中国传统文化的重要概念，“鬼”字早在殷墟甲骨卜辞中便已出现。轴心期以降，“鬼”义便已多层绽放。《易·既济》爻辞载有“高宗伐鬼方”之事，《墨子》创立“明鬼”之说，而《楚辞》多摹“山鬼”之象。时至中古，本土民间信仰又与外来释教义理相融合，遂形成根植于原始文化而施及当下的庞大“鬼”字释义体系。在今日主流与官方话语中，与迷信相关的鬼神义项已多被科学思想所涤除，但“小鬼头”“讨厌鬼”“鬼点子”等民间话语却依旧鲜活。如果借用文化研究学者雷蒙·威廉斯的“关键词”标准衡量，“鬼”字无疑是中国文化情境及诠释里“重要且相关的词”，并在特定的思想领域内“意味深长且具指示性”①。“鬼”字实为关键，却不易索解。俗语有“罔两易图，狗马难效”之谓，强调言人人殊的不确定性。可以想见的是，穿透纷繁复杂的释义而探源“鬼”字的来龙去脉，绝不是一件容易的事，正所谓“关键将塞，则神有遁心”（《文心雕龙·神思》）。“鬼”字的被污名与边缘化遭遇，使得原本立体化的释义体系被熨平，同时也丧失了释义背后的多重语境。当然，又所谓“发其关键，直睹堂奥”（《二程遗书附录》引范祖禹评程颢语），一旦破解时过境迁积淀而成“门户之见”，便可收获文字演变背后更为丰富的文化叙事密码。对于今日学者而言，拿起“鬼”这一枚 key word，叩门启钥，进而探得传统文化之“神”，实有中西两条学术取径：既可沿着文化关键词研究的西学路径跟进，亦可遵循清儒戴震所谓“由字以通词，由词以通道”（《与是仲明论学书》）的传统训诂展开。前者可视作他山利器，在引进吸收后为我所用；后者本就是看家本领，当下亟需拂去蒙尘砥砺其术。相较于“词语的政治学”（陆建德评《关键词：文化与社会的词汇》），传统经典训诂基础上的“解字”亦不曾丧失阐释的效力与魅力——沈兼士在

① ［英］雷蒙·威廉斯著，刘建基译：《关键词：文化与社会的词汇》，生活·读书·新知三联书店 2005 年版，导言第 7 页。

1936年的释“鬼”可为证。

一、旧事重提：陈寅恪经典之论与所论之经典

陈寅恪先生曾言：“依照今日训诂学之标准，凡解释一字即是作一部文化史。”①这句精当的概括业已成为种种国内关键词与文化史著作的“高引文献”。对于此项“标准”，多数学者日用而不察焉，仅仅止步于“引用”却未能按图索骥。于是，陈寅恪立论所据的“原始文献”也就无人问津久矣。其实，陈氏之论原本出自写给沈兼士先生的一封信——在引用者笔下，这一背景信息往往只会以注脚或参考文献的形式顺带一提。在信中，陈寅恪高度评价了沈兼士所作《“鬼”字原始意义之试探》一文，不唯直言“欢喜敬佩之至”，更以“凡解释一字即是作一部文化史”之标准称赞其开创价值：

> 大著读讫，欢喜敬佩之至，依照今日训诂学之标准，凡解释一字即是作一部文化史。中国近日著作能适合此定义者以寅恪所见，唯公此文足以当之无愧也。②

于继续“解字”而“作文化史”的后学而言，陈寅恪先生的经典评论无疑具有导航性，可仅仅铭记“定义”而不参照“足以当之无愧”的原著，便难免留下浅尝辄止乃至买椟还珠的遗憾。在关键词研究已然形成庞大“学术场”的今天，这一桩因陈寅恪经典之论而掩盖所论之经典的旧事，

① 陈寅恪：《陈寅恪先生来函》，《沈兼士学术论文集》，中华书局1986年版，第202页。

② 陈寅恪：《陈寅恪先生来函》，《沈兼士学术论文集》，中华书局1986年版，第202页。

仍有重提的必要。或者说，早在1936年，作为关键词研究先行者的“鬼”字探源便具备了阐释的效力与魅力。它对于今人的启示，也不应只是一条高度凝练的理想标准，因为“定义”背后还包含着更为广阔的阐释空间与具体的方法论价值。

以今日“关键词”“观念史”乃至“语义学”等种种成熟的研究方法观之，沈兼士先生的这篇文章亦堪称解读“鬼”字的精彩个案。遵循“从语言文字学着眼研究鬼字之语根”①的总体思路，该文先由“鬼”“畏”“禺”的音义“连锁性”判定三字原指一物(即类似人形的异兽)，进而勾连从“鬼”之字形、声音诸字与“鬼”之引申义及其转语，再佐以传世文献和出土殷墟卜辞相印证，最终勾勒出“鬼”之字形演变、字义引申和语辞分化的历史脉络。经历一系列环环相扣的论证，在这篇“鬼”字的“文化史”终篇，作者得出四点结论：

(1)鬼与禺同为类人异兽之称。

(2)由类人之兽引申为异族人种之名。

(3)由具体的鬼，引申为抽象的畏，及其他奇伟谲怪诸形容词。

(4)由实物之名借以形容人死后所想象之灵魂。②

“原始人舍具象的组织之外不能作抽象之悬想。”③如郭沫若所言，

① 沈兼士：《“鬼”字原始意义之试探》，《沈兼士学术论文集》，中华书局1986年版，第188页。

② 沈兼士：《“鬼”字原始意义之试探》，《沈兼士学术论文集》，中华书局1986年版，第199页。

③ 郭沫若：《郭沫若先生来函》，《沈兼士学术论文集》，中华书局1986年版，第202页。

“鬼”字所指由现实中的异兽、异族转变为想象中的死人灵魂，这是一个逐步抽象的过程，其内在的线索正是由异常之形而衍生出畏惧之情。结论(4)是今日常用义，在不自觉之中也多被视作“鬼”字的原始义。平面化的理解遮蔽了“鬼”字原本丰富的衍变脉络，也使得早期义项日益边缘化乃至长久被埋没。溯回观之，这篇经抽象而回归具体的探寻文章，其实内含了“鬼”“畏”“禺”三字的“连锁”与相关“字族”的印证两大步骤。探得“鬼”字原始意义的结论(1)可谓结论之结论。就论证过程而言，固然有古人王充《论衡·订鬼》与近人章炳麟《小学答问》“夔神魖也”条相关论说的启示，但最重要的依据还是“鬼”“畏”“禺”音义之间的“连锁性”。拨开字形衍变与说解歧义的干扰，“连锁性”落实为“由”这一共有的构字符号，这也正是推断出三字原指一物的关键证据。至于结论(2)和(3)中引申逻辑的明晰，则要得益于“从与鬼字有关之诸形声字观察其主要之意义”①的研究取径。在此步骤中，所印证的范围包括从“鬼”形之字、从“鬼”声之字、鬼之引申义及其转语，由此推导出的公式便是从异兽到异族、由丑恶而生畏的字义流变，亦即“鬼为禺属之兽，其状丑恶，故丑从鬼”，“人以怪兽之状奇诡，望之生畏，而愧之与畏，对待成词，凡对外畏惧者，内省必惭愧，犹威之与畏，亦相互为用”者云云。

倘若将解字者曾提出的“文字学之革新研究”与“纵横两方面的训诂研究法”等设想联系起来，还能发现“鬼”字探源所暗含的方法自觉。早在1919年，沈兼士便认为“凡文字，皆系应用象形，指事，会意，形声等法，以·，一，丨，凵，口，X，十……诸简单符号组合而成。前者

① 沈兼士：《“鬼”字原始意义之试探》，《沈兼士学术论文集》，中华书局1986年版，第192页。

谓之造字之元则；后者谓之字体之最小分子”①。明乎此，便可“综合各最小分子，以观各元则之应用”②。据“造字之元则”与“字体之最小分子”所言，“鬼”“畏”“禺”三者皆遵循会意元则，而基于象形元则的“由”(兽头之描摹)即便称不上是“最小分子”，也至少发挥了“共同分子”的音义勾连作用。沈兼士厘定“鬼”字本指“类人异兽”可谓自成一说，这种受到许慎“一线光明”启发却又不局限于《说文》“分别部居，不相杂厕”的汉字构形分析，直到今天还依旧经得起考验。如《汉字源流字典》便采用此说，认为“鬼”字“本义当指类人、丑陋、诡谲而出没于山林的大猩猩等猿类动物”③。沈兼士解读“鬼”字之效力可见一斑。

二、字里乾坤：“鬼”“鬼子”与“打鬼节”

为何“解字”具有“文化史”的价值？陈寅恪先生没有明说。如果是单纯地借助形、音梳理字义，似乎还配不上“文化史”的美誉。那么，“文化史”因何得名？在解读“鬼”字过程中，沈兼士所运用的语料与论证多次涉及鬼禺之属“形态丑恶，人皆畏恶之”④的先民生存体验，以及“鬼为似人之异兽，傀儡为象人之木偶，鬼之引申为傀儡，亦犹禺之引申为

① 沈兼士：《文字学之革新研究(字形部)》，《沈兼士学术论文集》，中华书局1986年版，第1页。

② 沈兼士：《文字学之革新研究(字形部)》，《沈兼士学术论文集》，中华书局1986年版，第1页。

③ 谷衍奎编：《汉字源流字典》，语文出版社2008年版，第887页。

④ 沈兼士：《“鬼”字原始意义之试探》，《沈兼士学术论文集》，中华书局1986年版，第190页。

偶"①式的原始祭祀遗存。其实，除了原始生存图景的勾勒，文中涉及现实的几处细节也值得拈出来琢磨一番。沈先生交待立论缘由时曾言，探源"鬼"字的近因乃是读到日本学者出石诚彦的《鬼神考》。出石氏的考察涉及宗教史迷信鬼神之由，认为中国"鬼"字之语根源于死者及其灵魂。沈兼士以为其说不确，遂借助文献及文字的重新梳理一探究竟。在今天看来，此举不唯商兑旧说以正视听，似乎还多少带有落款所谓"打鬼"之意味。"打鬼节"本是藏传佛教节日，法会之后通常有祛除恶魔的神舞，也就是老北京人俗称的"打鬼"。以最为著名的雍和宫神舞为例，"打鬼舞"自第五幕起便是佛祖派遣天王、护法、度母擒获鬼魔并终将魔王斩首的集体表演②。按照通常理解，解读"鬼"字的文章写成于"打鬼节"，落款提及时间上的凑巧多半是"因文及事"，顺便为学术色彩较浓的"鬼"字探源添上一笔当下的鲜活与民间的趣味。

然而，事实恐怕并没有如此简单。孟子尝言，读书须知其人而论其世。将此篇文章置入时空坐标轴观之，"打鬼节"的言外之意或可见一斑。落款"民国二十五年二月二十一日"，时维华北自治的后一年与北平沦陷的前一年。沈兼士身处北平，当切身感受到时局的危急。也正是在这一天，中共发出《关于召集全国抗日救国代表大会通电》，要求大会讨论对日绝交宣战等紧迫问题。沈兼士的落款是否与此相关，目前尚无确切文献可征，但这并不妨碍我们如此假设：如同读《说文》时发现许慎在字形上"指示后来研究者一线光明之途径"③，闻讯后的沈兼士似乎看到了扭转时局的另"一线光明"，欣喜却不便直言的他想到了眼下的"打鬼

① 沈兼士：《"鬼"字原始意义之试探》，《沈兼士学术论文集》，中华书局1986年版，第191页。

② 阿巴德夫：《打鬼节》，《人民中国》2000年第8期。

③ 沈兼士：《"鬼"字原始意义之试探》，《沈兼士学术论文集》，中华书局1986年版，第190页。

节”，遂借佛祖派天王、护法、度母合力“打鬼”的典故期许全国抗日功成。也正是基于此，他才不忘在文中两次提及“打鬼”即“打鬼子”的训诂依据：“今人亦常呼异族外国人为鬼子”①，“诸夏之外，异种别族，形色容有异于中国者，遂亦呼之为鬼矣。古代有鬼方鬼国，近人犹谓外国人为鬼子，殆犹是旧习古语也”②。“鬼子”固然是“鬼”字义项的构成部分，但涉及前者得名之由，沈兼士所强调的重点有二：自古异族(古语云“非我族类其心必异”)与丑恶伤人。故训与现实中的形象及感情色彩高度吻合，是影射亦是警醒。旨在清除鬼怪亡灵之说，而又语涉当下步步紧逼的“鬼子”，解字者的爱憎褒贬蕴含其中。

落款翌年，北平沦陷，沈兼士对“鬼子”的憎恶与“打鬼”的期望依旧。此点可援引另两篇论文的近似落款为证：《吴著经籍旧音辩证发墨》落款为“民国二十九年四月四日写于北平寓庐之抗志斋”；《希、杀、祭古语同原考》落款为“二十八年除日写于北平寓庐之识小斋”。③ 考虑到托词寓志是中国文人的传统智慧(典型者如清初的“复明”浪潮，以谐音相关；相近者如余嘉锡的“不知魏晋堂”，暗示北平沦陷后的“人心思汉”④)，与其说“打鬼”“除日”与“抗志”是无需节外生枝或“过度阐释”的节日与斋号，倒不如说这前后呼应的三者更像是微言大义式的心志独白。近日，有学者撰文重提“学术抗战”之“守”与“攻”，表彰前者保全文

① 沈兼士：《“鬼”字原始意义之试探》，《沈兼士学术论文集》，中华书局 1986 年版，第 193 页。

② 沈兼士：《“鬼”字原始意义之试探》，《沈兼士学术论文集》，中华书局 1986 年版，第 196 页。

③ 关于此点，漠涵《关于沈兼士在抗战期间若干问题之考辨》一文亦有提及，并对沈兼士抗战期间的气节与操守有若干举证。见《档案天地》2013 年第 12 期。

④ 周祖谟、余淑宜：《余嘉锡先生传略》，《余嘉锡论学杂著》，中华书局 2007 年版，第 723 页。

明种子之功与后者重塑文化自信之力。① 抗战前后的学术研究，如杨树达《春秋大义述》、陈垣《通鉴胡注表微》、周祖谟《胡三省生年行历考》种种，皆借回溯历史来照亮时下所需的“攘夷”气节。沈兼士先生的释“鬼”，于梳理典籍驳斥异说之中，暗寓“打鬼”的言说智慧，亦可谓借关键词研究而行“学术抗战”的绝好范例。

时过境迁，和平时代的“打鬼节”已恢复了本身的宗教气息与民俗色彩，沈兼士的“鬼”字研究亦成旧事。然而，七十多年前对关键词“鬼”的解读却并未丧失阐释的魅力。2013 年 4 月 23 日，宣讲家网曾刊发题为《亚洲需设“打鬼节”》②的时政评论。针对日本左翼政府参拜靖国神社一事，该评论号召亚洲“二战”受害国共设“打鬼节”，以便在日方“拜鬼”周期揭露其侵略暴行。因“拜鬼”而行“打鬼”，评论员自陈这一构想源于民间打鬼习俗的启发——正与七十七年前沈兼士探源“鬼”字的那则落款遥相呼应。

三、“操斧伐柯，其则不远”：沈兼士的新训诂学展望及其启示

与沈兼士同时代的胡适，在评论清儒阮元《性命古训》时曾言：“阮元的性论的重要贡献还在他的方法，而不靠他的结论。他用举例的方法，搜罗论性的话，略依时代的先后，排列比较，使我们容易看出字义的变迁沿革。”③沈兼士解读“鬼”字连及背后更为宏大的新训诂学构想，亦可

---

① 王子墨：《“学术抗战”的守与攻》，《光明日报》2015 年 8 月 12 日。

② 胡思远：《亚洲需设“打鬼节”》，http：//www. 71. cn/2013/0423/710663. shtml，2015 年 8 月 24 日查询。

③ 胡适：《胡适全集》第六卷，安徽教育出版社 2003 年版，第 449 页。

如是观。阮元训“性”而沈兼士释“鬼”，所解之字与结论虽有不同，却同样采用了传统训诂学的方法。胡适受到阮元“剥皮”功夫的启发，在哲学史中注重考察观念的历时演变，较早实现了传统训诂理念及方法的“跨学科”应用。身为语言学家而又身处中西交汇潮流之中的沈兼士选择了改造，引入“历史的研究”和“理论的研究”①疗治传统训诂之弊：

> 古代所谓训诂，只是随文解义，略无系统，及清代小学家兴，始知分别之以《说文解字》为本义，以其他训诂书为引申假借之义，于是训诂之学乃粗具体系。辁近学者复知《说文》所说尚不足以代表文字之原始意义，且每字之原始意义亦不尽具于一般训诂书中。盖语言之历史较文字之历史为悠久，载籍所用之文字，仅有已经多次变化之语义故也。文字意义之溯源，恰如考古学家之探检遗迹遗物然，重要之目的，往往深藏于地层之下，非实行科学的发掘，不易觅得。故探检字义之原，亦须于古文献及古文字中披沙拣金，细心搜讨。文献方面应直接观察其历史情形，玩味其文句解释，文字方面应从形音义三面贯串证发其当然之义项。苟意图省事，蔽于后世训诂家之所说，将不易达到比较圆满之结果。②

以上关于改造传统训诂学而行新训诂学研究的初步设想，出现在《“鬼”字原始意义之试探》一文开篇。沈兼士对“鬼”字的解读兼具效力与魅力，其中奥妙正在于斯。站在今天回望，此论对传统训诂弊端的透

① 沈兼士认为：“大凡做一种学问，历史的研究和理论的研究，在科学的研究之基础上，如鸟之双翼，车之双轮，是缺一不可的。”具有理论总结性质的《文字形义学》(未完成)便据此设想分为上篇叙史、下篇论理的框架编辑。见《沈兼士学术论文集》，中华书局 1986 年版，第 384 页。

② 沈兼士：《沈兼士学术论文集》，中华书局 1986 年版，第 186 页。

视与施行文字考古的展望，虽成学界共识却也不失借鉴价值。传统训诂与文字、音韵之学并称“小学”，其早期功用在于辅翼经学，故训诂专书《尔雅》有“九流之津涉，六艺之钤键”的价值美誉。与此功能相应，“旧训诂学偏重于逐词、逐字推求它的本义，很少顾及词义系统和语义发展规律”①，亦即前引沈兼士所批评的“随文解义，略无系统”。当然，传统训诂学在经验总结的基础上也曾提出一些方法，如《说文解字》的“三训”(形训、音训、义训)与《助字辨略》的“六训”(正训、反训、通训、借训、互训、转训)。但正如引文所论，语言先于文字，倘若局限于传统解释而不能借文献“直接观察其历史情形”、就文字“形音义三面贯串证发其当然之义项”，纵有所得也难称圆满。

所谓有破有立，沈兼士指出传统训诂之弊，那么接下来的问题便自然涉及“圆满”的标准是什么，又该如何实现。且看作者自己的解释：“大凡整理一种学问，欲得真实圆满之效果，首在以精密之方法，搜集可供研究之确实材料。”②所谓“精密之方法”，落实到训诂学，应是涵盖“训诂学概论”“代语沿革考”和“现在方言学”在内的“纵横两方面的训诂研究法”③，而其中每一部分(例如方言)也应“纵横两方面综合起来”④，并“利用与之有直接或间接关系之发音学、言语学、文字学、心理学、人类学、历史学、民俗学等”⑤。沈兼士的新训诂学构想连同《文字形义

① 周大璞：《训诂学初稿》，武汉大学出版社2011年版，第7页。

② 沈兼士：《广韵声系叙及凡例》，《沈兼士学术论文集》，中华书局1986年版，第11页。

③ 沈兼士：《研究文字学形和义的几个方法》，载《沈兼士学术论文集》，中华书局1986年版，第8页。

④ 沈兼士：《今后研究方言之新趋势》，载《沈兼士学术论文集》，中华书局1986年版，第46页。

⑤ 沈兼士：《今后研究方言之新趋势》，载《沈兼士学术论文集》，中华书局1986年版，第49页。

学》的撰写均未能完全实现，但并不影响时空结合、古今对接与跨学科论证等新观念的可行性。尤其是“现在时”维度的引入，一变“考证死文字”而为“整理活语言”①，遂使训诂学由经学附庸而蔚为大国。

与训诂学科独立相配套的是研究者的自主，此亦胡适所谓不迷信旧说而唯以材料说话是也。材料有正副内外之分，除了《说文》《尔雅》等传世文献作为“正材料”“可供研究之确实材料”，还涉及钟鼎、甲骨刻辞等“副材料”②，以及“古代社会之状况及原人之思想”③。执“精密方法”而研“确实材料”，沈兼士强调《说文》“未必尽合于古人造字之旨”④，故只宜“看作考释古文之起点”⑤——释“鬼”而能探其源，突破《说文解字》等传统释义的阻隔实为最关键的一步。由此，回到陈寅恪“凡解释一字即是作一部文化史”的“今日训诂学之标准”，沈兼士的如下判断可为解答抑或印证：“应用‘象形’‘会意’两原则的文字，大多直接的或间接的传示古代道德风俗服饰器物等的印象到现在人的心目中。”⑥“鬼”字如此，他字亦然。如果说，陈寅恪为新训诂学设定了“凡解释一字即是作一部文化史”的行业标准；那么，沈兼士便是通过“纵横两方面的训诂研究法”为如何“解字”与“作文化史”提供了具体的操作指南。

---

① 沈兼士：《今后研究方言之新趋势》，载《沈兼士学术论文集》，中华书局1986年版，第45页。

② 沈兼士：《文字形义学》，载《沈兼士学术论文集》，中华书局1986年版，第382页。

③ 沈兼士：《文字形义学》，载《沈兼士学术论文集》，中华书局1986年版，第383页。

④ 沈兼士：《国语问题之历史的研究》，载《沈兼士学术论文集》，中华书局1986年版，第24页。

⑤ 沈兼士：《文字形义学》，载《沈兼士学术论文集》，中华书局1986年版，第383页。

⑥ 沈兼士：《研究文字学形和义的几个方法》，载《沈兼士学术论文集》，中华书局1986年版，第6-7页。

《诗》云："他山之石，可以攻玉。"中西学术砥砺切磋的愿景固然美好，但"可以"还暗示着未必如愿的另一向度。随着英国学者雷蒙·威廉斯的"文化关键词研究"在国内的繁荣，作为本土之玉的"解字"传统却逐渐式微，这无疑是重"引援"而轻"挖潜"的一大遗憾。其实，今日常言的"关键词研究"实有中西两条学术路径。即便将西学引发的国内"关键词研究热"追溯至1995年初的《读书》译介，其传统还是无法与根植于轴心期的"老子关键词研究"(《韩非子》之"解老""喻老")和"先秦儒家关键词研究"(《墨子》之"非乐""非命")同日而语。"关键词研究"的本土路径肇始先秦而绵延历代，时至中西新旧思潮激荡的近现代，依旧有沈兼士的"鬼"字解读彰显着中国经典阐释传统的效力与魅力。那么，于当下学林而言，饱览西学武库洋洋大观后亦不妨回眸身后"材木不可胜用"的幽谷。其实，传统文化如同埋藏之玉璞，亦似丛生树木，"攻玉"也好，"伐材"也罢，纵使配有"切玉名刀万里来"(陆游《忆山南》)，亦不妨再赋上一曲"伐柯伐柯，其则不远"(《诗·豳风·伐柯》)。

陈寅恪曾言："能于思想上自成系统，有所创获者，必须一方面吸收输入外来之学说，一方面不忘本来民族之地位。"①中西对流，传统学术之弊恰可借外来之学弥补，所谓"不忘本来民族之地位"亦即改造而非弃置，沈兼士解读"鬼"字的成功正在于此。本文于雷蒙·威廉斯文化关键词研究潮流之外，提请关注文化关键词研究的中国路径，并非简单肤浅的比附，其中用意或可借唐人南巨川《美玉》诗句作结。南诗云："抱玉将何适，良工正在斯。有瑕宁自掩，匪石幸君知。"

---

① 陈寅恪：《陈寅恪史学论文选集》，上海古籍出版社1992年版，第512页。

元典关键词研究

中国文化的100个关键词

——《中国文化：元典与要义》导论

李建中

（武汉大学文学院）

摘　要：本文为笔者主编的《中国文化：元典与要义》（北京师范大学出版社即出）一书的导论。中华元典是中国文化最早的宝库，元典关键词是宝库中的无价之宝。《中国文化：元典与要义》一书分9个门类讲疏中华元典的30部伟大著作，解诠中国文化的100个关键词，在“伟大著作”与“关键词”的交汇融通处，阐释中国文化的起源、本原和美善之元，与读者分享中国文化元典及关键词因其原生原创而具有的原汁原味，进而在标举中国文化词义根性和历史坐标的基础上揭示其现代价值。《中国文化：元典与要义》一书上册之“伟大著作”与下册之“关键词”构成较强的互文性和较大的阐释空间，从而为正在研习中国文化的高校同学和热爱中国文化的广大读者提供经典而精粹的文本和独特而有效的路径。

关键词：中国文化　伟大著作　关键词

一、本书编撰之三“何”：从何，如何与为何

在珞珈山讲《中国文化概论》已经十多年了，每每有学生问“学习中

国文化要读哪些书”，我都不知道从何说起。不是“我”不知道，而是我所面对的“学生”实在是一个非常复杂的群体。首先是“文科生”与“理科生”的区别：前者又次分为“人文科学”与“社会科学”，后者则有“理、工、农、医”等多种类型。然后是学生所选课程类型的区别：同为《中国文化概论》，或为专业必修课，或为专业选修课，或为全校公选课（亦称“素质教育通选课”或“通识课”）——“名”不同，“实”（包括教学目的、课程要求、讲授方式、考核方法等）亦异。最后（也是最新、最大的）区别是，当我在“慕课”（MOOC，即“大规模开放在线课程”之英文缩写）上讲授《中国文化概论》时，学员的数量之巨与类别之众是前所未有的：一门课有数万人在线学习，既有在校的（内地、台港澳以及世界各地华人区），更多是校外的（包括未进校和已出校），各种年龄，各类职业，各色身份，各样种族。面对如此庞大和复杂的群体，回应“学习中国文化要读哪些书”这一提问，并非三言两语能说清楚。

“学习中国文化要读哪些书”，或可置换为“学习中国文化从何入手”。刘勰《文心雕龙》称习文者务须“振叶以寻根，观澜而索源”。研习中国文论如此，研习中国文化亦然。从源头上看，中国文化表现出三大特征：一是早熟于轴心期①元典，二是其基本原理和核心观念在元典中凝练为“字”或“词”，三是凭借对关键性字（词）——我们今天称之为“关键词”——的诂训、语用和阐发得以源远流长、绵延至今（清人戴震称之为“字以通词，词以通道”②）。

---

① 德国哲学家卡尔·雅斯贝尔斯《智慧之路》（柯锦华等译，中国国际广播出版社1988年版）第九章“人的历史”指出，以公元前500年为中心，约在前800年至前200年之间，人类精神的基础，同时独立地奠定于中国、印度、波斯、巴勒斯坦和希腊。正是在那个时期，才形成今天我们与之共同生活的这个“人”，发生于那个时期的精神历程构成了一个轴心，故可称之为“轴心时期”。雅斯贝尔斯所说的“轴心时期”在中国正好是春秋（前770-前476）和战国（前475—前221）时期。

② （清）戴震：《戴震集》，上海古籍出版社2009年版，第183页。

行文至此，我们可以来回答小标题所提出的“本书编撰之三‘何’”的问题了。

一是“从何”：学习中国文化从何处入手？“字以通词，词以通道”，而这些“通道”的关键词又诞生并成长于轴心期中华元典。因而，欲得中国文化之“道”，须从研读文化元典和诠解元典关键词入手。事物的起源决定事物的性质，中国文化的基本特征和独特个性，中国文化的优长和弊端，大多是在源头上铸成的。后人研习中国文化，只有回到滥觞处，方能把握中国文化之真谛，方能探到中国文化之宝藏，方能解开中国文化亘古亘今之奥秘。一言以蔽之，学习中国文化，须从“元典与要义(即关键词)”入手。

二是“如何”：如何学习中国文化？中国文化博雅而繁复，经史子集、儒墨道法、诗词歌赋、琴棋书画……都是中国文化，涉足其中任何一项(比如学书法、下围棋或者吟咏苏东坡、品味《红楼梦》等)都是在学习中国文化。但若要从源头上领悟中国文化的真谛，从根本处把握中国文化的要义，则须熟读中华元典，须熟谙元典关键词。比如前面说到的“词以通道”之“道”，这是中国文化的一个元关键词，不仅经纬天地，而且贯通古今；不仅融汇孔老释，而且通约中日西。何为“道”？答案在中华元典；“道”何为？答案在关键词诠释。所以，学习中国文化最为有效的方法之一，是在熟读中华元典的基础上熟谙元典关键词，借助元典关键词这枚金钥匙打开中国文化之宝库。

三是“为何”：我们为何要编撰这样一本书？读者诸君如果理解并认同我们前面所谈的“从何”与“如何”，自然也就理解了这里的“为何”。既然学习中国文化须从轴心期元典和元典关键词入手(此之谓“从何”)，须在“双熟”(熟读元典与熟谙关键词)的前提下领悟中国文化之真谛(此之谓“如何”)，那么就需要为大家提供一个相应的文本，并借助这个文本为大家提供一条学习中国文化的有效路径。我们这本书从中国文化元典中精选出30部伟大著作，并凝练出100个关键词，前者是后者的文本依据、语用资源和思想基础，后者则是对前者的提炼、概括或举要，二者构成一种较强的互文性，从而为正在研习中国文化的校内外同学以及热爱中国文化的广大读者提供一种“从何”与“如何”的文本和路径。

二、“元”有三义

本书题为《中国文化：元典与要义》，这里需要对“元典”之“元”作一点解释。

《周易》六十四卦，首卦为“乾”。周文王对乾卦的解释有四个字，首字为“元”。孔子的弟子子夏对“元”的解释是“元，始也”①。后来许慎作《说文解字》，亦称“元，始也”②。元，就是开始。古人称开天辟地之气为“元气”，称始娶结发之妻为“元配”。因而，一种文化最早的典籍被称为“元典”。③ 此其一。

从历史的层面论，“元”是最早的，是源头上的，故与“起源”之“源”同义；从逻辑的层面论，“元”是最本质的，最根本的，又与“本原”之“原”同义。汉代董仲舒的《春秋繁露》称“元犹原也”，“元者为万物之本”④。在这个意义上，古汉语中的“原”与“元”是可通用或者互换的。比如“原则”可以写成“元则”，“原始”可以写成“元始”等。故知“元典”作为中华文化的典籍，不仅是最早的，而且是最根本最重要的。此其二。

① （清）阮元校刻：《十三经注疏》上册，中华书局1980年版，第13页。

② （汉）许慎撰、（清）段玉裁注：《说文解字注》，上海古籍出版社1981年版，第1页。

③ 参见冯天瑜：《中华元典精神》，上海人民出版社1994年版，第1-4页。

④ 苏舆撰，钟哲点校：《春秋繁露义证》，中华书局1992年版，第147页。

“元”之释义，除了上述“源起”与“原本”两项，还有“善”和“美”的内涵。据称是孔子所作的《周易·文言》，对乾卦卦辞“元”的解释是：“元者，善之长也。”①汉魏之际的大哲学家王弼为《周易》作注，将坤卦爻辞的“元”释为“以文在中，美之至也”②。后来唐代的大经学家孔颖达奉旨疏证《周易》(《十三经注疏》中的《周易正义》用的就是王弼的注和孔颖达的疏)，亦将坤卦象传的“元”解释为“元者，叹美坤德”③。原生原创，原汁原味，岂非至善至美？元哉美矣！此其三。

“元”有三义，“元典”则有狭义与广义之别：狭义的“元典”特指五经和诸子等先秦两汉之书，广义的“元典”则扩充到各家各派乃至各门学科的原始原创之作。前者如冯天瑜《中华元典精神》对“元典”的定义，后者如李振宏主编《元典文化丛书》(河南大学出版社，已出三十种)所持标准。本书对元典的择取，以“狭义”为主而适当兼及“广义”。全书类分为九，大多数门类皆取先秦两汉之“书”(典籍)与“字”(关键词)，少部分门类依据实际情况而适当后延：“文学”类延至南朝，“佛家”类延至初唐。就前者言，文学理论元典非南朝《文心雕龙》《诗品》莫属；就后者论，佛教的中国化以禅宗为标志，而禅宗(中国佛教)元典则是初唐《六祖坛经》。本书上册的30部伟大著作还选了北宋的《资治通鉴》，作为编年体史书的经典之作，《资治通鉴》在史学类虽非“源起”之“元”，却是“原本”和“美善”之“元”。

三、“伟大著作”之“伟大”

本书分上下两册，上册为《元典篇：中国文化的30部伟大著作》，

① (清)阮元校刻：《十三经注疏》上册，中华书局1980年版，第15页。
② (清)阮元校刻：《十三经注疏》上册，中华书局1980年版，第18页。
③ (清)阮元校刻：《十三经注疏》上册，中华书局1980年版，第18页。

下册为《要义篇：中国文化的 100 个关键词》。“伟大著作”之“伟大”，“关键词”之“关键”，除了上述“三元”(源起、原本和因原生原创而具原汁原味)之外，还有各自独特的原因和特征。

先说“伟大著作”之“伟大”。

20 世纪 40 年代，梁漱溟先生给“文化”下了一个无所不包的定义：文化，就是吾人生活所依靠之一切①。吾人生活于世界，无非做三件事：活着，动(工作)着，说(思维并言说或者书写)着。人做这三件事，又必须依凭三种方式：生活方式，行为方式，思维方式。人的三件事和三种方式，合起来就是“文化”。而“伟大著作”之所以“伟大”，就在于它们不仅从“三元”(源起、原本及原创)的层面，型塑并纪录了中国人的历史(如何做三件事以及如何依凭三种方式)，而且在其后几千年的文明进程中，深刻地影响了中国人的生活方式、行为方式和思维方式。

我们还是举例来说明。中国人的生活方式历来以家庭为中心，无论农、工、仕、商，还是生产方式、教育模式、社会组织、政治制度，皆以家庭为本位，即便是“国”也要以“家”为基础，所谓“国家”。《诗经》多有对家庭生活的描写，《三礼》和《孝经》多有对家庭伦理的规范，而从《尚书》《春秋三传》到前四史，又可解读为君王之家谱。以家为本位的中国人，其行为方式特别注重道德伦理，此一特征历经千年而不变。今人常讲谁是“君子”谁是“小人”，这种道德判断的名号来自元典，判断所依据的标准亦来自元典(如《论语》《孟子》等)——仅此一项，便可见出伟大著作的伟大。至于中国人的思维方式，早在元典中就已然铸成：诸如意象思维(《周易》)，诗性思维(《诗经》)，辩证思维(《老子》)，名实思维(《墨子》)，以及齐物(相对)思维(《庄子》)等。

① 梁漱溟：《中国文化要义》，上海人民出版社 2003 年版，第 9 页。

中国文化历来有原道、征圣、宗经之传统，而历朝历代所追原、师从或宗奉的“道”“圣”“经”皆在元典之中，或者就是元典本身。《文心雕龙·原道》篇讲“道沿圣以垂文，圣因文而明道”①，这里的“文”就是中国文化元典，“圣”是元典的创制者或阐释者，“道”则是元典中具有源起、原本和原创意义的文化内涵。在这个意义上说，中华元典因其观念的首创性、思考的深邃性和涵盖的广阔性而成为传统文化的无价之宝，成为中华民族的思想精粹与生命活力之所在。

四、“关键词”之“关键”

《文心雕龙·神思》篇：“枢机方通，则物无隐貌；关键将塞，则神有遁心。”②刘勰这里所说的“关键”和“枢机”，均为比喻。而本书所说的“关键词”，亦为比喻性所指，喻指文化元典中核心的、重要的具有观念性和思想性的“字”或“词”。如果说元典是中国文化最早的宝库，那么关键词则是宝库中的无价之宝。元典的创制者用“关键词”昭示他们对宇宙、社会和人生的观察与思考，元典的阐释者藉“关键词”来赓续、传承、阐扬、新变中国文化。元典关键词是中国人的名号与实质，是中国人之所以为中国人的文化依据，是轴心期中国文化生生不息、有古有今的语义根源。后轴心期历朝历代的文化，常常以“关键词”之重释的方式回到文化元典。如西汉董学之重释“天人”、魏晋玄学之重释“三玄”、唐代韩柳之重释“道”、宋代程朱之重释“理”、明代王学之重释“心”……本书下册《要义篇》，站在现代文明和思想的理论高度，面对现代社会错综复杂的文化问题，以“关键词”的方式返回文化元典，整体系统、深刻

① 范文澜：《文心雕龙注》下册，人民文学出版社1958年版，第1页。
② 范文澜：《文心雕龙注》下册，人民文学出版社1958年版，第493页。

辩证地重新阐释元典关键词，重新揭示中国文化元典的原创意蕴和现代价值。

“关键词”因何而“关键”？换言之，凭什么说它们是关键词？本书的择词标准是“三大”：命大、幅大和力大。“命大”，是指元典关键词的理论生命或曰思想灵魂，从轴心期时代一直“活”到全球化时代，通变恒久，亘古亘今。“幅大”，是指元典关键词观念内涵的纵深度及其外延的覆盖面既经纬天地又透彻骨髓，既弥纶群言又深契文心。“力大”，是指元典关键词指涉强大，张力弥满，其内在的诸多义项充满悖论和紧张，其外在的诸多指涉傍及万品，繁复而丛杂，其衍生(构词)与再生(造词)功能生生不息，其理论的震撼力及思想的穿透力如暗夜中的闪电。

如何诠释这些关键词，或者说如何阐释出“关键词”中的“关键”之所在？本书的释词标准是“三性”：词根性、坐标性和转义(或再生)性。词根性是指关键词的原始义(包括词性)及原始出处，最早的解释(如甲骨文、金文、《尔雅》、《说文解字》等)与语用(在文化元典中的语用)，以它为词根的术语或概念，以及它与别的关键词的复杂关系等。坐标性是指关键词在漫长的历史演变中所逐渐形成的主要义项，而本书对关键词义项的诠解，既有纵向(即时代先后)之梳理，亦有横向(即按不同的文化领域或学科)之阐释。转义(或再生)性，则是指关键词在今天的主流话语(如核心价值观)和日常生活中的含义，特别是在西方文化影响下所形成的新义。从根本上说，源起于轴心时代、扎根于先秦两汉元典的文化关键词，多具有某种“全息”特征。一词一世界，一个关键词几乎包含了中国文化的全部信息，秉有无限丰富的文化内涵。从轴心时代到全球化时代，汉语关键词以词根性固其本，以坐标性续其脉，以再生性创其新，从而建构起中华文化的意义世界。

五、本书的三个数字：9，30 和 100

中华元典是中国文化最早的宝库，元典关键词是宝库中的无价之宝。本书分 9 个门类，讲述中华元典的 30 部伟大著作，诠解中国文化的 100 个关键词，在“伟大著作”与“关键词”的交汇融通处，阐释中国文化的起源、本原和美善之元，品味中华元典及其关键词因其原生原创而具有的原汁原味，揭示中国文化元典与要义的原创意蕴和现代价值。

因而，本书的独特之处在于，以轴心期中华元典为研究对象，以对元典及其关键词的重新阐释为主要内容，以解诠元典关键词的词根性、坐标性和再生性为总体思路，以揭示中国文化元典的原创意蕴和现代价值为最终目标。此一编撰思路具体落实在 9、30 和 100 这三个数字之中，分述如下。

先说“9”。本书上下册均统一划分为九大门类：三学与六家。《庄子・天下》篇将春秋战国时代描述为一个由“道术”裂变为“方术”的时代。“方术”指的是诸子百家，而“道术”则是指不囿于一家一派之说而能够“见天地之纯，古人之大体”者。“方术”可用“某家某派”来区分，而“道术”的特征则是“备”，是“六通四辟，小大精粗，其运无乎不在”①。

大体上说，本书九大类，前三类属于“道术”，后六类属于“方术”。“文学”类中的《诗经》虽被奉为儒家元典，但广义的“文学”包括了文学创作与文学理论，其文学思想更是或儒或道、亦经亦史；“史学”类所取前四史，作为对中国元典时代(即上古史)的官方记录，虽难免有儒家倾向，但整体上并未囿于某家某派；“经学”类则更加复杂，既包括了哲学

① 参见(清)郭庆藩撰，王孝鱼点校：《庄子集释》第四册，中华书局 1961 年版，第 1065-1069 页。

(如《周易》)和文字学(如《尔雅》和《说文解字》),还包括了史学(如《尚书》)、政治学(如《春秋三传》)和伦理学(如《三礼》),实可当《庄子·天下》篇所感叹的“其备乎”①!属于“方术”的六家,前五家(儒、墨、道、法、兵)在春秋战国时期(即轴心期)而佛家稍后。

概言之,“前三”是总体的,弥漫的,构成对“后六”的覆盖;“后六”则是分支的,分门的,构成对“前三”的分述。当然,前三与后六亦有交叉处,比如“经学”与“儒家”。轴心期属于人类文明的前学科时代,故任何分类都不可能完全周延或自恰。而从“三元”的层面说,本书的“9”(九大门类)基本上能够真实地传达出中国文化的源起、原本和原生原创之神与貌。

次说“30”。本书上册的30部伟大著作,主体部分是十三经和诸子,在这个基础上有三个部分的增补和一个部分的去舍。

关于增补。首先是“文学”类,除《诗经》《楚辞》之外还选了《文选》《文心雕龙》和《诗品》。《楚辞》与《诗经》合称“风骚”,共同构成中华文化的文学源头,属于严格意义上的中华元典。《文选》虽然晚出,但作为中国文化史上第一部诗文总集,收录了轴心时代的作品,是我们研习中国文化之“三元”(源起、原本和原创)的宝贵文献,而萧统的《文选序》亦为诗学领域的经典之作。与《文选》同时代的《文心雕龙》和《诗品》,在中国古代文论和诗学领域所拥有的空前绝后之地位自是毋庸置疑,其中刘勰所首倡的原道、征圣、宗经之路径及方法,对于我们今天研究中华元典及关键词,尤其具有借鉴和指导意义。其次是“史学”类,虽说前四史中的《后汉书》《三国志》完成于南朝,《资治通鉴》成书于北宋,但在史学领域,“前四史”为纪传体之“元典”而“通鉴”为编年体之代表是

① (清)郭庆藩撰,王孝鱼点校:《庄子集释》第四册,中华书局1961年版,第1067页。

众所周知的。再次是“佛家”类，须做两点说明：一是在本书“六家”中，佛家晚出，故所选元典均在先秦两汉之后；二是佛教元典分为梵文汉译(如《心经》《金刚经》等)与汉语原著(如《肇论》《坛经》等)两类，本书讲的是中国文化，故只选后者。

关于去舍。诸子书中，较为著名的还有属于名家的《公孙龙子》，属于杂家的《吕氏春秋》和《论衡》等，之所以未选录出于两个原因：一是无法归于九大门类中的任何一类，二是难以与下册的关键词对应。作为一种弥补，本书在上册的“题解”“注释”和下册的“问题讨论”“阅读扩展”中论及。

末说“100”。本书下册从中国文化元典中精心择取出100个关键词，属于中国文化在源起、原本和原创层面的核心观念以及九大门类的重要术语或范畴。

关于“100”，须作四点说明。

其一，100个关键词多是“字”即独体或单音节词，这一点正好体现出“元典”的特征。中国的汉字，多是先有单字词后有复字或多字词。比如先有“性”与“情”后有“性情”和“情性”，先有“法”与“治”后有“法治”和“以法治国”等。

其二，元典关键词多具有“全息”特征，一个“字”(或词)，包蕴着丰富的内涵和海量的信息，用文学性的话说是“一月普现一切水，一切水月一月摄”，也就是《庄子·天下》篇所讲的“其备乎”。这些具有“道术”性质的元典关键词并不专属于某家某派(即“方术”)，这就给本书下册分门别类诠释关键词带来困难。为了克服这一困难，我们尽量将具有全息特征的关键词放在前三类讨论，比如将“文”和“体”放在“诗学”类，“道”和“德”放在“史学”类，“人”和“天”放在“经学”类。

其三，100只是个约数，可以是99，也可以是101，不同的关键词相互包容相互交叉，你中有我，我中有你。比如“天”与“人”、“性”与“命”、“仁”与“人”、“仁”与“义”等均属此类。我们将“义”关键词放在“墨家”类，但“儒家”类在讨论“仁”、“兵家”类在讨论“兵”、“佛家”类在讨论“乘”的时候，也会涉及“义”之义。

其四，同一门类关键词的排序原则：单字词在前，双字词随后，然后是三字词(无三字词则省略)，最后是四字词；字数相同的词以首字笔画多少为序，首字笔画相同的词按起笔横、竖、撇、点、折的顺序排列。

[附：中国文化的100个关键词]

文学： 风　文　体　味　诗　章　雅　趣　比　兴

知音　神思　意境

兴观群怨　知人论世　温柔敦厚

史学： 王　道　德

中国　华夏　宗法　信史

百家争鸣

经学： 人　天　止　气　字　礼　易　象　数

五行　六书　名实　太极　阴阳

大一统

人文化成

儒家： 仁　心　乐　孝　和　命　性　诚　勇　理　情　智　善

中庸　忠恕　廉耻

内圣外王

墨家： 义　命

三表　节用　尚贤　兼爱　鬼神

道家： 玄　妙　返　美　真　游

有无　生死　自然　宇宙　虚静

得意忘言

法家： 公　术　权　私　法　势

刑罚

以法治国

兵家： 兵　阵　战　将

计谋　攻守　奇正

佛家： 空　悟　禅　乘　境

轮回　涅槃　般若

明心见性

墨家的“尚贤”观与中国的尚贤之路

刘丽玲　罗积勇

（武汉大学文学院）

摘　要：墨子在春秋战国时期最早全面、系统地论述了尚贤思想，其学说与同时的儒家相比有着明显的差异。汉代以后，尚贤逐渐成为中国古代封建王朝占主导地位的政治思想之一，并以此为指导思想发展、完善出了一套完整的选举制度。“贤”的内涵由儒墨时期的重德曲折演变为以德为帅，德才兼备。至近代，尚贤思想跳出传统的政治思想范畴，普遍适用社会生活的各个领域，“贤”的内涵也随之扩大，但选贤范围及标准等问题仍存在，墨家思想仍有其现实意义。

关键词：尚贤　任人唯贤　工匠之贤　德才之辨

“尚贤”是墨子政治思想的核心概念之一，其含义是崇尚与任用贤人。尚贤思想的源头虽然可远溯至上古三皇、五帝的禅位让贤，但直至春秋战国时期的墨家，其思想内涵才得到全面、系统的阐发与论述。汉代以后，儒家勃兴，墨家衰微，但墨子的尚贤思想却日益受到统治者的尊崇，成为封建时代政治家、思想家共同认可的政治思想原则。人们一方面从理论上不断探讨、充实、完善尚贤学说，另一方面则以尚贤思想为指导，建立、完善了中国古代的选人、用人制度。近代以来，随着现代科技与文明的发展，古老的尚贤思想被重新认识和阐释，其内涵与时俱进，不断得到更新与扩充。本文尝试从墨家尚贤学说的形成与内涵、中国古代尚贤思想的发展完善和“贤”字内涵的演变等三个方面，结合时代发展演变的脉络，对墨家的尚贤思想作一个全面的梳理与探讨。

一、墨子尚贤思想之内涵与儒墨之辩

尚贤思想在中国古代历史上源远流长，传说中的尧、舜、禹禅让便体现了原始的尚贤观念。夏、商、周三代，虽然政治制度一变而为家天下，爵禄世袭，尚贤思想却不绝如缕。如周公“一沐三捉发，一饭三吐哺，起以待士”①，并成为古代统治者求贤若渴的典型。中国上古、三代的尚贤观念及政治行为是后世尚贤思想的理论源泉和事实支撑。

春秋、战国之时，社会生产力的大发展孕育生产关系与社会制度的大变革，地主阶级兴起，士阶层养成，催生打破奴隶制与世卿世禄制的政治诉求与人才基础，诸侯间的激烈兼并与竞争带来富国强兵的紧迫要求。在这样的社会大背景下，选贤任能成为统治者别无选择的唯一出路，不仅各诸侯国大兴养士之风，而且先后施行变法运动，在实践中将尚贤作为选官的主要依据。如李悝变法主张“食有劳而禄有功，使有能而赏必行，罚必当”②，申不害主张“见功而与赏，因能而授官”③，商鞅变法主张“有功者显荣，无功者虽富无所芬华”④。相应地，在思想领域，尚贤成为诸子百家各派学说关注的焦点，并为大多数学说认可。

先秦诸子中，较早提出“举贤才”明确主张的是孔子。如《论语·子

① 司马迁：《史记》，中华书局 1959 年版，第 1518 页。

② 向宗鲁：《说苑校证》，中华书局 1987 年版，第 165-166 页。

③ 王先慎：《韩非子集解》，中华书局 1998 年版，第 285 页。

④ 司马迁：《史记》，中华书局 1959 年版，第 2230 页。

路》：“仲弓为季氏宰，问政。子曰：‘先有司，赦小过，举贤才。’”①其后儒家学者延续并发展了孔子的思想，如孟子认为“不信仁贤，则国空虚”②，“尊贤使能，俊杰在位，则天下之士皆悦，而愿立于其朝矣”③。荀子也在书中反复强调君人之道须尚贤使能。《荀子·王制》：“君人者欲安则莫若平政爱民矣，欲荣则莫若隆礼敬士矣，欲立功名则莫若尚贤使能矣，是君人者之大节也。”④《荀子·强国》：“夫尚贤使能，尚有功，罚有罪，非独一人为之也，彼先王之道也，一人之本也，善善、恶恶之应也，治必由之，古今一也。”⑤《荀子·君子》：“故尊贤者王，贵贤者霸，敬贤者存，慢贤者亡，古今一也。”⑥

先秦诸子中，对尚贤思想最为重视、论述最充分的是墨子。他在《尚贤》三篇中，对其尚贤的政治思想展开了全面、系统、充分的论述，可谓是战国时期尚贤思想的集大成者。墨子认为对国家的统治而言，尚贤至关重要，是“政之本”，将其重要性提到前所未有的高度。如《墨子·尚贤》上篇：“得意贤士不可不举，不得意贤士不可不举，尚欲祖述尧、舜、禹、汤之道，将不可以不尚贤。夫尚贤者，政之本也。”⑦此外，《墨子》的其他很多篇章，都从不同角度强调了墨家的尚贤观念。如《墨子》开篇第一《亲士》便声称“归国宝，不若献贤而进士”⑧。在《尚同》一篇中，墨子所构想的理想社会，从天子到乡里之长，其选立的标准皆为“贤可”者。墨子对“贤”的尊崇，可见一斑。

---

① 程树德：《论语集释》，中华书局 1999 年版，第 882 页。
② 焦循：《孟子正义》，中华书局 1987 年版，第 972 页。
③ 焦循：《孟子正义》，中华书局 1987 年版，第 226 页
④ 王先谦：《荀子集解》，中华书局 1988 年版，第 153 页。
⑤ 王先谦：《荀子集解》，中华书局 1988 年版，第 294-295 页。
⑥ 王先谦：《荀子集解》，中华书局 1988 年版，第 453 页。
⑦ 吴毓江：《墨子校注》，中华书局 1993 年版，第 68 页。
⑧ 吴毓江：《墨子校注》，中华书局 1993 年版，第 1 页。

作为先秦诸子中最为显赫的两家，儒、墨两家在尚贤思想上，有相似的观点与主张，但由于两家反映的是不同阶层的政治学说，因而其主张也有明显的差异。

首先，儒家“尊贤有等”而墨家“任人唯贤”。

儒家思想作为贵族世袭奴隶制的维护者，其举贤以维护等级制为前提，受到血缘亲疏的影响，亲贵、故旧在选拔中享有优先权，因而其尚贤思想有其局限性。墨子在《非儒》(下)即指出这种局限性为“亲亲有术，尊贤有等”①，这是符合事实的。《论语·泰伯》说：“君子笃于亲，则民兴于仁；故旧不遗，则民不偷。”②亲与旧都是不可抛弃的。《孟子·梁惠王下》说：“国君进贤，如不得已，使卑逾尊，疏逾戚，可不慎与。”③认为进贤要尽量避免卑逾尊、疏逾亲。《孟子·万章上》更是明确地宣扬贵亲、富亲的观点：“仁人之于弟也，不藏怒焉，不宿怨焉，亲爱之而已矣。亲之欲其贵也，爱之欲其富也。”④《荀子·富国》说：“贤齐则其亲者先贵，能齐则其故者先官。”⑤《荀子·君子》说：“尚贤使能，等贵贱，分亲疏，序长幼，此先王之道也。”⑥亲戚与故旧在举贤时享有优先权，严格的亲疏等级划分与尚贤使能并提，在条件相同的情况下亲故优先，而条件是否相同，此时也没有明确的客观标准。可见，儒家虽然也提倡尚贤，但却对血缘宗亲与等级特权抱持强烈的执念，受其制约，甚至以不实质性地损害这些亲戚和特权阶层的利益为前提。

而墨子则认为尚贤必须唯贤是用，要打破等级与地位的藩篱，排除

① 吴毓江：《墨子校注》，中华书局1993年版，第436页。
② 程树德：《论语集释》，中华书局1999年版，第515页。
③ 焦循：《孟子正义》，中华书局1987年版，第143页。
④ 焦循：《孟子正义》，中华书局1987年版，第631页。
⑤ 王先谦：《荀子集解》，中华书局1988年版，第193页。
⑥ 王先谦：《荀子集解》，中华书局1988年版，第453页。

血缘亲疏远近的影响，摒弃个人好恶的干扰，开启了我国古代“任人唯贤”路线的先河。如《尚贤上》：“是故古者圣王之为政，列德而尚贤，虽在农与工肆之人，有能则举之。”“故官无常贵，而民无终贱。有能则举之，无能则下之。”①《尚贤中》：“古者圣王，甚尊尚贤而任使能，不党父兄，不偏富贵，不嬖颜色。贤者举而上之，富而贵之，以为官长。不肖者抑而废之，贫而贱之，以为徒役。”②要求举贤无论贵贱、亲疏、好恶，以贤能与否来决定地位的升降：举人以贤，退人以不肖。墨子以且仅以“贤否”作为用人的唯一标准，是名副其实的尚贤。

其次，儒家推崇受到良好教育的君子之贤，墨家认可擅长技能的工匠之贤。

儒、墨二家的政治学说代表了不同社会阶层的利益，因而他们在尚贤的主张上同中有异，对贤者的评价标准存在明显差异，甚至是截然相反的。《汉书·艺文志》说：“儒家者流，盖出于司徒之官，助人君顺阴阳明教化者也。游文于六经之中，留意于仁义之际，祖叙尧、舜，宪章文、武，宗师仲尼，以重其言，于道为最高。”③儒家出于统治阶层，游于六经，尊崇周制，其尚贤思想服务于这一政治目标，因而其所认可的贤者是出身于中上层，受到良好文化教育和道德熏陶，致力于维护统治者利益的君子。《论语·子路》记载：“樊迟请学稼，子曰：‘吾不如老农。’请学为圃，曰：‘吾不如老圃。’樊迟出，子曰：‘小人哉，樊须也。上好礼，则民莫敢不敬；上好义，则民莫敢不服；上好信，则民莫敢不用情。夫如是，则四方之民，襁负其子而至矣。焉用稼？’”④孔子虽然讲

① 吴毓江：《墨子校注》，中华书局1993年版，第67页。

② 吴毓江：《墨子校注》，中华书局1993年版，第74页。

③ 班固：《汉书》，中华书局1962年版，第1728页。

④ 程树德：《论语集释》，中华书局1999年版，第896-898页。

爱民、惜民，但小民的耕稼实用技能却是入不了他的法眼的，他看重的是养民、使民、化民的君子之道。孔子教育弟子的孔门四科“德行、言语、政事、文学”也基本无涉专门的技艺。孟子在与农家的辩论中说：“有大人之事，有小人之事。”①“故曰，或劳心，或劳力；劳心者治人，劳力者治于人；治于人者食人，治人者食于人；天下之通义也。”②其学说虽然揭示了社会分工的合理性，但显而易见，孟子推崇的辅佐国君治理天下的贤者必然是劳心者，他们不需要也不屑于躬亲劳作，自然不用身负任何专业技能。荀子则特别重视“礼”，相应的，荀子把“礼”作为界定贤人首要和主要的标准。如《君道》篇明确提出：“取人之道，参之以礼。”③作为一个政治思想概念，荀子的“礼”指的是政治秩序。《富国》篇说：“礼者，贵贱有等，长幼有差，贫富轻重皆有称者也。”④“礼”是限定贵贱、长幼、贫富等级的政治制度，而贤人则是维护这种等级制度的臣子。《成相》篇云：“曷为贤？明君臣，上能尊主下爱民。”⑤贤人的基本标准是明了君臣之别，并尊主、爱民。可见，所谓贤人，只须明礼、维护礼制即可，当然无须精通任何生产技能。

墨家则不然。墨子博学多才，擅长守城，不仅以自己设计的守城器械模型击败了鲁班的进攻，其弟子还将其守城经验总结成《城守》十一篇。墨子精通手工技艺，《韩非子·外储说上》载：“墨子为木鸢，三年而成，飞一日而败。”⑥墨家成员也大多出身于当时的底层手工业者。基

---

① 焦循：《孟子正义》，中华书局1987年版，第372页。
② 焦循：《孟子正义》，中华书局1987年版，第373页
③ 王先谦：《荀子集解》，中华书局1988年版，第178页。
④ 王先谦：《荀子集解》，中华书局1988年版，第241页。
⑤ 王先谦：《荀子集解》，中华书局1988年版，第458页。
⑥ 王先慎：《韩非子集解》，中华书局1998年版，第266页。

于这样的身份背景，墨家非常重视实用专业技能。因此，墨子不仅认为“虽在农与工肆之人”也可以成为贤者，而且在《尚贤》上篇中界定贤人为“厚乎德行，辩乎言谈，博乎道术者”①。贤士在有德行，能言善辩之外，还必须博通知识与技能。墨家重视实用专业技能，与儒家重道轻术截然不同，其所推崇的自然是具备专业知识技能的工匠之贤。当然，墨子眼中的贤也必须有“德”，有行义于天下的担当。墨家的贤分为三科：谈辩，说书，从事。见《墨子·耕柱》：“治徒娱、县子硕问于子墨子曰：‘为义孰为大务？’子墨子曰：‘譬若筑墙然，能筑者筑，能实壤者实壤，能欣者欣，然后墙成也。为义犹是也。能谈辩者谈辩，能说书者说书，能从事者从事，然后义事成也。’”这中间“从事”就包括运用自己的专业技能为天下人服务。

墨家的尚贤是比较彻底的尚贤，喊出了“有能则上，无能则下”的口号，这对世卿世禄的冲击是比较大的。但是，这中间还有两个具体问题要解决：一是谁来实行“有能则上，无能则下”？二是如何突破血缘、乡土和现任官员朋友圈而更大范围地发现贤才？对前一个问题，先秦墨家有明确答案，那就是靠天下人公认“贤可”的天子。对后一个问题，墨家给不出答案。墨家集团后来变得越来越像秘密帮派，也只能在其江湖中发现和推荐人才，其荐贤实践自无多少启示意义。暂时找不到途径，这是时代所限。

二、荐选贤人的范围与方式

先秦的贤人往往通过自荐的方式来求得登用，也有国君、诸侯等在

① 吴毓江：《墨子校注》，中华书局1993年版，第66页。

上者主动征用以贤闻名之士，而这两者有时是难以完全分别开来的。像孔子、墨子等圣贤，常通过聚徒讲学、周游列国、进说国君的方式来求用，或借机推荐自己的学生入仕。这其间也有些国君是知其贤而主动聘用他们的。但是，要如此兴师动众、建立声望后方有被任用的机会，这对那些贫寒的贤人来说是难于登天的。而到了战国，自认为有能力的人自荐变得似乎容易了一些。我们看到一些专事游说的策士往往单枪匹马，但这些人能得到国君接见的机率有多大，他们的主张被采纳从而自荐成功的有多少，仍无案可查。更多的人是趁各国贵族收纳门客的机会前去自荐，得以栖身。这些人中也不乏滥竽充数的混混，像战国四公子(孟尝君，平原君，春申君，信陵君)大规模养士，主要是藉士以自重，也没有明确的择贤标准和入门时的把关，反正他们财力雄厚，不在乎多几个食客。

秦二世而亡，群雄逐鹿，汉朝以刘邦善于用人而立。刘邦在讲到张良、萧何、韩信三人时，认为“此三人，皆人杰也，吾能用之，此吾之所以取天下也”①。汉高帝十一年(前196)，刘邦下《求贤诏》：“今吾以天之灵、贤士大夫定有天下，以为一家。欲其长久，世世奉宗庙亡绝也。贤人已与我共平之矣，而不与我共安利之，可乎？贤人大夫，有肯从我游者，吾能尊显之。”②明确表示自己与贤人共平天下，且欲与贤人共安利之，指出了以贤人治天下的政治策略。

国策既定，那问题便是如何发现并任用贤才。汉代统治者陆续建立和发展了一套选拔人才的选官制度。这套制度包括地方察举、皇帝征召、公府与州郡辟除、大臣举荐等多种方式，其中察举为主要途径。察举基本上是一种由地方政府举荐符合诏书要求的特定人才，由朝廷在对其考

① 司马迁：《史记》，中华书局1959年版，第381页。
② 严可均：《全上古三代秦汉三国六朝文》，中华书局1958年版，第130页。

察后加以任用的制度。它分常科和特举，常科如孝廉，特举如贤良方正和文学(实指经学)等。制度萌芽于汉文帝时，定型于武帝，东汉基本继承。贤良方正、文学是要考试的，孝廉到东汉顺帝时也要考试。还有秀才(东汉改称茂才)基本上也是由考试最后甄择的。其考试基本形式是对策，即由朝廷出题，考生依所问作文。

汉代察举找到了选贤的一种公平形式：考试。但是在这个制度中有荐贤权力的是郡国守相和朝廷的公卿大臣，他们的荐贤也只能局限于自己的圈子、喜好和见闻所及。汉代士民也可在发生灾异时通过“上书”来引起最高统治者的重视，这类似于自荐。但这种自荐只有两种结果，要么“上书”合圣上之意，得以像东方朔那样“待诏金马门”；要么“上书”忤上意，落得个被法办的下场。汉代的察举制跟后世的科举制还有一个不同点是，它的绝大多数科目特别是需要考试的科目基本上是不定期考的。有些特科如“明经”“明法”，甚至只是偶一为之。不过，总体上看，察举制相对于先秦的无制无序已是一个很大的进步了。

汉代察举制的形成，墨家尚贤思想无疑是其理论根据之一，汉代特别是西汉时仍然是孔墨并称，汉武帝虽然采纳董仲舒的意见而独尊儒术，但是董仲舒等人的儒家思想中也吸收了墨家的成分。

汉代察举制中荐贤大权只赋与朝廷公卿与郡国守相，而到了魏晋，则演变为九品中正制与察举制并存的局面。曹魏时令地方长官或朝廷司徒等高官会同本籍的地方长官，推举专司评定一方人物的家世、道德和才能，为其确定品第的大、小“中正”官，这些中正官所定品级是州郡任命官吏的重要依据，也是升迁朝官的依据。这种制度一度风行于南北朝。其积极意义是使州郡自行辟除官吏权力的运用有所依据，并受到限制。但由于中正官后来被门阀士族垄断，造成了“上品无寒门，下品无士族”的结果，严重影响了选贤的公平性。

隋朝实现南北统一，统治者为选拔人才，废除维护门阀贵族特权的九品中正制，用公开考试的方法来甄别人才高下，量才录用。这就是中国历史上“科举”选拔人才制度的开始。炀帝昏乱，隋朝统治土崩瓦解，唐代继立。唐太宗雄才大略，十分重视贤士的作用，认为“能安天下者，唯在用得贤才”①，“为政之要，唯在得人”②。在实际施政中，唐太宗也确实做到了从善如流、用人唯贤。作为尚贤思想的制度保证，唐代继续实行隋代创立的科举取士制度，并加以发展与巩固。唐代科举有常举和制举两类。“常举”每年举行。进士科外，复置秀才、明经、明法、明字、明算等多种门类。“制举”由皇帝临时立定名目，有贤良方正直言极谏科、文辞清丽科、博学通艺科、武足安边科、才高未达沉迹下僚科等百十余种。唐代科举制继承了察举制的公平考试这一特点，同时，使考试选贤更加制度化。首先是常科变为定期举行，其次是在荐贤方式上有很大改进，规定能参加科举的人为“贡生”和“生员”。生员是在国子监和州县学就读且考试过关的人。而社会上的读书人，只要通过地方各级考试，便具备了“贡生”资格。这就极大地减小了荐贤的主观随意性，使之有了客观公平性，同时，也扩大了搜集贤人的范围。

科举制度的推行，突破门第的限制，为底层知识分子进入统治阶层打开了方便之门，向墨家“任人唯贤”的理想迈进了一大步，为后来历代王朝所奉行。而事实上，唐朝选官以科举为主的制度的确立，也是与《墨子》“尚贤”思想有关系的。魏徵平时进谏言论多杂墨家思想，他所编《群书治要》更是大量摘录《墨子》，包括墨子的尚贤理论。

不过，唐代还是有贵族与寒门的区别，贵族子弟可通过恩荫入仕。晚唐的牛李党争将贵族、寒门的矛盾再次突出，同时也提出了何谓真才、

① 吴兢：《贞观政要》，齐鲁书社 2000 年版，第 107 页。
② 吴兢：《贞观政要》，齐鲁书社 2000 年版，第 230 页。

科举所选是否就是真才这个问题。因为像李德裕这样的出身贵族官宦世家的人，其政治才能并不一定弱于科举出身的人。

宋代统治者推行崇文抑武的基本国策，宋太祖确定了“与士大夫共治天下”的国策，为政尚贤成为统治阶层的共识。王安石认为：“国以任贤使能而兴，弃贤专己而衰。此二者必然之势，古今之通义，流俗所共知耳。”①司马光也说：“为治之要，莫先于用人。”②另一方面，为更好地选拔人才，杜绝舞弊，实现公平，宋代统治者对科举制度进行了进一步的完善，实行锁院、弥封、誊录、回避等制度。两宋人才之盛，世所共睹。明代徐有桢曾说：“宋有天下三百载，天下疆域之广视汉唐不及，而人才之盛过之。”③

无论是从选贤的范围之广还是从选贤方式之公平看，宋代的科举都登峰造极了。但是，关于科举如何才能选出有真正治国理政才能的人，宋人一直在争论，特别是科举中是应重诗赋、还是重策论、还是重经义。王安石曾一度废止诗赋，只考策论、经义，结果仍未选到真才。至此，单纯以文章取士已经充分显露出了其片面性。同时，为了增强客观性而强加的限韵等规定也破坏了文章的文学性。但囿于儒家的重道轻器的贤才观，古人找不到出路。科举中虽也有明算科，但并不受重视。

明清两代，统治者尊程朱理学为正统，进一步改变科举制度，只考“四书”“五经”，叫考生以彻底程式化的“八股文”来“代圣人立言”，最终导致科举制度僵化，选拔人才功能完全丧失，甚至走向反面——禁锢思想、扼杀人才。

道、咸以后，清统治黑暗腐败，西方列强更以坚船利炮打开中国的

① 王安石：《临川先生文集》卷六十九《兴贤》，四部丛刊景明嘉靖本。

② 司马光：《资治通鉴》，中华书局1956年版，第2329页。

③ 钱谷：《吴都文粹续集》卷十四《重建范文正公祠堂记》，文渊阁四库全书补配文津阁四库全书本。

国门，国家飘摇，民族危亡。面对时艰，大批进步思想家高举古老的尚贤旗帜，呼吁重才用才，改良政治。衰微千年后，在清朝末年的洋务运动、维新变法、实业救国的种种大潮中，墨学被重新发现，古老的尚贤学说也重新焕发出生机。以曾国藩、李鸿章等为主要代表的洋务派，都认为选贤任能为国之要务。一方面他们大声疾呼，要求重视选人用人。如曾国藩说：“治世之道，专以致贤养民为本。”①另一方面，他们大兴洋务：兴建工厂，富国强兵；兴办学校，乃至选派学子出国留学，培养各色专科人才。洋务派虽然没有挽救清朝于灭亡，更没有完成复兴中华的历史使命，但他们与时俱进地发展了尚贤思想，并且为中国培养了大批适应现代工业文明发展需求的人才。

近代革命以来，中国共产党继承并发扬了中华民族的优良传统，随着时代的发展进步和现实需要，不断重申古老的尚贤思想，并赋予其新的内涵。如毛泽东指出：“我们民族历史中从来就有两个对立的路线：一个是‘任人唯贤’的路线，一个是‘任人唯亲’的路线。前者是正派的路线，后者是不正派的路线。”②邓小平认为：“我们选干部，要注意德才兼备。”③党的十五届六中全会把“坚持任人唯贤，反对用人上的不正之风”作为作风建设的一项重要任务。2007 年，“人才强国战略”被载入了中国共产党党章和党的十七大报告。经过半个多世纪的革命与建设，中国共产党几代领导人薪火相传，将古老的尚贤思想融入中国特色社会主义理论的思想体系，用以指导党的建设和国家的现代化发展事业，取得了巨大成功。

① 曾国藩：《求阙斋日记类钞》卷上，光绪二年传忠书局刻本。
② 毛泽东：《毛泽东选集》第二卷，人民出版社 1991 年版，第 527 页。
③ 邓小平：《邓小平文选》第二卷，人民出版社 1994 年版，第 326 页。

三、德、才之辩——“贤人”内涵之演变、转移

先秦以来，统治者都讲求任贤使能，重视人才，但不同的学说、不同时期，人们对贤人的标准和内涵则各有侧重，不尽相同。“贤”的古字为“臤”①，甲骨文作或②。“臤”字之义，《说文解字》释为“坚也”③。而今人则以为是指胜者牵战俘。④ “贤”字之形，始于西周中期。⑤ “贤”字之义，《说文解字》释为“多才也”⑥，谓财物多。其后字形统一于“贤”。春秋战国之时，“贤”字之义多侧重于德行，又常与“能”并举。如《周礼·地官·大司徒》：“十有一曰以贤制爵，则民慎德。”⑦《周礼·地官·乡大夫》：“三年则大比，考其德行道艺，而兴贤者能者。”郑玄注：“贤者，有德行者。能者，有道艺者。”⑧贤字的这种含义在春秋战国时普遍为人们所理解和接受，而广泛出现于诸子百家的著述中，儒墨二家的尚贤亦不例外。

儒家思想的核心是“仁”，因而儒家所推崇的贤人多侧重于德行。孔子认为“为政以德”，因而他界定贤人，便把德行放在第一位。儒家强调血缘宗法制，非常重视孝悌等德行，其对贤人的评价对此也多有称述。如孔子认为：“君子务本，本立而道生。孝悌也者，其为仁之本与？”⑨因

① 许慎：《说文解字》，中华书局2013年版，第60页。

② 于省吾：《甲骨文字诂林》，中华书局1999年版，卷一第645页，卷三第930页。

③ 许慎：《说文解字》，中华书局2013年版，第60页。

④ 《古文字诂林》，上海教育出版社2000年，第三册，第518页。

⑤ 王少林：《先秦尚贤观念变迁研究》，苏州大学2012年硕士学位论文，第9页。

⑥ 许慎：《说文解字》，中华书局2013年版，第126页。

⑦ 郑玄注，贾公彦疏：《周礼注疏》，北京大学出版社1999年版，第246页。

⑧ 郑玄注，贾公彦疏：《周礼注疏》，北京大学出版社1999年版，第296页。

⑨ 程树德：《论语集释》，中华书局1999年版，第13页。

而孔子认为贤士应该“宗族称孝焉，乡党称弟焉”①。孟子也说：“尧舜之道，孝悌而已。”②荀子论贤士，认为：“既知且仁，是人主之宝也，而王霸之佐也。”③兼有德行和智能，才能成为君主的重宝。“士信悫而后求知能焉。士不信悫而有多知能，譬之其豺狼也，不可以身尒也。”④士首先要足够忠诚，其次才求其才能，如果不忠诚却智富才高，就会如豺狼一样危险。可见，才能固然是统治者需要的，但才能之士能否忠诚于我，更是他们顾虑的，这也是他们优先在亲故中选贤的理由之一。

与儒家相似的是，墨子尚贤也非常注重德行，强调德行的先决地位。墨子认为“士虽有学，而行为本焉”⑤，其对贤人“厚乎德行，辩乎言谈，博乎道术”的论断，提出了德行、言谈、道术三者结合的人才标准，但将“厚乎德行”作为“贤士”的第一条标准，可见其对于道德品质的看重。墨家思想的核心是“兼爱”，提倡无差别地爱别人，贤人要达到这一理想，必然要求具备更高的道德修养。墨子在论为贤之道时也说：“有力者疾以助人，有财者勉以分人，有道者劝以教人。”⑥强调贤才要有“兼爱”之心，拥有“兼爱”的胸怀。当然，正如上文所论，墨子论贤在强调德行以外，还重视实用技能，这是其长于儒家，甚至后世封建时代的贤人标准之处。

汉代自武帝始崇尚儒学，儒家的尚贤思想得到朝野的一致认同，并形之于制度。汉代重孝，首倡“以孝治天下”，故将孝廉作为察举的主要科目，使“孝”成为选拔、考查官员的重要标准，表现出儒家尚贤重德的

---

① 程树德：《论语集释》，中华书局 1999 年版，第 927 页。
② 焦循：《孟子正义》，中华书局 1987 年版，第 816 页。
③ 王先谦：《荀子集解》，中华书局 1988 年版，第 240 页。
④ 王先谦：《荀子集解》，中华书局 1988 年版，第 545 页。
⑤ 吴毓江：《墨子校注》，中华书局 1993 年版，第 10 页。
⑥ 吴毓江：《墨子校注》，中华书局 1993 年版，第 98 页。

一贯性。

汉末大乱，曹操重贤，三次下求贤令。出于壮大力量与乱世求贤的紧迫性，曹操对尚贤学说进行了改造，大胆提出“唯才是举”的方针。如建安二十三年发布《举贤勿拘品行令》：“今天下得无有至德之人放在民间，及果勇不顾，临敌力战，若文俗之吏，高材异质，或堪为将守，负汙辱之名，见笑之行，或不仁不孝而有治国用兵之术，其各举所知，勿有所遗。”①不仁孝之人皆可举之，不仅与儒家传统的贤人观扞格不入，与墨子的贤人观亦相抵牾，表现出乱世求贤重才不重德的特点。

唐太宗李世民是大唐盛世的奠基者，他十分重视用贤，有着比较全面的选贤、用贤思想。在尚贤的前提下，李世民特别强调贤人的德行。如他教育自己的儿子“人之立身，所贵者唯在德行”②，对于臣僚择人不重德行的做法进行批评：“比见吏部择人，唯取其言词刀笔，不悉其景行。数年之后，恶迹始彰，虽加刑戮，而百姓已受其弊。如何可获善人？”③表达了对吏部择才不重德的担忧和不满。又如：“贞观六年，太宗谓魏徵曰：‘古人云，王者须为官择人，不可造次即用。朕今行一事，则为天下所观；出一言，则为天下所听。用得正人，为善者皆劝；误用恶人，不善者竞进。赏当其劳，无功者自退；罚当其罪，为恶者戒惧。故知赏罚不可轻行，用人弥须慎择。’徵对曰：‘知人之事，自古为难，故考绩黜出陟，察其善恶。今欲求人，必须审访其行。若知其善，然后用之，设令此人不能济事，只是才力不及，不为大害，误用恶人，假令强干，为害极多。但乱世唯求其才，不顾其行。太平之时，必须才行俱兼，始可任用。’”④太宗君臣认为用人须慎择，要“察其善恶”，因为用

① 严可均：《全上古三代秦汉三国六朝文》，中华书局 1958 年版，第 1065 页。
② 吴兢：《贞观政要》，齐鲁书社 2000 年版，第 140 页。
③ 吴兢：《贞观政要》，齐鲁书社 2000 年版，第 102 页。
④ 吴兢：《贞观政要》，齐鲁书社 2000 年版，第 103 页。

善人即使才力不济，但不会为大害，而如果用了强干的恶人，则为害极多，强调了德行的重要性，并明确了“乱代唯求其才，不顾其行。太平之时，必须才行俱兼，始可任用”的用贤观念。

宋人一如继往地重视贤能，并继续发扬了尚贤说，对贤人标准进行了深入探讨。司马光在《资治通鉴》中说：“才者，德之资也；德者，才之帅也。”①既明确了德才兼备的贤人标准，又进一步明确了德、才两者之间以德统才的主次关系。而在德才取舍之间，他主张“钧之不能两全，宁舍才而取德”②，并进一步指明有才无德的危害：“自古昔以来，国之乱臣，家之败子，才有余而德不足，以至于颠覆者多矣，岂特智伯哉。”③

清朝末年，统治者腐朽卖国，西方列强侵略、瓜分中国，中华民族陷入亡国灭种的空前危机，一部分开明官僚兴起旨在“求强”“求富”的洋务运动。出于发展科技，内强国本，外御强敌的紧迫要求，以曾国藩、李鸿章等为主要代表的洋务派，首倡学习西方科技，主张培养掌握西方先进科学技术的实用人才。如李鸿章为了造就掌握科学知识和实用技术的新兴人才，不仅兴办新式学堂，还派人出国留学，全面学习西方先进科技。1863 年李鸿章在上海设立外国语言文学学馆——广方言馆，1880 年在天津设立水师学堂，1885 年在天津设立武备学堂，1894 年在天津创办医学堂。在新设立的“洋学堂”里面，开设了与传统科举完全不同的课程，包括格致、测算、舆图、火轮、机器、兵法、炮法、化学、电学等门类。自 1872 年起，李鸿章还先后主持挑选了 120 名幼童分四批送到美国学习。1887 年，张之洞创办水陆师学堂，聘请外国人任教，传授轮机

① 司马光：《资治通鉴》，中华书局 1956 年版，第 14 页。
② 司马光：《温国文正公文集》卷七十《才德论》，四部丛刊景宋绍兴本。
③ 司马光：《资治通鉴》，中华书局 1956 年版，第 15 页。

制造、舰船驾驶、外语、矿学、化学、电学、植物学、公法学等西学西技。与此同时，中国民族资本主义逐渐兴起，社会对各类生产劳动专业技术人才的需求迅速提升，进一步推动了我国对专业科技人才的重视与培养。如著名民族资本家张謇认为，中国缺乏专门人才，主张培养出适应社会发展和实业振兴的专业人才，呼唤“工匠之贤”，赋予墨家贤人观以新的内涵。1912 年，他首创南通纺织专门学校，开全国纺织专业人才由学校系统培养之先例。自洋务派开始，出于国家建设与发展的需要，人们打破为封建统治选拔官员的单一目标与培养、选拔模式，革新了两千多年的传统贤人观，提出了掌握西方先进科学技术的全新人才标准。这既是对墨子“博通乎道术”贤人观的继承和发展，又成为中国近现代重视科学技术专业人才的开端。

进入 21 世纪，“尚贤”作为一种古老而富于生命力的政治学说，不仅在政治生活中扮演着重要角色，而且在社会发展和国家建设的方方面面都具有指导意义。社会的发展与时代的进步也不断赋予其全新内容。首先，才能的内涵发生变化，衡量是否有才能的标准也更加客观。这既是社会发展进步的必然选择，又与墨子“博通乎道术”的标准遥相呼应。但是，能人是否忠诚，这个古老的问题又以新的形式被提出。今日如何发现、任用忠于国家、忠于事业的能人，显然不能回到“任人唯亲”、任人唯圈的老路上去，而要坚持“任人唯贤”、德才兼备，在一定意义上讲，就是坚持墨家的尚贤路线。

沉默与言说之间

——老庄之“道”的语言学解读

董　玲

(湖北第二师范学院文学院)

摘　要：在老庄的文本中，审美只具有附带意义，其内在的根本还在于传达“道”、呈现“道”。因此把握老庄之“道”的一条途径正在于理解其文本中的言说与沉默之间，实包含着已说的、未说的、蕴含其间的。对于已说的去呈现，未说的需填充，蕴含其间的则挖掘。其文本正是在这种语言表达中传达了老庄对于“道”的深刻思考，或者反过来说，老庄“道”的思想本身实建立在这种独特的语言表达之中。

关键词：道　沉默　言说　老庄文本

一、道的沉默

关于中文“道”这个词的的含义一般可表述为：本源，本体、思想、道路、道理、规律、规范、方法等。从中国传统思想文化的角度言，又可指称儒家之道、道家之道、释家之道等。这里我们追问的是：在老庄的文本中，“道”究竟何谓？①

在老庄的文本中，道却是无法言说的。为什么呢？这显然基于老庄对于语言有限性的清醒认识。庄子以为“世之所贵道者，书也。书不过语，语有贵也。语之所贵者，意也。意有所随。意之所随者，不可以言传也，而世因贵言传书。世虽贵之，我犹不足贵也，为其贵非其贵也”（《庄子·天道》）。真正的道是不可以言传的，这在根本上否定了语言的功用。所以老子要说“道可道，非常道，名可名，非常名”（《老子·一章》），“知者不言，言者不知”（《老子·五十六章》），“信言不美，美言不信”（《老子·八十一章》）；庄子要说“道不可言，言而非也”（《庄子·外十五》）。你所说出的其实都不是道，尽管老子说了五千言，庄子说了更多，但都不是道本身。正因为如此，在老庄的文本中，道是沉默的，或者说，道是以沉默的方式出场的，恰如老子所说的“行不言之教”（《老子·二章》）。

而若进一步追究必然会问，道为何无法言说？其言说本身与言说内涵有何关系？

事实上，语言从来不孤立于思想。从老庄思想的角度言，导致道不可言说的一个根本原因，是语言自身对于道的割裂。对于老庄来说，道是浑朴为一，是整体不可分割的，用这种思想观照社会便形成了对于文明礼乐的批评反思。老子说“夫礼者，忠信之薄，而乱之首。前识者，道之华，而愚之始”（《老子·三十八章》）。又说“六亲不和，有孝慈；国家混乱，有忠臣”（《老子·十八章》）。为什么？庄子其实已经解答了：“道德不废，安取仁义？性情不离，安用礼乐？五色不乱，孰为文采？

① 本文在此对于老庄之道不作区分，而重在对于他们如何言说道的分析。关于老庄之道的同异可参见郭齐勇：《老庄之道论及其异同》，《华中师范大学学报》2008年第6期。

五声不乱，孰应六律？”（《庄子・马蹄》）众所周知，在一个礼崩乐坏的时代里，圣人比如说孔孟对于道德仁爱的倡导其前提正在于它的缺乏，同时又因缺乏而显得珍贵。那么道德仁爱本身有什么问题呢？有问题，而且问题很大。因为与其说老庄指向的是仁义礼智信本身，毋宁说是与之同来的虚伪、堕落、败坏，是与圣人同来的大盗，与道德并存的机诈巧取之心。庄子严防死守的也不是机械本身，而是机械所带来的机心；不是钩绳规矩本身，而是这些东西对于道本身的遮蔽，以及对于道越来越远的偏离，并且这种偏离是不可逆转的。所以拥有道德圣人的这样一个社会显然与老子式的理想国——小国寡民相去甚远，而只能是一个与道相背离的社会。所以老子要说“绝圣弃智”“绝仁弃义”（《老子・十九章》），庄子要说“相濡以沫，不如相忘于江湖”（《庄子・内篇・大宗师》），要让我们震惊哀叹混沌之帝七窍凿开后的死亡命运了。

道是不能割裂的，在语言的表述上首先应该看到这一点。王弼解读“大音希声”曰：“有声则有分，有分则不宫而商矣。分则不能统众，故有声者非大音也。”①其实，这何尝不能作为道的混沦整体不可分割的解读呢？语言在传达道的同时因为语词、概念而割裂了道，在老庄这里是有清醒的认识的。例如庄子对于心斋的表述：“若一志，无听之以耳，而听之以心，无听之以心，而听之以气，耳止于听，心止于符。气也者，虚而待物者也，唯道集虚，虚者，心斋也。”（《庄子・人间世》）“听”基于人的感官，“符”基于语言概念，这些无疑都会造成对于道的认识把握的限制，唯有“气”是不诉诸于这种限制的，因而也是最自由、最接近于道的了。

因此，“道术将为天下裂”（《庄子・天下》）不仅仅是庄子对于周代

① 楼宇烈校释：《王弼集校释》（上），中华书局1980年版，第113页。

学术发展变迁的描述，同时还是孔孟老庄共同清晰看见的一个礼崩乐坏的世界。这从另一侧面也恰好证明了这个世界以及表达这个世界的语言对于道与德的偏离。

二、道的言说

老子不言道，但《道德经》五千言可谓尽是道；庄子亦不言道，但其更丰富的言说中亦可谓充满了道。这便是沉默的背后所具有的言说。那么其背后又言说了什么呢?

基于道不可言说的基本理念，老庄如若一定要说，那么首先要说也可以说并且非常明确的言说，就是道之外的其他言说，或者说道不是什么的言说。

首先来看看老子关于有无关系的辨析。老子讲“天下万物生于有，有生于无”(《老子·四十章》)，又讲“道生一，一生二，二生三，三生万物”(《老子·四十二章》)。在这里，“有”是这个“一”，“无”则是这个“道”。显然，无并不是什么都没有，恰恰相反，而是一切有的本源。甚至“有”恰恰是通过“无”的存在才能更好的显示出其价值。比如说“三十辐共一毂，当其无，有车之用。埏埴以为器，当其无，有器之用。凿户牖以为室，当其无，有室之用”(《老子·十一章》)。那么，道虽不可言说，但是它恰恰也可以通过道之外的其他言说让人感受把握住道是什么。比如“有物混成，先天地生。寂兮廖兮，独立而不改，周行而不怠，可以为天地母。吾不知其名，强字之曰‘道’，强为之名曰‘大’。大曰逝，逝曰远，远曰反”(《老子·二十五章》)。这里，道可被视为大、逝、远、反，但道又不是这些，因为在根本上“道隐无名”(《老子·四十一章》)，所以反过来说，大、逝、远、反亦可谓道的称名。这样，读者可以通过对于“大、逝、远、反”这些称名以及它们之间关系的理解进而把握道是什么。其实，在老子的文本中，道虽不可言说，但是道这个词出现的频率却并不低。除了上文所及，还有诸如“上士闻道，勤而行之；中士闻道，若存若亡；下士闻道，大笑之。不笑不足以为道”(《老子·四十一章》)；“道可道非常道”(《老子·一章》)；“天乃道，道乃久，没身不怠”(《老子·十六章》)；“故道大，天大，地大，人亦大”“人法地，地法天，天法道，道法自然”(《老子·二十五章》)；“反者道之动，弱者道之用”(《老子·四十章》)等，不一而论①。在这些言语中，老子并不避讳言道，正是通过对于与道相关概念的表述，呈现出道的含义。

其次，老庄还言说了道像什么，亦即描述了道。例如：“道之为物，唯恍唯惚。惚兮恍兮，其中有象；恍兮惚兮，其中有物。窈兮冥兮，其中有精；其精甚真，其中有信。”(《老子·二十一章》)“明道若昧，进道若退，夷道若颣，上德若谷，广德若不足，建德若偷，质真若渝，大白若辱，大方无隅，大器晚成，大音希声，大象无形。”(《老子·四十一章》)这种描述可引人想象，在不可言说中，却引导我们透过语言去触摸道的本真。庄子的“象罔寻得遗珠”亦是一例，“皇帝游乎赤水之北，登乎昆仑之丘而南望，还归，遗去玄珠。使知索之而不得，使离朱索之而不得，使喫诟索之而不得也。乃使象罔，象罔得之。皇帝曰：‘异哉，象罔乃可以得之乎？’”(《庄子·天地》)奇怪吗？并不奇怪，“知”“离朱”与“喫诟”均具有非凡的能力，但是老子不是说“为学日益，为道日损”(《老子·四十八章》)“绝圣弃智”吗？庄子不是说“堕肢体，黜聪明，离

① “王本《老子》一书共有19章，73句出现了‘道’字和与‘道’相关的论述，‘道’字约75个，而有些地方不用‘道’而用‘谷神’‘玄牝之门’‘天地之根’‘一’‘大’‘玄’‘朴’‘母’‘大象’等词汇来表述‘道’的意思，还有一些在上下文中用‘之’字代指“道”的，加起来就更多了。”参见吴根友：《如何说不可说之道？——老子哲学中“道”概念的语义分析》，《湘潭大学学报》2006年第2期。

形去知”(《庄子·大宗师》)吗？显然，只有“象罔”才能寻找到“道”这个玄珠。这恰恰也告诉我们，道的获得是寻常概念语言以及技能才智所不能达到的。

最后，道虽不可言说，但是如何达道却是可以践行的，这个如何践行当然是可以言说的，所以老庄还言说了如何达道。这就是“涤除玄鉴”“致虚极守静笃”“心斋”“坐忘”等。例如老子的“涤除玄鉴”，意在从否定入手，一层层去除意见、偏见、我见、执见，从而让心才有可能去体验、接近、把握住道。“致虚极守静笃”同样描述了达道的心理状态，在虚静的心理状态中也才有可能洞见到道，达到忘我忘物与道合一的境界。到了庄子这里，就进一步细致讲了许多“技进乎道”的故事，例如庖丁解牛、轮扁斫轮、梓庆削木为鐻、津人操舟、吕梁丈夫蹈水、佝偻者承蜩等，其中的“以神遇而不以目视”“得之于手而应于心”“用志不分，乃凝于神”等(《庄子·达生》)。所有的这些表述说的都是如何解除外界的一切干扰，包括对于自己作为物的身体，作为概念意志情感的心理、甚至作为存在本身的自我等，均需一概抛弃。因为唯有这样，才能让道进驻到自己的内心，也才能够到达道的世界，与道合一，道心不分，物我两忘。这也就是“心斋”“坐忘”。

三、言说与沉默之间

显然，道虽是沉默的，但老庄并没有沉默，而是选择了言说。因此，不能言说而要言说就存在一个如何言说的问题，亦即言说方式的问题。那么，在老庄这里是怎样的言说方式呢？

在老子的文本中，“道可道”中的第二个道即是言说，但这个言说是不能言道的。为什么？因为这不是道的语言，而只是信言和美言。信言指信实、朴实的语言，没有附加任何修饰和技巧的语言，是语词本身；美言为修饰的漂亮的文辞，它在语词之外又添加了别的东西。这两种言辞相互对立，“信言不美，美言不信”(《老子·八十一章》)，非此即彼。如果说美言不能表达道是因为它的修饰遮蔽了它要说的道的话，那么信言可以述说道吗？如同美言是人之言一样，信言也是人之言，它无法完全脱离人的感觉与语言自身的有限性。如若用它表述道，则道的表述同样会不及。对此，老子说“知者不言，言者不知”(《老子·五十六章》)。道是无法说出来的，而说出来的已偏离了道。

但是语言的天性就是去说那不可说，去言不言。不过如果语言要言说道的话，那么它只能用道之言而非人之言，前者的实现必须基于对于人之言的否定。这种否定可以通过三种方式达到。其一，说，但正话反说，即“正言若反”(《老子·七十八章》)。如“明道若昧；进道若退；夷道若纇，上德若谷，广德若不足，建德若偷，质真若渝，大白若辱，大方无隅，大器晚成，大音希声，大象无形”(《老子·四十一章》)；“善者不辩，辩者不善。知者不博，博者不知”(《老子·八十一章》)；“大成若缺，其用不弊。大盈若冲，其用不穷。大直若屈，大巧若拙，大辩若讷”(《老子·四十五章》)等。通过对于“道”的另类描述，去超越常识亦即超越常人对于道的误读。其二，借助于它者，如自然言道，使它者成为道的媒介，如“上善若水”(《老子·八章》)。在这种表达式中，主语是要说的道，宾语是自然现象“水”，谓词为“若”，将不可言说的道转为可以言说的自然现象。但是这同时意味着，道在显现时又被它言说的喻象“自然”所遮蔽。以自然言道很可能将人导向自然本身，于是道往往会在这种言说中转化为自然之道。这是老子说出的道，但不是他没说出的道，亦即有无的生成之道。因此，以自然言道，虽超越于人之言但仍不是道之言。它只是作为道之言的替代，所以被老子称为“强为之容”(《老子·

十五章》)，“强为之名”(《老子·二十五章》)。其三，不说，即“不言之教”(《老子·四十三章》)。不言就是在沉默中排除语词本身及相关的听者和说者，让道自身显现出来。

在庄子这里，基于对于语言自身及其言说之间的悖论，形成了一种独特的言说方式：他言说的开端正在于对于这种悖论的重新认识、消解和超越。“筌者所以在鱼，得鱼而忘筌。蹄者所以在兔，得兔而志蹄。言者所以在意，得意而忘言。吾安得忘言之人而与之言哉!”(《庄子·外物》)这个忘言之言就是庄子自谓的“三言”。

我们一般的语言是用来描述事实和反映思想，在中国传统文化思想中，它的极致表现形式是庄言、正言、雅言，亦即圣人之言。圣人之言的价值在于树立一个标准、建立一种规范，其他语言形式则须遵从于它。这种语言中所承载的种种例如仁爱礼乐等思想，恰恰是庄子所反思批评的对象，因此对于其所做的反思批评必然需要以与之截然不同甚至相反的语言所替代，否则语言的先在性将混同于将要言说的。作为对正言的否定，庄子采用了“三言”，亦即卮言、重言、寓言。“以卮言为曼衍，以重言为真，以寓言为广。”(《庄子·天下》)“寓言十九，重言十七，卮言日出，和以天倪。”(《庄子·寓言》)这三种语言不是对于现实世界的真实表达甚至描述，而是对于道的描述和言说，不是指现实之言，而是象征、暗示之言，所以这种语言具有鲜明的形象性、丰富的暗示性和深刻的启示性。在常人看来，这些语言所表达的似乎只是一个简单、荒谬的故事，例如“形若槁骸，心若死灰”“呆若木鸡”“道在屎溺”(《庄子·外十五》)。在这种有悖于常人的理解、看似矛盾的言说中，庄子不但完成了他的反思批评，同时也达到了对于语言自身的否弃。也就是说，这样的语言并没有一个言说对象，他只是言说自身。语言在这里是作为无进入对于无的表达，进而才有可能敞开道的存在。所以庄子可以说：“言无言。终身言，未尝言；终身不言，未尝不言。”(《庄子·寓言》)正是在这种看似矛盾、支离破碎、荒诞不羁的语言中，庄子巧妙地言说了道。或者说：“庄子及其后学对于语言意义的认识，完全转向了言说主体上面，消解了语言达意的社会性及其评价的客观性。”①

于是我们看到，在老庄的文本中，在他们的言说与沉默之间存在一个空间，这便是语言所指引我们的想象解读的巨大空间。这个巨大空间实包含着已说的、未说的、蕴含其间的。于是老庄文本的解读成为这样一个过程：对于已说的去呈现、未说的去填充、蕴含其间的去挖掘。这是种什么样的表达方式？可以说是文学艺术的表达方式，但又不是纯粹意义上的文学艺术本身，因为后者更多给予的是审美，思想固然存在其中，甚至伟大的文学艺术作品会同时带来思想的震撼及思考，但是在老庄这里还远远不够。因为在老庄的文本中，文学艺术所具有的审美价值只具有附带意义，尤其是庄子的文本，汪洋恣肆、想象奇诡、暗示无穷。但这只是面，不是里。里还是在于传达“道”、呈现“道”。可以说，老庄的思考本身实建立在这种独特的语言表达之中，或者反过来说，这种语言表达背后无不传达了老庄对于“道”的深刻思考。正因为如此，其文本实现完成了庄子所言的“吾安得忘言之人而与之言哉”！

① 吴福友、吴根友：《论老庄道家的语言哲学思想》，《安徽大学学报》2009年第4期。

“博物”关键词的历史演变及其启示

胡　宸

（武汉大学文学院）

摘　要：“博物”作为我国传统学术中的一个重要概念，包括广义的通晓世间万物、具体的通晓自然之物和通晓人为之物三个义位。这一概念并不是静止的，由“博物”和儒家学说之间的互动可以看出其在漫长历史时期中的变化。受西方近代科学理念影响，传统博物概念逐渐转换为西方“博物学”概念。在西方“博物学”对传统博物概念不断挤压的过程中，传统博物概念展现了其能动作用。

关键词：博物　博物学　博物馆　科学

“博物”概念历史悠久，在我国传统学术中占有重要位置，有一个相对独立的知识体系，但其具体内容及历史演变似乎并未引起学者们足够的重视，相关研究成果不足。关于博物概念所构建的知识体系包括哪些方面，其中居于核心地位和处于相对边缘位置的内容分别是什么，它们的地位是否发生过变化，是怎样的变化等关于传统博物概念的基本问题并没有得到很好的论述。本文拟对博物概念的义位进行分析，并以博物概念与儒家学说之间的互动以及博物概念的近代转化为例考察传统博物概念在漫长历史时期中的变化。对博物概念的研究有助于我们更好地还原古人的学术、生活状况。在科学主义逐渐显现其弊端的今天，对博物概念的研究同样有助于我们找寻更好的生活方式。

一、博物概念的义位

考察博物概念的义位之前，我们先分别考察一下“博”和“物”两个字的所指。“博”很好理解，《荀子·修身篇》：“多闻曰博。”《说文》：“博，大通也。”知道的多，能够汇通各种知识称为“博”。那么作为“博”的内容，“物”又指什么呢？根据“物”在文献中的使用情况，我们归纳出以下几方面内容：

1. 泛指世间万物

“物”字本义为杂色牛，引申为杂色帛，进而引申为“以名万有不齐之庶物”(此说见王国维《观堂集林》卷六“释物”)。作“世间万物”讲的“物”字，文献中常见，如《荀子·赋》“皇天隆物”，杨倞注：“物，万物也。”《史记·历书》“建气物分数”，《集解》引孟康曰：“物，万物也。”

2. 指自然之物

可细分为两类：一类是如草木、鸟兽、虫鱼等自然界事物，另一类是如鬼神、征祥、精怪等。第一类在文献中的运用，如《周礼·地官·县师》：“量其地，辨其物而制其域。”郑玄注曰：“物，谓地所有也。”地之所生皆可谓之物。《周礼·天官·宰夫》“凡失财、用、物，辟名者”，郑玄注：“物，畜兽也。”《礼记·乐记》“物以群分”，孔颖达疏曰：“物谓殖生，若草木之属。”可见无论动物还是植物，只要是地之所生，都是“物”的内容。地之所生，除了自然界事物，还有一类超自然事物。《汉书·郊祀志上》：“有物曰：‘蛇，白帝子。’”颜师古注引如淳曰：“物，谓鬼神也。”《史记·齐悼惠王世家》：“相舍人怪之，以为物。”《索隐》引姚氏云："物，怪物。"由此可知，鬼神、怪物亦包含于"物"之中。与此相关的气象灾变、谶纬征祥，也属于"物"。《易·系辞上》曰："精气为物。"《后汉书·明帝纪》"观物变"，李贤注引《春秋传》："必书云物。"杜预注云："物，谓气色灾变也。""物"在此处指天象、精气，透过观察它们的变异，可以察知人事之灾祥。

3. 指人为之物

又可细分为联系十分紧密的两类：一类是有形的人造器物，如《周礼·秋官·司隶》"辨其物而掌其政令"，郑玄注："物，衣服、兵器之属。"《左传》宣公十四年"聘而献物"，杜预注："物，玉帛、皮币也。"另一类是制度、礼仪等文化传统。《礼记·祭统》："夫祭之为物大矣。"这是说作为礼仪制度的祭祀是十分重要之"物"。《周礼·地官·大司徒》"以乡三物教万民"，"三物"指的是六德、六行和六艺，亦是希望大家遵循的礼仪制度。

分析过物的范围之后，我们再考察文献中的"博物"一词可以发现，其使用大体也不出此范围。兹举数例如下：

(1)纯德之人，则无所容言，又何辩乎？好辩则非纯德者矣。知道之知，不以博物为能，以博物为夸，非知道者也。(《老子鬳斋口义》卷下)

(2)夫鸟兽、草木之类，特为难穷。其形之相似者，虽山泽之人，朝夕从事，有不能别；其名之相乱者，虽博物君子，习于风雅，有不能周。(《尔雅翼》卷九)

(3)融等于是召豪杰及诸太守计议，其中智者皆曰：汉承尧运，历数延长。今皇帝姓号见于图书，自前世博物道术之士谷子云、夏贺良等，建明汉有再受命之符，言之久矣。(《后汉书》卷二十三《窦

融列传》)

(4)孝昌中，于广平王第掘得古玉印敕，召(祖)莹与黄门侍郎李琰之令辨何世之物。莹云：此是于阗国王晋太康中所献，乃以墨涂字观之，果如莹言，时人称为博物。(《魏书》卷八十二《祖莹列传》)

(5)魏国既建，(王粲)拜侍中，博物多识，问无不对。时旧仪废弛，兴造制度，粲恒典之。(《三国志》卷二十一《王粲列传》)

例(1)中“博物”笼统地指通晓世间万物。它说有纯德的人不会因为自己通晓世间万物就以此为能，以自己通晓世间万物自夸的人，并不是得道者。这对应的是上文分析的第一个方面，即指世间万物的“物”。例(2)以辨别鸟兽、草木的外形和名称作为“博物君子”的任务，这对应了上文分析的第二方面第一类，即“自然界事物”。例(3)“博物”和道术并列，内容涉及符命、谶纬，对应了上文分析的第二方面的另一类，即“超自然事物”。例(4)祖莹能够认出地中挖出的古印是于阗国王晋太康中所献，故为时人称赞“博物”，对应的是上文分析的第三方面第一类，即“人造器物”。例(5)王粲能够在旧礼仪制度废弛的情况下重新兴造制度，故称其“博物多识”，这对应的是上文分析的第三方面第二类，即“文化传统”。

还有一些“博物”的使用情况并没有从上文的分析中反映出来，如“博物”多与“洽闻”“多闻”连用，和博学的概念相近，指个人所掌握的知识广博。这又可以细分为三类：其一指广泛阅览包括儒家经典在内的一切典籍，如《后汉书》卷四十四《胡广传》：“窃见尚书仆射胡广，体真履规，谦虚温雅，博物洽闻，探赜穷理，六经典奥，旧章宪式，无所不览。”不论是“六经典奥”还是“旧章宪式”，都属于博物的范围。其二则并不包括儒家经典，如《盐铁论 · 杂论》：“桑大夫据当世，合时变，推道术，尚权利，辟略小辩，虽非正法，然巨儒宿学恧然，不能自解，可谓博物通士矣。”这里明确将巨儒宿学与博物通士区分开来，可见博物的内容中并不包括儒家经典在内。其三，“博物”的内容是次要的，突出的是它的目的——能文。如《南齐书》卷五十二《文学传》史臣论曰：“文章作者虽众，总而为论，略有三体……次则缉事比类，非对不发，博物可嘉。职成拘制，或全借古语用申今情，崎岖牵引直为偶说。唯睹事例，顿失清采。”论者以为为文之法，当旁征博引，就事论事，自然对仗。但弊端是盲目用典掉书袋，强行追求形式上的工整，造成文章中只见事例的现象，从而失去了行文的流畅优美。可见“博物”对于文学创作是十分重要的一环，掌握不好还会造成反效果。宋代陈懿典《陈学士先生初集》卷三《重刻埤雅广要序》：“自诗赋之科罢而举业之文仅取帖括，不复留意博物，而淹通好古之家，巨帙累卷，终尽布之通都。其视制义之朝行而夕泯者又何如也！”陈懿典拿举业之试贴和博物之雄文进行对比，前者“朝行而夕泯”，后者“尽布之通都”，愈发凸显了博物对于为文的重要性。虽然存在这些使用情况，但无论是三种中的哪一种，“博物”都是指某人博学多识，通知古今，是广义上的通晓万物，我们可以把它纳入“物”的第一个用法中。

如此一来，依据我们对博物概念进行的梳理，我们认为博物概念包括三个义位：广义的通晓世间万物，具体的通晓自然之物，具体的通晓人为之物。为更便于理解，我们将其整理成下表：

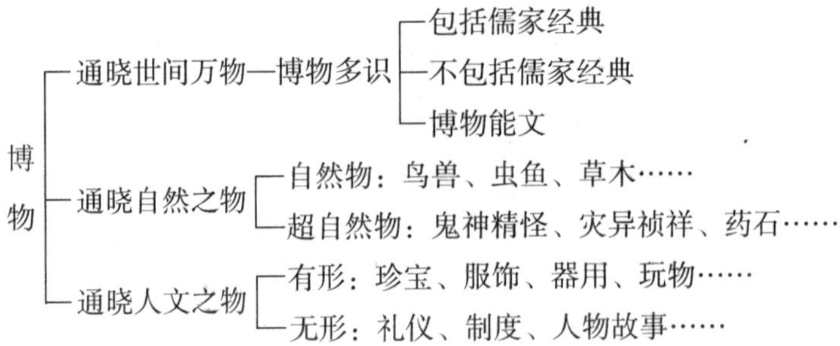

这几个义位在使用中并不完全独立，而是重叠交叉，如广义上的通晓世间万物虽然没有明确所指，但经常包括自然之物和人文之物的内容；又如礼制既包括礼法又包括礼器，很难以有形、无形为标准将它们进行区分等。这种重叠交叉基于义位的模糊性，并不对我们的定义造成损害。

对“博物”义位的归纳是否合适？我们可以从“博物”类著作的目录入手进行考察：

《博物志》：山、水、五方人民、物产、外国、异人、异俗、异产、异兽、异鸟、异虫、异鱼、异草木、物性、物理、物类、药物、药论、食忌、药术、戏术、方士、服食、辨方士、人名考、文籍考、地理考、典礼考、乐考、服饰考、器名考、异闻、史补、杂说。

《广博物志》：天道、时序、地形、斧扆、灵异、职官、人伦、高逸、方伎、闺壸、形体、艺苑、武功、声乐、居处、珍宝、服饰、器用、食饮、草木、鸟兽、虫鱼。

《古今图书集成·博物汇编》：艺术典(农部、渔部、樵部、牧部、御部、弋部、猎部、医部、卜筮部、星命部、相数、堪舆、术数、拆字、画、投壶、奕棋、弹棋、蹴踘、弄丸、藏钩、鞦韆、风筝、技戏、幻术、博戏、商贾、巫觋、拳搏、刺客、佣工、刀镊、庖宰、牙侩、乞丐、优伶、傀儡、娼妓)、神异典、禽虫典、草木典。

以上各书所分类目虽不尽相同，但我们从中可以归纳出博物概念所包含的大致范围：天文、地理、矿物、动物、植物、怪异神奇、方伎术数、典章制度、人物故事、文学、艺术、服饰器用等。其中天地、山川、动物、植物、矿物等都可归在“自然物”之下，方术、药物、卜筮、术数等都属于“超自然物”的范畴，居处、珍宝、服饰、器用等都可归入有形的人为之物，而包括礼乐制度、职官、各种职业、社会风俗都属于无形的人为之物范畴。由此可见，“博物”类著作的内容都不出我们的分析框架。看来我们对博物概念的归纳大致是可信的。

还有许多著作，虽然书名中并无“博物”字样，但将其目录与内容和我们所归纳的博物概念进行对比就可发现，依然应当把它们归为“博物”类著作的范畴。如：

《酉阳杂俎》：忠志、礼异、天咫、玉格、壶史、贝编、境异、喜兆、祸兆、物革、诡习、怪术、艺绝、器奇、乐、酒食、医、黥、雷、梦、事感、盗侠、物异、广知、语资、冥迹、尸穸、诺皋记、广动植、肉攫、支诺皋、贬误、寺塔记

《夜航船》：天文部、地理部、人物部、考古部、伦类部、选举部、政事部、文学部、礼乐部、兵刑部、日用部、宝玩部、容貌部、九流部、外国部、植物部、四灵部、荒唐部(鬼神、怪异)、物理部、方术部

《梦溪笔谈》本身虽未分类，但李约瑟在《中国科学技术史》第一卷内就其内容进行了归纳，分为人事资料：官员生活及朝廷、学士院及考试事宜、文学及艺术、法律及医务、军事、杂文及逸事、占卜、玄术及民间传说。自然科学：关于易经、阴阳及五行、算学、天文学及历法、气象学、地质学及矿物学、地理学及制图学、物理学、化学、工程学、冶金学及工艺学、灌溉及水利工程、建筑学、生物学、植物学、动物学、农艺、医学及药学。人文科学：人类学、考古学、语言学、音乐。通过李约瑟的归纳可以看出，《梦溪笔谈》亦属于“博物”类著作。

当然，并不是所有“博物”类著作都同时包含以上所有内容，一方面因为作者的偏重和取向各有不同，另一方面也和博物概念在各历史时期的演变有关。以《古今图书集成·博物汇编》为例，《博物汇编》中并不包含天文、地理以及典章制度的内容。一方面是因为作者在体例上以天、地、人伦作为最重要的部分，单独列出置于最前，另一方面也反映了当时清代学者对博物概念的认识与前代不尽相同。总之，我们认为大多数情况下，“博物”类著作指的是同时包括以上某几个方面内容的著作。

二、博物概念与儒家学说的互动

第一章从共时层面分析了博物概念的义位，然而博物概念在漫长的历史中并不是一成不变的，本节及下一节将分别从博物概念与儒家学说的互动及博物概念的近代转化两个角度考察博物概念在历史发展中的变化。

博物概念与儒家学说的关系可以大致以“格致说”的流行为界分成两个时期：“格致说”流行之前，儒家经典及其相关内容只是作为“博物”的一部分，并不居于主导地位；“格致说”流行以后，在许多情况下，“博物”的所有内容都被纳入了儒家知识体系之中。

1.“格致说”流行之前

这一时期博物概念与儒家学说的关系大致包括两个方面：其一，儒家经典作为“博物”的重要内容之一。如：

(1)褒博物识古，为儒者宗。(《后汉书》卷三十五《曹褒列传》)

(2)窃见河南郑兴，执义坚固，敦悦诗书，好古博物，见疑不

惑。(《后汉书》卷三十六《郑兴列传》)

(3)窃见尚书仆射胡广，体真履规，谦虚温雅。博物洽闻，探赜穷理，六经典奥，旧章宪式，无所不览。(《后汉书》卷四十四《胡广列传》)

例(1)用“博物”来形容儒者中的佼佼者，例(2)、例(3)中“博物”的内容包括了“诗书”和“六经典奥”。可见儒家思想、儒家经典是“博物”概念中的一个重要组成部分。“博物”的这种用法趋同于儒家所推崇的“博学”概念。还有一点值得注意的是，如例(1)、例(2)所示，“依附于儒学的博物”与“识古”“好古”联系十分紧密，因为所谓经典，必然是前人的作品，要求注释者有很强的古文字、训诂能力。这也被视为“博物”的一部分：

(释道)安既笃好经典，志在宣法，所请外国沙门僧伽提婆昙摩难提及僧伽跋澄等译出众经百余万言，常与沙门法和诠定音字，详核文旨，新出众经于是获正。孙绰为名德沙门论自云释道安博物多才，通经名理。(《高僧传》卷五)

(樊)深经学通赡，每解书多引汉魏以来诸家义而说之，故后生听其言者不能晓悟，背而讥之曰：樊生讲书多门户，不可解。然儒者推其博物。(《北史》卷八十二《儒林传下》)

上引例证皆为“博物”在两汉以后的使用情况。释道安能够诠定佛门典籍的文字、读音之正误，考核经文意指，故为“博物”。樊深通汉魏以来诸家解经之说，故“儒者推其博物”。由这两个例子可以看出，不只是两汉，一直到后代，精通文字、音韵、训诂，都是“博物”的重要部分。

其二，经典注释学对博物产生了重要的影响。以鸟兽虫鱼为代表的自然之物是博物的重要内容，《论语》记孔子曰：“小子！何莫学夫诗？诗，可以兴，可以观，可以群，可以怨。迩之事父，远之事君。多识于鸟兽草木之名。”孔子认为，通过多读诗，可以更好地认识草木鸟兽。这句话多为后世博物之士所引用。经典注释学对经典中自然之物的研究，成为了沟通儒家经典与博物传统的桥梁。儒家经典中包含大量名物，汉儒们在“多识于鸟兽草木之名”的号召下为注释这些名物耗费了巨大的精力，取得的成果也是令人瞩目的。葛兆光在论及汉代经典注释学时指出：“经典注释……刺激了历史知识、文字知识、草木鸟兽鱼虫知识的增长，也凸显了知识的意义。于是，一方面……把思想转化为实用手段，另一方面却在民间形成了一种推崇知识尤其是推崇历史知识、文字知识与博物知识的风气。”①

今本《博物志》第一卷卷首，作者提出了全书的写作目的：“余视《山海经》及《禹贡》《尔雅》《说文》、地志，虽曰悉备，各有所不载者，作略说。出所不见，粗言远方，陈山川位象，吉凶有征。诸国境界，犬牙相入。春秋之后，并相侵伐。其土地不可具详，其山川地泽，略而言之，正国十二。博物之士，览而鉴之。”由此可知，《博物志》是为了补充《山海经》《禹贡》《尔雅》《说文》和其他地志而创作的。其中《禹贡》为儒家经典，而《尔雅》和《说文》都是经典注释学的重要著作。郭璞在《尔雅序》中云：“尔雅者所以通诂训之指归，叙诗人之兴咏，总绝代之离词，辨同实而殊号者也。诚九流之津涉，六艺之钤键，学览者之潭奥，摛翰者之华苑。若乃可以博物不惑，多识于鸟兽草木之名者，莫近于《尔雅》。”指出《尔雅》对于经学(通诂训之指归)、文学(总绝代之离词)以及“博物

① 葛兆光：《七世纪前中国的知识、思想与信仰世界》，《中国思想史》(第一卷)，复旦大学出版社2013年版，第281页。

不惑”都能够有所帮助。许慎之子许冲在《说文解字叙》中说：“(许)慎博问通人，考之于(贾)逵，作《说文解字》。六艺群书之诂，皆训其意；而天地鬼神、山川草木、鸟兽昆虫、杂物奇怪、王制礼仪，世间人事，莫不毕载。”亦可见《说文》之“博”，由“六艺群书之诂”及乎世间万物。《博物志》是对《尔雅》和《说文》的补充，而《尔雅》和《说文》都带有“博物”的性质，《博物志》与《尔雅》和《说文》的关系说明了经典注释学对博物的重要影响。

2.“格致说”流行以后

宋明之时产生了两种不同取向的“格致说”，其中之一以朱熹为代表。朱熹发展了二程的观点，他在与黄子耕的问答书信中指出：“格物只是就一物上穷尽一物之理，致知便只是穷得物理尽后我之知识亦无不尽处，若推此知识而致之也。此其文义只是如此，才认得定，便请依此用功，但能格物则知自至，不是别一事也。”朱熹的格物是通过对事物的观察来获得事物之理，带有知识论的倾向。在朱熹看来，“致知作为格物的目的和结果，并不是一种与格物并行的、以主体自身为对象的认识方法或修养方法”①与朱熹不同，王阳明发展了陆九渊格物即格心的观点，比起关注外部事物的规律，王阳明更关注穷尽此心之理。王阳明在《传习录》中说：“格物如孟子‘大人格君心’之格，是去其心之不正以全其本体之正。但意念所在，即要去其不正以全其正，即无时无处不是存天理，即是穷理。天理即是明德，穷理即是明明德。”又说：“爱曰：‘昨闻先生之教，亦影影见得功夫须是如此，今闻此说，益无可疑。爱昨晓思‘格物’的‘物’字即是‘事’字，皆从心上说。’先生曰：‘然。身之主宰便是心，心之所发便是意，意之本体便是知，意之所在便是物。如意在

① 陈来：《宋明理学》，华东师范大学出版社2004年版，第140页。

于事亲，即事亲便是一物；意在于事君，即事君便是一物；意在于仁民、爱物，即仁民、爱物便是一物；意在于视、听、言、动，即视、听、言、动便是一物。所以某说无心外之理，无心外之物。'"王阳明对知识的追求完全内转，指向内心。朱熹与王阳明两种取向不同的"格致说"都对博物概念产生了重要的影响。

受朱熹为代表的"格致说"的影响，博物概念和格物概念产生了交叉。明初薛瑄在其《读书录》卷二谈到格物的内容时说："格物所包者广，自一身言之，耳、目、口、鼻、身、心皆物也，如耳则当格其聪之理，目则当格其明之理……推而至于天地万物皆物也。天地则当格其健顺之理，人伦则当格其忠、孝、仁、敬、智、信之理，鬼神则当格其屈伸变化之理，以至草木、鸟兽、昆虫，则当格其各具之理。又推而至于圣贤之书、六艺之文、历代之政治，皆所谓物也，又当各求其义理精粗本末是非得失，皆所谓格物也。"以此和我们在上文对博物内容所做的总结进行对比可以看出二者的重合度之高。受"格致说"影响，宋代以降出现了许多博物类著作，其中许多冠以格致之名。席泽宗的《中国科学思想史》在论及宋明时期的科学思想时，讨论了"博物之学"与"格致之学"的关系。席先生指出："博物学有专书自晋张华《博物志》始。将博物之学与格致之学联系起来则始于宋元时期。"如《物类相感志》经过后人扩充又名《格物粗谈》，《郡斋读书志》论及《物类相感志》作者赞宁时曰："赞宁，吴人，以博物称于世。"这"表明当时人们认为'格物'即是'博物'"。席先生进一步举例说明了明清时期"格物"与"博物"混用的情况，指出明清存在大量博物类书籍以"格物致知"命书名。如明王你《格物编》，清曹昌言《格物类纂》，陈元龙《格致镜原》等。①

① 参见席泽宗：《中国科学思想史》，科学出版社 2009 年版，第 630-633 页。

以王阳明为代表的“格致说”则促使了对博物概念和博学概念的区分。明胡直《胡子衡齐》卷三有《博辨》一文，对“博物”和“博学”进行了细致的区分。现归纳其内容如下：胡直首先指出，孔子所称赞的“博学”，并非一般人理解的知识上的“博学”。因为从知识上来说，“虽圣人有不知不能，此非独才质殊也，势力弗兼也”。即使圣人也不是全知全能的，因为个人的才智各不相同，时间和精力也有限。后世儒者不明白这个道理，以一物不知为耻，故务求多知多能，十分错误。因为一方面每门学问都为专家之学，个人难以全部掌握，另一方面即使掌握，“以议道则荒，以穷经则贼，以制事则绕，以修词则靡。曾何补于是非之实，理乱之原”。这些知识对于经世致用并没有多少帮助，甚至还会起到反作用。那么孔子所称赞的“博学”到底指什么呢？胡直总结为“约礼”，即“出门使民与执事之敬也，居处之恭也，与人之忠也。终食与颠沛造次之仁也，言行之忠信笃敬也。视之明，听之聪，色之温，貌之恭，见得之义也。富贵、贫贱、患难、夷狄之行也，父母之亲，君臣之义，长幼之序也。妻子之刑，朋友之仪，播谷之勤也”等，这些方面看似“灿灿弗一”，其实有一个共同点，即“根于人心”。也就是说，胡直以为“博物”针对外物，而外物没有穷尽，故追求“博”不切实际，而且有害。而“博学”针对自己内心，将自己的一切行为约束在“礼”之下，由博返约。这才是可行的，是孔子所称赞的“博学”的真正意义。胡直区分“博物”与“博学”，代表了重视义理的儒家传统成为主流话语，使得具体的知识与技术趋于学术传统的边缘，对博物传统造成了打击。

两种“格致说”其一使博物失去自主性，成为儒家传统的附庸，其一使博物趋于学术传统的边缘，这是儒家学说对博物产生的消极影响。从积极的角度看，博物传统和儒家思想的结合扩大了博物传统的接受人群，使得更多学者投身其中，诞生了大量的博物类著作，同时，博物传统也并没有完全失去其自身独立性和活力。艾尔曼(Benjamin Elman)在《从前现代的格致学到现代的科学》一文中注意到了"格致"和"博物"并不完全等同。艾尔曼说："我可以试下结论说，在宋朝及宋朝以后的儒士精英中，'格致'似乎是对知识自身积累的最普遍的认识论框架。另一方面，'博物'却伴随着更加普遍和通俗的'好奇心'。""除了胡文焕明代的'格致研究'之外，董斯张完成了《广博物志》，这本书对'自然史'给予了更多的关注。这种作为'自然史'的'博物'著作说明'博物'作为术语在概念上与'格致'并非具有互相对应的关系。前者有时候包括在后者之中，有时则不包括。"①

三、博物概念的近代转化

明末清初，西方学术逐渐传入中国，其后随着社会局势的变化，西学在和本土学术传统的较量中愈发占据优势。1905年废除科举是对儒家传统的一次重大冲击，民国成立后，西方文化优于东方文化的观点愈发不可阻挡，陈独秀拥护德先生、赛先生的口号，代表着传统文化在主流学术界失去了话语权。儒家学术传统的没落同样发生在博物传统上，"博物"一词及其概念日渐被西方学术所占有。然而，博物概念的这种近代转化，并不只有西方文化单方面的施压，博物传统本身也展现了其充分的能动作用。

1. 博物传统对西学的内在转化

实验科学等西学手段切实地被运用于博物研究之中。传统博物知识并不乏通过实践观察而获得的例子，但大多数知识依然是由书本到书本

① 《中国学术》(第二辑)，商务印书馆2000年版，第1-43页。

的传递。这种获得知识的方式在实验科学的手段传入之后发生了改变。我们举以下两个例子，做一个有趣的对比：

> 唐文宗皇帝听政暇，博览群书。一日延英顾问宰臣："毛诗云：'呦呦鹿鸣，食野之苹。'苹是何草？"时宰相李珏、杨嗣复，陈夷行相顾未对。珏曰："臣按《尔雅》，苹是藾萧。"上曰："朕看毛诗疏，苹叶圆而花白，丛生野中，似非藾萧。"又一日，问宰臣："古诗云：'轻衫衬跳脱'，'跳脱'是何物？"宰臣未对。上曰："即今之腕钏也。《真诰》言'安姑有断粟金跳脱'，是臂饰。"
>
> 雷电之类，朱子论之极详，无复多言。朕以算法较之，雷声不能出百里。其算法依黄钟准尺寸，定一秒之垂线，或长或短，或重或轻，皆有一定之加减。先试之铳炮之属，烟起即响，其声益远益迟。得准比例，而后算雷炮之远近，即得矣。朕每测量，过百里虽有电而声不至，方知雷声之远近也。朕为河工，至天津驻跸，卢沟桥八旗放炮，时值西北风，炮声似觉不远，大约将二(本或作"三")百里。以此度之，大炮之响比雷尚远，无疑矣。

第一个例子出自《太平广记》的"博物"类。唐文宗的考证基于他"博览群书"，连博学的臣子也不见得出于他之上。他的博物研究，可以说是知识源于书本的典型。第二个例子出于康熙所著《几暇格物编》。同样是作为皇帝进行考据，康熙依据计算与实践考察，证实了雷声传播的距离，明显借助了实验科学的手段。对比两个例子可以看出获取博物知识的手段发生了变化，由此导致了研究方法的变化。这种变化并不表示西学知识体系对博物传统的胜利，事实上，新的知识和手段被吸收和接受，以用于更好地证明传统学说的正确性。

方以智在《物理小识·自序》中提出“质测”之学：“物有其故，实考究之，大而元会，小而草木蠢蠕，类其性情，征其好恶，推其常变，是曰质测。”方以智的“质测之学”是对世间万物规律的研究，他把西方近代科学的内容融合了进来（“万历年间，远西学人，详于质测而拙于言通”），如：

地气有吉凶，则此地人眼从气中窥便分祥异……如中国处于赤道北二十度起至四十度止，日俱在南，既不受其亢燥，距日亦不甚远。又复资其温暖，禀气中和，所以车书礼乐，圣贤豪杰，为四裔朝宗。若过南逼日太暑，只应生海外诸蛮人；过北远日太寒，只应生塞外沙漠人。若西方人所处北极出地，与中国同纬度者，其人亦无不喜读书，知历理。不同纬度，便为回回诸国，愤鸷好杀，此又一端也。质文之运，三代循环，兴废有定数，皆自人事酿成。当兴之时，天地如律回阳，其气条达如镜重磨，其象宜宣朗；当废之时，天地如律重阴，其气郁闭，镜蒙尘垢，其象湮阇，此定理也。

这段话反映出方以智有近代地理学的常识，他知道经纬度的概念并以此解释社会现象。他指出地理环境对人有影响，具有近代科学性，但并不能因此认为他具有近代科学精神。方以智利用西方近代科学的内容来解释地气有吉凶的观点。地气的吉凶胚胎于人事，人事上的兴废又可通过“气”观察出来，因为在方以智看来，“一切物皆气所为也”。由此看来，西方近代科学的内容并没有令他的本体论产生任何动摇，只是从另一个角度更加充实了他的观点。可以说，方以智毫无违和感地把西方近代科学嫁接在了自己有机的宇宙本体论上。

2.“博物学”的确立

“博物”和“格物”“格致”一道最早在科学传入中国之时作为“科学”的代名词而被广泛使用，关于“格物”“格致”与西方科学概念的关系，学者们进行了许多的研究，却罕有学者关注“博物”与西方科学概念的关系。

《博物新编》是较早以“博物”之名介绍西方科学知识的著作，是书于咸丰五年(1855)由上海墨海书馆出版，共分三集，初集分地气论、热论、水质论、光论、电气论四部分，介绍了气象学、物理学、化学等基础知识；二集分天文略论、地球论、昼夜论、行星论等部分，介绍天文知识；三集分鸟兽略论等十六部类，介绍动物学知识。书中的“博物”内容包括近代科学的各个方面，其使用与“格致”“科学”等词并没有什么区别。1898年清政府颁布《京师大学堂章程》，其中有博物学课程，其内容主要包括动物、植物、生理卫生和矿物四个方面，今天依然有学者以此定义“博物学”的概念，但在当时“博物”概念的所指还没有一个较为固定的范围。与《京师大学堂章程》同一时期出版的《时务通考》(1879—1901)并不区分学科，把科学家一律称为“博物师”或“博物士”。如《时务通考》卷二十四：“昔有博物师以瓶盛钾养和水，将半，而复满以养淡二气。放电过之，接连数日。”这是指化学家为博物师之例。卷二十五：“道光元年，普鲁士京博物士名西白克考得热电之理，谓金类两端，使冷热不同，即能生电。”这是指物理学家为博物士之例。可见在《时务通考》中，“博物”一词的使用与《博物新编》相同，都是以“博物”指近代科学，而并没有为其设定范围。

民国元年(1912)，中华博物学会于江苏成立，并于1914年出版了《博物学杂志》，提出“以调查全国物产及其区系，研究学术，交换智识，改良教科，促进实业为宗旨”。此处“博物”的内容显然不包括生理卫生而只包括动物、植物和矿物这几个可以作为物产进行研究的部分。遗憾的是，《博物学杂志》不久即被迫停刊，其关于“博物”概念所做的限定也并没有为大众所认可。民国九年(1920)，国立武昌高等师范学校入学试验的博物学试题除了动物、植物和矿物方面的题目外，还有如“举人体中消化腺之名称并其作用”这类生理方面的题目，可见其“博物”范围与《京师大学堂章程》相同，而并不同于中华博物学会的宗旨。

由上文概述可知，“博物”作为近代科学的代名词而被广泛使用，但其范围并不确定。在早期，“博物”被用作近代科学的代称，与“科学”“格致”等词一样被广泛使用，并没有被限定范围。其后“博物”内容逐渐被限定在动物、植物、生理卫生和矿物四个方面之内，有时生理卫生被排除在博物内容之外。但无论如何，它们都有一个共通点，即以西方近代科学为准则的“博物学”取代了传统博物概念，成为“博物”一词的内核。

3. 传统博物概念的遗留——博物馆

Museum 一词源于拉丁文，而拉丁文 museum 一词又出于古希腊文 meusion，指专门供奉希腊神话中掌司诗歌、舞蹈、音乐、美术、科学等活动的女神缪斯(Muses)的场所。至于20世纪初，欧洲出现了集收藏、研究、教育为一体的现代博物馆，其定义指“向公众开放的美术、工艺、科学、历史以及考古学藏品的机构，也包括动物园和植物园，但图书馆如无常设陈列室者则除外”①。博物学(nature history)则是18世纪欧洲演

① 王宏钧主编：《中国博物馆学基础》，上海古籍出版社2001年版，第37页。

进出的一套认识世界的新方法，“从知识论的角度看，博物学是指与数理科学、还原论科学相对立的对大自然事物的分类、宏观描述，以及对系统内在关联的研究，包括思想观念也包含实用技术”(刘华杰《博物学论纲》,《广西民族大学学报》(哲学社会科学版)，2011 年 11 月第六期。)。“博物馆”与“博物学”二词在西方传统中有着明确的分别，但因为翻译为中文时都使用“博物”一词，使得“博物馆”“博物学”与我国传统博物概念三者之间产生了混乱，给认知造成了困难。

博物馆之所以翻译为“博物”，是出于时人对博物馆的认识。王韬在《漫游随录》中提到香港的博物院，“中藏西国书籍甚多，许人入内翻阅。舆地之外，如人体、机器、无不有图，纤豪毕具。园中鸟兽虫鱼、草木花卉，神采生心，制造之妙，殆未曾有”。一般认为，王韬是我国第一个参观过并将博物馆译成博物院的人。在此之前，出现过画阁、万种园、万兽园、生灵苑、积骨楼、古器库、集宝楼、集古院、积新宫、集奇馆等不同叫法。由这些名称可以略窥当时人对博物馆的理解：其一，博物馆陈列的内容既包括人类创造的古玩字画、器物用具，又包括自然界的动植物；其二，“古”“奇”是博物馆馆藏的两个特点，一方面博物馆中之物为历史上之遗物，另一方面博物馆中之物如康有为在《大同书》中所提出的，要“美妙博异”“奇精新妙”。我国传统博物概念既包括自然之物，又包括人为之物，且多涉及玄渺珍怪之物、奇逸幽僻之事，正是这种可比性使“博物馆”这一译名为时人所普遍接受，并流行至今。

比起“博物学”，“博物馆”在内容上更接近我国传统的博物概念。1935—1936 年间，为吸引大众，扩大博物院影响，上海博物院院长苏柯仁主讲了一系列讲座，内容包括：

日　期	题　目	日　期	题　目
1935. 3. 6	博物学概论	1936. 3. 11	中国的巨型哺乳动物
1935. 3. 13	博物院中的哺乳动物	1936. 3. 18	中国的小型哺乳动物
1935. 3. 20	中国的钱币	1936. 4. 1	中国爬行动物和两栖类动物
1935. 3. 27	中国的鸟		
1935. 4. 3	化石及其价值	1936. 4. 15	中国的甲壳类动物和昆虫
1935. 4. 10	蛇和蜥蜴		
1935. 4. 17	蝴蝶与飞蛾	1936. 4. 22	中国的软体动物
1935. 4. 24	中国的鱼	1936. 4. 29	中国的化石
1936. 2. 26	北京人	1936. 5. 6	中国的考古学
1936. 3. 4	智人、猿人、猴子	1936. 5. 13	中国的艺术

（转引自王毅：《皇家亚洲文会北中国支会研究》，上海书店出版社 2005 年版，第 76 页）

虽然大部分讲座都是关于“博物学”范畴内动物学、人类学的知识，但也有“中国的钱币”和“中国的艺术”这样超出“博物学”范畴的内容。正是博物馆在内容上兼顾自然与人文的特征，使得它相较“博物学”更加接近我国传统博物概念。

但博物馆与我国传统博物概念毕竟不同，现代博物馆集收藏、研究、教育为一体，博物馆馆藏的搜集，都是在收藏以供研究和教育这一目的的指导下完成的。这种目的性建立在以近代科学为核心的西方知识体系之上。我国的博物传统最终指向的是人文理性而不是科技理性，其目的是由博返约，是治国安民，是博学能文而不是科学研究。这种目的性使得我国博物传统具有两个特点：其一是综合性。博物馆在内容上虽然兼顾自然与人文，但相互之间泾渭分明，我国博物传统则并没有对二者进行区分，之所以不作区分，是因为二者最终指向同一个目标。如《四库全书总目》评《历代钱录》一书曰："至于观其轻重厚薄，而究其法之行不行；观其良窳精粗，而知其政之举不举。千古钱币之利弊，一览具睹，又不徒为博物之资矣。"对器物的研究最终指向的是为政之得失。又如《四库全书总目》评《离骚草木疏》一书曰："以其征引宏富，考辨典核，实能补王逸训诂所未及。以视陆玑之疏毛诗，罗愿之翼尔雅，可以方轨并驾，争骛后先，故博物者恒资焉。"对植物的考察最终指向的是对经典注释的完善。总之博物传统是在由博返约、治国安民、博学能文这些目的指导之下发展的。其二是间接性。比起博物馆运用西方科学手段和知识对藏品进行收集、整理和研究，传统博物知识的获得大多是由书本到书本的传递，而且随着博物逐渐失去自主性，成为儒家传统的附庸，其中专门之学的部分常常被挤压到博物概念的边缘，甚至被排挤出博物概念。宋应星在其所著《天工开物》卷首序言中讽刺当时所谓博物者："乃枣梨之花未赏，而臆度楚萍；釜之范鲜经，而侈谈莒鼎。画工好图鬼魅而恶犬马，即郑侨、晋华，岂足为烈哉?"不接触实物，仅仅凭借书本进行博物考释，其失误难免可笑，这种研究方式也不可能结出近代科学的果实。

今天，博物传统已经几乎完全淡出了人们的视线，只有在博物馆中才有一些遗留，怎样将具有我国鲜明特色的博物传统更多地融入到博物馆中，在继承传统的同时更好地为当代社会服务，是从事博物馆学研究的工作者应该思考的方向。

四、总结

本文从文献本身出发，考察了博物概念及博物类著作的具体内容，指出博物概念包括广义的通晓世间万物、具体的通晓自然之物和人为之物三个义位。进而从历时角度考察了博物概念的变化，从博物概念与儒家学说的互动可以看出，“格致说”流行前后的博物概念不尽相同。对传统博物概念在近代转化为西方“博物学”概念这一过程的分析，可以看到西方知识体系对我国传统知识体系进行碾压的同时，传统知识体系的能动作用。雷蒙·威廉姆在其《关键词：文化与社会的词汇》一书中提出了他挑选关键词的标准：“其中可以见到词义的延续、断裂，以及价值、信仰方面的激烈冲突等过程。”①“博物”正是一个十分典型的“关键词”，对博物传统的研究有助于我们更好的去认识先人的学术、生活状况，而对博物传统进行研究最重要的一点，是先确定“博物”一词的意义，以“解决词汇引发的争议与困惑”(事实上“博物”一词概念上的模糊，严重影响了对博物传统的研究)。同时，博物学传统中闪耀着古人的智慧、生活情趣以及人文情怀，对于试图在科学主义逐渐显现其弊端的今天找寻更好的生活方式的我们，依然有着现实作用。博物传统不应该成为历史，相信在不远的将来它还会重新焕发光彩。

① 雷蒙·威廉斯著，刘建基译：《关键词：文化与社会的词汇》，三联书店 2005 年版，第 17 页。

文学关键词研究

论“野”美

吴中胜

（赣南师范大学文学院）

摘　要：在中国传统礼俗文化中，“野”被视为粗俗无礼，为君子所不齿。然而在中国文论的观念中，“野”却被视为对传统礼俗的反抗和挣脱，恰恰合乎文人们向往自由、争取身心独立的本性。从文人的个人经历来说，往往是人生仕途遇到挫折时也正是“野性”勃发之时，从一个时代来说，越是礼教束缚紧严时就越是士人“野性”勃发之时。从文学创作层面来看，走向田园村野，则是人性的真情释放。此时，久在世俗礼仪之中的士大夫们体会到的是“复得返自然”的感觉，体会到的是山花野草、田园村寨的野情野趣，体会到的是人性的本真和生命力的充盈。他们从“野”中看到了人之本性、文之自然和美之本色。中国文论对“野性”“野趣”“野美”的发现和肯定，实质是对人性异化的反驳，与当下的生态批评有异曲同工之妙。今天我们有必要挖掘和发扬这一理论资源，为当下的文学批评服务，为构建人与自然和谐共处的生态社会提供可资借鉴的理论支持。

关键词：野性　野趣　野美

《论语·雍也篇》说：“文胜质则史，质胜文则野，文质彬彬，然后君子。”在孔子看来，“史”和“野”都不好，“野”为粗俗无礼，为君子所不齿。孔子还批评子路：“野哉，由也！”(《论语·子路》)这里孔子说的是做人，主要是从伦理道德角度来说的，与文学审美并无关涉。但孔子的这句话对后世文学观念的影响却很大，后人把“文”和“德”统一起来，文德合一的观念成为中国文论的重要一脉。然而在中国文论的具体言说中，流淌着这样一脉潜流：视世俗礼仪为精神的羁绊和束缚，认为山林原野有文人们享受不尽的野逸情趣，这里充盈着一种野性的美。刘熙载《艺概·诗概》说：“野者，诗之美也。”陈知柔《休斋诗话》说：“人之为诗，要有野意……风人以来得野意者，唯渊明耳。”从人之本性来说，“野”是人的本性；从文学创作层面来说，“野趣”是文人们的所好；从审美层面来说，“野美”是中国文论的审美观念的重要一脉。

一、野性

“野”的原初意指野外、原野。这是人类最初的生活之所。《周易·系辞下》说：“上古穴居而野处，后世圣人易之以宫室，上栋下宇，以待风雨，盖取诸《大壮》。古之葬者，厚衣之以薪，葬之中野，不封不树，丧期无数。”也就是说，上古之人，生和死都在野外，宫室栋宇则是后来的事。由野外到室内，由树木到栋宇，这一线索应是人类生活发展的普遍规律。意大利著名学者维柯就说过：“人类事物或制度的次第是这样：首先是树木，接着就是茅棚，接着是村庄，然后是城市，最后是学院或学校。”①“野”是上古人类共同的生活之所，人人彼此彼此，本无高低贵贱之分、雅俗美丑之别。“野”的这一原初义项在历代诗文中都有保

① ［意］维柯撰，朱光潜译：《新科学》，商务印书馆1989年版，第126页。

留和呈现。如《周易·同人卦》“同人于野”、汉乐府民歌《战城南》“野死不葬鸟可食”、曹操《蒿里行》“白骨露于野，千里无鸡鸣”等都是这一原初义。

正如穿衣与羞耻的关系，人类不是因为知羞耻而穿衣，而是因为穿衣后方知羞耻。上古人类，大家彼此彼此的时候，“野”本无所谓高低贵贱、雅俗美丑。在这个意义来说，“野”是人的本性。维柯说：“各族人民的本性最初是粗鲁的，以后就从严峻、宽和、文雅顺序一直变下去，最后变为淫逸。”①当一部分人住进宫室屋宇，“穴居而野处”则成了低贱之生活。所以说，只有当人类进入文明社会，种种礼仪成为一种普遍的行为规范时，“野”才成为粗俗、粗鲁、野蛮的代名词。文章开头所引孔子所说“质胜文则野”(《论语·雍也篇》)，就是这一理念的经典表述。“文质彬彬”的观念对后世文论产生了深远影响，诸如“温柔敦厚”说、“衔华佩实”说都能在此寻到根脉。在儒家文化占据主要话语权的中国文论中，这一观念无疑处于主导性的地位。孔子是主张礼仪教化的，不懂礼仪教化的人是“野人”。他说：“先进于礼乐，野人也。”(《论语·先进篇》)为此，他就曾批评子路：“野哉，由也!”(《论语·子路篇》)正如孔子的思想影响着历代文人学士一样，孔子戴上“礼仪”的有色眼镜来看待“野”的态度和观点也影响着一代又一代文人学士，影响着他们做人处世，当然也影响着他们的文学创作和文学观念。于是，温柔敦厚成为封建文人的座右铭，歌功颂德成为求取功名的灵丹妙药，假大空的官样文章和八股文成为历代文章的流行色。许多的文人学士屏蔽自己做人的良心，为了所谓的礼仪和面子，假话套话说尽。这样的“彬彬君子”当然不能做出什么经典性的文学成就来。整天生活在这种压抑违心的环境中自

① ［意］维柯撰，朱光潜译：《新科学》，商务印书馆1989年版，第127页。

然很累，所以历代文人都在逃避，都在做桃花源的梦。挣脱礼仪的束缚就是对野性的呼唤。胡晓明先生在谈及中国诗人的隐逸传统时说，这“显示诗人们对世俗世界的冷落和摒弃，不仅是对俗世界声色犬马的唾弃，更是对非人性的‘文明社会’的全盘摒弃”①。古代文人的野性情结是以礼仪的束缚为背景，以背离世俗世界为人生起点的。

对野性价值肯定，在道家的思想库里也不难找到。如老子《道德经》中对“朴”尤其推崇：“见素抱朴”（十九章）、“复归于朴”（二十八章）、“朴虽小，天下莫能臣也”（三十章），“无名之朴”（三十七章）等。庄子也说：“朴素而天下莫能与之争美。”（《庄子·天道》）庄子最讨厌的是世俗世界的“机心”“机事”（《庄子·天地》）。他反对孔子所谓的文质彬彬的“君子”而肯定所谓“畸人”，因为畸人“畸于人而侔于天，故曰，天之小人，人之君子；天之君子，人之小人也。”（《庄子·大宗师》）。对于儒家特别推崇的“仁义礼智信”，他多有不屑，主张人们应像野鹿一样生活，凡事自由自在、纯由天性而不刻意追求：“至德之世，不尚贤，不使能；上如标枝，民如野鹿，端正而不知以为义，相爱而不知以为仁，实而不知以为忠，当而不知以为信，蠢动而相使，不以为赐。”（《庄子·天地》）他推崇“江海之士、避世之人”“就薮泽，处闲旷，钓鱼闲处，无为而已矣”（《庄子·刻意》）的生活方式。老庄自然无为的思想成为后世“以野为美”的美学观念的重要来源。

东汉的张衡有《归田赋》，较早地以文学的形式说出了人的自然野性与世俗礼义之间的不可调和的矛盾。作者为什么要归田呢？因为“游都邑以永久”，就是在世俗世界生活得太久了，所以要“超埃尘以遐逝，与世事乎长辞”。山野田园多好啊：“于是仲春令月，时和气清，原隰郁

---

① 胡晓明撰：《万川之月——中国山水诗的心灵境界》，北京大学出版社2005年版，第156页。

茂，百草滋荣。王雎鼓翼，鸧鹒哀鸣，交颈颉颃，关关嘤嘤。”这是原生态的自然美，身处其中可以“逍遥”“娱情”。在这个野性十足的天地里面，人也可以自由活动、无拘无束：“尔乃龙吟方泽，虎啸山丘。仰飞纤缴，俯钓长流。”这是极乐世界，身心大放，荣辱皆忘：“极般游之至乐，虽日夕而忘够。”“苟纵心于物外，安知荣辱之所如。”张衡的《归田赋》对世俗的逃避和对山野田园的向往，成为后世“归田”文学的抒情模式和精神原型。宋代诗人陈与义甚至说：“我策三十六，第一当归田。”(《书怀示友十首》)回归野性的田园成为士人们的人生首选。考察历代文学史，我们不难发现，从个人的人生经历来说，往往是人生仕途遇到挫折时也正是“野性”勃发之时，这可以从众多文人的经历中得以说明。从一个时代来说，越是礼教束缚紧密时就越是士人“野性”勃发之时，这可以从宋以后的文人尤其推崇“野美”得到印证。如宋刘克庄《野性》：“野性无羁束，人间毁誉轻。”(《后村集》卷三)赵翼有《野性》云：“野性生来不耐间，人人祝我寿如山。与为山也宁为水，好去围流宇宙间。”朱休度《野性》一诗有：“野性由来不受羁，雍鞾拖带与心违。”何绍基《野性》：“无端野性随春发，万叠奇山入梦多。”①就是这一文人心态的生动写照。

二、野趣

从文艺创作层面来看，如果说摆脱世俗礼仪，是人性的本色回归；那么，走向田园村野，则是人性的真情释放。此时，久在世俗礼仪“樊笼”之中的士大夫们体会到的是“复得返自然”的感觉，体会到的是山花

---

① 何绍基：《东洲草堂诗钞》卷二十四，上海古籍出版社2006年版，第658页。

野草、田园村寨的野情野趣，体会到的是人性的本真和生命力的充盈。这种野情野趣大致可从三个方面来说。

一是真山真水的发现。清人厉志《白华山人诗说》卷二说："凡作诗必要书味熏蒸，人皆知之。又须山水灵秀之气，沦浃肌骨，始能穷尽诗人真趣，人未必知之。试观古名人之性情，未有不与山水融合者也。观今之诗人，但观其游览诸作，虽满纸林泉，而口齿总少烟霞气，此必非真诗人也。"①山水类诗文是要"得江山之助"的，诗文要真山真水，就得写出山水之"灵秀之气"，就得成为山水的生活者，才能写出真山真水。而不能仅仅成为山水的观赏者，否则就成了"游览"了。走马观花，花是花，人是人，两相阻隔，此时的人是主体，而山水则对象化了。只有成为山水的生活者，如陶渊明的"悠然见南山"，此"悠然"不仅指陶渊明，也指南山，人与山水就融合了。生活于真山真水之中，则山川百籁、村野人家、溪流泉石、花鸟虫鱼、烟雨断桥无处非诗。清人陈仅《竹林答问自序》说得好："娟娟烟痕，萧萧雨影，泾翠生香，高青贮冷，非诗之境乎？春雪昨夜，瞑雾四围，箨舒颖脱，蘖迸鞭肥，非诗之机乎？柯亭之笛，汶阳之笙，晨露时滴，幽禽载鸣，非诗之声乎？屐驻篁交，襟披粉污，醉魄初醒，虚心独悟，非诗之趣乎？"②山野村外有的是诗境、诗机、诗声和诗趣。

二是自由本色生命的安顿。既然"野"是人类起始阶段真实的生活场所和自然本性，作为一种童年记忆和诗性遗存，它就恒久地保留在人类的思想基因当中。回到"野"的状态，就是回到人的原初和本真，就像在外的游子回到了故乡，体会到的是一种温情和归属。这一点在历代的隐逸诗文中表现得尤其突出。众人熟知的陶渊明就是这一生命体验的典型。

① 郭绍虞：《清诗话续编》，上海古籍出版社 1983 年版，第 2287 页。
② 郭绍虞：《清诗话续编》，上海古籍出版社 1983 年版，第 2220 页。

“少无适俗韵，性本爱丘山。”他苦于“为五斗米而折腰”的羁束而躬耕南亩，真是“久在樊笼里，复得返自然”。(《归园田居》其一)野外事简人静，绝无尘虑。“见树木交荫，时鸟变声，亦复欢然有喜。常言五六月中，北窗下卧，遇凉风暂至，自谓是羲皇上人。”(《与子俨等疏》)这是在经过世俗尘网的“人事”“尘想”烦恼之后的本性回归。所以陈知柔《休斋诗话》说：“风人以来得野意者，唯渊明耳。”南宋人姚勉《草堂记》说：“杜子美居浣花溪，有草堂；白乐天居庐山，亦有草堂。二公，诗人也，皆有草堂之适。蹇驴破帽，扶醉晚归，与抱琴书、引妻子、老泉石，趣同也。”(《雪坡舍人集》卷十六)①此“趣”也是一种野趣。一生劳顿的杜甫，也有得野趣之时。如果说人本身就是大自然的一部分，那么回到大自然，就像回到母亲的怀抱，得到的是生命和心灵的安顿。北宋初年的王禹偁有《村行》一诗：“马穿山径菊初黄，信马悠悠野兴长。万壑有声含晚籁，数峰无语立斜阳。棠梨叶落胭脂色，荞麦花开白雪香。何事吟余忽惆怅，村桥原树似吾乡。”山间野外的野菊、百籁之声、山峰、夕阳、棠梨落叶和荞麦花开，令作者生起悠悠野兴，更让他想起故土乡情。元代韦居安《梅磵诗话》卷中说：“士之遁世者，以山深林密为乐。林和靖云：‘山水未深猿鸟少，此生犹拟别移居。直过天竺溪桥畔，独树为桥小结庐。’近世叶靖逸《西湖秋晚》诗云：‘爱山不买城中地，畏客长撑屋后船。荷叶无多秋事晚，又同鸥鹭过残年。’亦颇得野趣。”②从文化角度来说，山间草野本是农业文明的生活底色，这是文人士子们的人生起点，这里有他们童年的许多温馨快乐的记忆。复归山野田园，生命得以安顿，心灵得以抚慰。

三是人与自然的亲和共处。孔子说：“知者乐水，仁者乐山；知者

① 华文轩：《古典文学研究资料汇编(杜甫卷)》，中华书局1964年版，第937页。
② 郭绍虞：《清诗话续编》，上海古籍出版社1983年版，第565页。

动，仁者静；知者乐，仁者寿。”(《论语·雍也》)人之心智与山水之灵秀之间的相通相契在圣人那里早已有经典的表述。《庄子·天下篇》云：“与天地精神相往来”，这句话用来说中国文论也是恰如其分的。刘勰《文心雕龙·原道篇》云：“文之为德也大矣，与天地并生者何哉。”在中国文论的心灵世界中，文学之道通天地，文学与天地万物共生共荣，相通相谐。这是一个极富原始感觉和诗性意味的文学观念，也是中国古代传统文化的深厚积淀。徐增云：“花开草长，鸟语虫声，皆天地间真诗。”(《而庵诗话》)视万物皆有文，那么作为有情之文的文学自然归于万物之文的一种，与万物之文同情同理。一个“文”字把万物连成了一个整体。中国人认为文学与天地万物共生共荣，故而把文学放于天地万物的广阔怀抱中，天地万物也因此成为文学取之不尽用之不竭的源头活水。这体现了中国文论的宽广视野和生生不息的宇宙精神。既然文学之道通天地，所以文人理应与山水自然亲和共处。山水自然看起来是野情野趣，其实也是天地山川之正气，也是天地万物之真气。中唐的柳宗元就深得此理，他的“永州八记”首篇《始得西山宴游记》云：“枕席而卧，则清冷之状与目谋，潆潆之声与耳谋，悠然而虚者与神谋，渊然而静者与心谋。”山川万籁与身心五官相亲相慰，天地精神与人之身心相往来。韦应物也深得此中味，《滁州西涧》中涧边的“幽草”、深树的“黄鹂”，更加之“野渡无人舟自横”，就俨然一派世外野趣。宋朝诸公也多是“山水田野中人”，诗文颇有山间野气。欧阳修有美文《醉翁亭记》，有“野芳发而幽香”，也有“山肴野簌”，人处山间草野，山水之乐无穷。杨万里的诗更是野趣十足，如《过百家渡四绝》之二：“园花落尽路花开，白白红红各自媒。莫问早行奇绝处，四方八面野芳来。”宋末杨公远的诗集甚至都定名为《野趣有声诗》。对“野情野趣”的切身体悟和把握，是宋一代文论普遍的文化心理。叶矫然《龙性堂诗话续编》就说：“南宋人诗，放翁、诚斋、后村三家相当，皆以野逸胜，而精彩烨然，放翁尤妙。”①此言不差。

近年来有专家提出“生态文艺学”“生态美学”的建构，指出我们的文学史“自然维度的缺失”②。这是颇得文学要义的。文学既然是“人学”，就要关注人的全部生活空间。人不仅生活在人与人组成的社会当中，也生活在天地万物的怀抱之中。不仅有人与人之间的关系，也有人与自然万物之间的关系。在以前的文学研究中，自然山水是作家眼中的一道风景，是客观对象化的存在，而不是活生生的灵性之物，与人没有精神的互渗与交流。文学思维是一种诗性思维，花鸟有意，草木有情，即泰勒所说的“万物有灵观”③。以前我们的文学研究只注意到人类生活在狭小的社会空间，而没有注意到人类同时也生活在更为广阔的自然空间。在这个“自然空间”中，有许多我们尚不熟悉和了解，更谈不上认同的“野蛮”的现象。从审美的角度来说，“自然维度的缺失”就是“野”美的缺失。于是人们看不起那些“下里巴人”类的东西。我们的文学研究要补救其“自然维度的缺失”，就要还世界一个野性十足、生机盎然的大自然，还人们一个多维的审美视角。

三、野美

中国文论对于“野”的审美评价和认识，与许多事情一样有一个发展的过程。清代赵翼《陔馀丛考》卷二十二考释“都”与“鄙”两字时，有段话颇有意思：

① 郭绍虞：《清诗话续编》，上海古籍出版社 1983 年版，第 1017 页。

② 参见鲁枢元：《生态文艺学》，陕西人民出版社 2000 年版；王建疆：《中国诗歌史：自然维度的失落与重建》，《文学评论》2007 年第 2 期。

③ ［英］爱德华·泰勒著，连树声译：《原始文化》，广西师范大学出版社 2005 年版，第 341 页。

> 都鄙世以文雅者为都，朴陋者为鄙，其来最古。《诗》云：洵美且都。《国语》：楚灵王为章华台，使富都那竖赞焉。注：都，闲也。那，美也。《楚词》云：此德好闲习以都。《史记》：司马相如车从甚都。是皆以都为美也。《论语》：出辞气斯远鄙倍。注：凡陋也。《汉书》：周勃为布衣时，鄙朴庸人。……是皆以鄙为庸陋也。其实都、鄙二字，盖即本周制。都乃天子诸侯所居之地，声名文物之所聚，故其士女容止可观。鄙则郊遂以外，必多朴僿也。犹今人言京样、京款、村气、乡气也。颜师古则谓鄙字本作否，乃蔽固不通之称……则鄙字自有凡陋本义，非田野之谓也。又都者是闲美之称，亦非上京之谓。……然则都美之本于国邑，鄙朴之本于郊野，有自来矣。师古之说，未可信也。况都者，凡建立宗庙之地之通称，亦非专指京邑也。而师古以上京当之，则其于都字之本义亦未深考也。①

可见，最晚自从周朝起人们就认为“都美之本于国邑，鄙朴之本于郊野”。都城、郊野成为区分贵贱的标准。钱锺书说：“人之分‘都’‘鄙’，亦即城乡、贵贱之判。”②孔子有名的关于“文质彬彬”那段话，当是这一审美思想的经典表达。

这种以“野”为朴陋，甚至以“野”为丑陋的观念对后世影响甚巨。六朝时期钟嵘在《诗品》中评左思时就说：“虽野于陆机，而深于潘岳。”对于钟嵘的这段话，刘熙载有过评论，他说：“若钟仲伟谓左太冲‘野于陆

---

① 赵翼撰，栾保群、吕宗力校点：《陔馀丛考》，河北人民出版社 2003 年版，第 432 页。

② 钱锺书：《管锥编》，三联书店 2008 年版，第 184 页。

机’，野乃不美之辞。然太冲是豪放，非野也，观《咏史》可见。”(《艺概·诗概》)刘熙载是不同意钟嵘对左思的评价的，认为左思诗风是“豪放”而非“野”。刘熙载还看出钟嵘对“野”的贬意。在钟嵘心中，诗歌过于质野是一种毛病。他主张“干之于风力，润之于丹彩”。正因为此，陶渊明在他的品评名单中也仅仅是二品诗人。刘勰的《文心雕龙》中“野”字出现凡五处，作为名词“田野”“野外”义的有三处：“讴吟坰野，金石云陛。”(《文心雕龙·乐府篇》)“夫京殿苑猎，述行序志，并体国经野，义尚光大。”(《文心雕龙·诠赋篇》)“张衡《羽猎》，困玄冥于朔野。”(《文心雕龙·夸饰篇》)而作为形容词的有两处：“观其结体散文，直而不野，婉转附物，怊怅切情，实五言之冠冕也。”(《文心雕龙·明诗篇》)“斯则野诵之变体，浸被乎人事矣。”(《文心雕龙·颂赞篇》)作为审美判断，“野”在刘勰这里是“粗野”“粗俗”之意，是作为贬意而出现的，与之相对是雅正、典正。

中国文人历来以“仁义礼让”自许，骨子里是看不起草野山民的，视“野”为丑也是顺理成章的事了。这一思想观念在古代社会里可以说一直占据主导地位。在诗文领域，评文论艺也讲究正统门第，有学者已指出：“中国文学犹如等级森严的中国社会，非常讲究门第阀阅、家薮渊源。相反，若不顾这些而一味师心自用，任意发挥，便会被指为‘野狐外道’、‘野体’、‘鄙体’、俗体等。”①如严羽《沧浪诗话》就指那些不能“妙悟”“熟参”的人是“野狐外道蒙蔽其真识。”说晚唐以下诗人“堕落野狐外道鬼窟中”。明代方孝儒《苏太史文集序》批评当朝文士，说他们的文章“非拘则腐，非诞则野，非有余则不足”②。同是明代有名的诗评家，许学夷在《诗源辩体》卷三：“古诗歌不当以小疵弃之，汉魏五言中，亦

① 董乃斌：《中国诗学之渊源论》，《文学遗产》2003年第4期。

② 方孝儒：《逊志斋集》卷十二，《四部丛刊》本。

有意思重复、词语质野、字句难训，虽非可法，不为害古。”同上书卷三评《柏梁诗》：“其语太质野，未可为法。”卷四：“若孟德薤露、蒿里，是过于质野。”卷七：“汉魏人诗，语有质野，此太朴未散。”卷三十四：“学者于诗，或欲为六朝、晚唐，其失为卑；为锦囊、西昆，其失为偏；又有但争一字之巧、一句之奇，以新耳目，初不知有六朝、晚唐，亦不知有锦囊、西昆也，则其失为野矣。”在许学夷心中，“质野”是被当作瑕疵来看的，甚至是和“卑”“偏”一样，同是诗学误区。卷三十四又说：“苟不先乎规矩，则野狐外道也。”“若并变其体制、声调而为诗，则野狐外道也。”在许学夷看来，诗学是有“体制”“声调”等规矩的，中规中矩是正，不合常规则是野了。这一主张他在卷三十五中表达很清楚：“学者必先造乎规矩，而能驰骋变化于规矩之中，斯足以尽神圣之妙，所谓‘从心所欲，不逾矩。’是也。苟初不及乎规矩，而欲驰骋变化以从心，鲜有不败矣。”清代沈德潜《说诗晬语》卷上：“诗不学古，谓之野体。”力主“性灵说”的袁枚也反对诗歌近“野”，其《随园诗话》卷四：“诗虽贵淡雅，亦不可有乡野气。”看来，他说的“性灵”也是以“仁义礼让”为前提的。

然而偏有论者不守“仁义礼让”，不顾什么正统规矩。他们从“野”中看到了人之本性、文之自然和美之本色。比如杜甫说：“词理野质，终不足以拂天听之崇高，配史籍以永久。”(《进三大礼赋表》)显然贬斥“野质”，但在实际创作中，杜诗是有“朴野”之美的，特别是他入蜀之后以方言土语入诗。王嗣奭评曰“朴野气象如画”(《杜臆》)，这里，“朴野”之气被当作如画一般的美景来看待了。较早从理论上阐述“野”之美的当然要数署名为司空图的《二十四诗品》了。《二十四诗品》中有“疏野”一品，很能反映文人对野性的呼唤：

唯性所宅，真取不羁。控物自富，与率为期。筑室松下，脱帽看诗。但知旦暮，不辨何时。倘然适意，岂必有为。若其天放，如是得之。

前人解“疏野”一品谓“此乃真率一种，任性自然，绝去雕饰，与‘香奁’‘台阁’不同，然涤除肥腻，独露天机，此种自不可少。”“疏野，谓率真也。”都得“疏野”一品之要义。①做人，“疏野”是率真；做文，“疏野”则是自然；而作为审美境界，“疏野”则是美之一品了。

后代对“野美”的发现和论述渐多。如南宋魏庆之说杜甫诗“一径野花落，孤村春水生”是“幽野”之境。(《诗人玉屑》卷三)②胡应麟《诗薮·内编》卷四也有“幽野”一境。什么是“幽野”呢？则“风林纤同落”是也。谢榛《四溟诗话》卷三有所谓“野蔬借味之法”：“诗忌粗俗字，然用之在人，饰发颜色，不失为佳句。譬如富家厨中，或得野蔬，以五味调和，而味自别，大异贫家矣。”卷四也说：“诗中罕用‘血’字，用则流于粗恶。李长吉《白虎行》云：‘衮龙衣点荆卿血。’顾逋翁《露骨竹鞭歌》云：‘碧鲜似染苌弘血。’二公妙于句法。不假调和，野蔬何以有味？”诗歌本是大雅之事，所以忌用粗俗之字眼，不能胡乱用之。但也要看作者，高明者用得巧妙也能返俗为雅。也就是说，野蔬也可为美味之原料，关键是如何调和。这时“野”并不等同于粗俗、鄙陋了。

法国著名的人类学家列维·斯特劳斯说：“正如植物有‘野生’和‘园植’两大类一样，思维方式也可分为‘野性的’和‘文明的’两大类。”③我们认为，人类的审美意识也可以分为两大类：野性的和文明的，或者说

① 郭绍虞：《诗话集解》，人民文学出版社1963年版，第28页。

② 华文轩：《古典文学研究资料汇编(杜甫卷)》，中华书局1964年版，第916页。

③ [法]列维·斯特劳斯著，李幼蒸译：《野性的思维》，商务印书馆1987年版，第5页。

天生的和人工的。在今天，提倡和发现前者似乎更有意义。如今在欧美国家，生态批评(ecocriticism)方兴未艾。生态批评对原始野性自然和荒野意象的关注，意味着对人文主义的人类中心论(Renaissance humanism)的颠覆。① 自然生态的维护、人文价值的重新回归、对生物宇宙体系的重新界定，已成为"生态批评"的关怀重心。中国文论对"野性""野趣""野美"的发现和肯定，实质是对人性异化的反驳，与当下的生态批评有异曲同工之妙。从某种意义上来看，也说明了先贤们超强的审美感悟能力。今天我们有必要挖掘和发扬这一理论资源，为当下的文化和文学批评服务，为构建人与自然和谐共处的生态社会提供可资借鉴的理论支持。

① 参见《外国文学研究》2007年第1期一组"生态文学与生态批评"文章 Scott Slovic, Chen Hong. "Introduction: Special Cluster of Ecocritical Articles"; John Felstiner. "Bright trout poised in the current: All Things Whole and Holy for Kenneth Rexroth"; Michelle Satterlee. "Wilderness, Loss and Renaissance Humanism in Edward Abbey ' Black Sun"; Diane P. Freedman. "Maternal Memoir as Eco-memoir".

晚清早期西方传教士与近代“文学”概念生成

余来明　蒋培卓

（武汉大学中国传统文化研究中心）

摘　要：用于指语言艺术的现代“文学”概念，一般认为是由日本学者对译英语 Literature 而来。两位西方学者马西尼、刘禾对此提出质疑，分别认为其缘起于明末清初传教士艾儒略和晚清早期传教士裨治文。本文通过对晚清早期西方传教士使用的“文学”概念进行分析，认为他们所用的“文学”概念虽已略具现代意味，但与传统意涵更近，而与现代新义相距更远。对其中情形予以考析，可以对近代知识转型过程中中日文化的往还有更深刻的理解。

关键词：“文学”概念　古典义　日译词　传教士

中文当中并不缺乏成语和词汇来恰当地表述我们所有的科学术语。

——［意］利玛窦（Matteo Ricci）《利玛窦中国札记》

名词者，译事之权舆也，而亦为之归宿。

——严复《〈普通百科新大词典〉序》

“文学”虽为中国古典词，但其用于指语言艺术的现代新义，则被认为是日本学者对译 Literature 而来。对此，鲁迅曾说过一段非常著名的话：“用那么艰难的文字写出来的古语摘要，我们先前也叫‘文’，现在新派一点的叫‘文学’，这不是从‘文学子游子夏’上割下来的，是从日本输入，他们的对于英文 Literature 的译名。”①现代的各种外来语词典也多将其作为日译外来词。② 然而这样的看法在近年来却受到一定的挑战。其一是来自意大利罗马大学的马西尼（Federico Masini）教授，另一位则是美国哥伦比亚大学的刘禾教授，二人均以西方传教士汉语文献中的“文学”用例作为近代意义“文学”概念的开端。然而在对具体文献作深入解读后，可以发现，早期西方传教士所使用的“文学”词义与现代新义仍有较大差别。考察诸说，对近代知识转型中概念生成、演变的复杂情形能有更多认识。

一

马西尼认为，尽管19世纪末、20世纪初日本对汉字“文学”术语的传播起了很大作用，但由于在19世纪前期的中国，“文学”之名就已经以近代 Literature 之义来使用，因此不能将其视作日语借词。为此，马西尼将《职方外纪》中的“文学”用例视为近代汉语“文学”概念的发端。③

马西尼所说艾儒略《职方外纪》中的文字，出自该书卷二《欧逻巴

① 鲁迅：《门外文谈》七《不识字的作家》，《且介亭杂文》，《鲁迅全集》第6卷，人民文学出版社2005年版，第95-96页。

② 如刘正埮、高名凯、麦永乾、史有为等编《汉语外来词词典》（上海辞书出版社1984年版，第359页）称其为日源词。

③ ［意］马西尼著，黄河清译：《现代汉语词汇的形成——十九世纪汉语外来词研究》附录2《十九世纪文献中的新词词表》，汉语大词典出版社1997年版，第250页。

总说》：

> 欧逻巴诸国皆尚文学。国王广设学校，一国一郡有大学、中学，一邑一乡有小学。小学选学行之士为师，中学、大学又选学行最优之士为师，生徒多者至数万人。……此欧逻巴建学设官之大略也。①

实际上，从其所论均为学校之事来看，此处所谓“文学”，可作两种解释：一种是指中国和欧洲古典义“学问”或者“学术”，另一种则与今日之“教育”接近。二者均与近代意义上的“文学”概念有很大差异。前一义可以艾儒略所作《西学凡》予以映证。② 后一义则在近代日本得到了普遍使用。③ 参照后一种用法，林乐知、任廷旭 1896 年合作翻译日本首任文部大臣森有礼所编 *Education in Japan* 一书，将其译为《文学兴国策》。

针对马西尼的看法，刘禾指出：“马思尼(204 页)认为，现代意义的‘文学’一词应该进一步回溯到耶稣会传教士艾儒略(Giulio Aleni)的著作《职方外纪》(1623)。他援引‘欧罗巴诸国尚文学’一语为证，这个句子的英文翻译是 all Western countries highly esteem literature。我认为这种译法犯了年代颠倒的错误，因为在 17 世纪，literature 或意大利语的任何一个对应词，都比启蒙之后我们所指的 literature 一词覆盖着有所不同而且范围更广的语义范畴。”④从一个侧面说明《职方外纪》中的“文学”与近代意义 Literature 概念并非是完全对等关系，毕竟彼时西方世界中 Literature

① ［意］艾儒略：《职方外纪》卷二，《天学初函》第 3 册，台湾学生书局 1978 年影印本，第 1360-1364 页。

② ［意］艾儒略：《西学凡》，《天学初函》第 1 册，台湾学生书局 1978 年影印本。

③ 具体用例，可参见聂长顺：《Education 汉译名厘定与中、西、日文化互动》，《中国地质大学学报》2008 年第 4 期。

④ 参见刘禾著，宋伟杰等译：《跨语际实践——文学，民族文化与被译介的现代性(中国，1900—1937)》(修订译本)，三联书店 2008 年版，第 68 页第 105 条注释。

(以及与之对应的其他语种词形)一词仍未定型为今天所说的“文学”概念。

刘禾虽然反对将汉语系统中近代意义的“文学”概念上溯至《职方外纪》，但接受了马西尼以裨治文《美理哥国志略》(*Short history of America*，1831)中的“文学”为 literature 译词的看法。“‘文学’，这个由一位美国传教士发明的英文术语 literature 的直接译名，也许不能归类为纯粹从日语重返的书写形式的外来词，而应该说，由于日本的双程流传过程，使得这一词语广为传播，并逐步发展为 literature 在中国的标准译法。”①然而从其书出现的“文学”用例来看，这一判断仍然值得商榷。

从词语翻译的角度来说，马西尼、刘禾的看法都有其正确的一面。并且颇为巧合的是，二人都选择了各自所在国家的一位传教士的翻译作为 Literature 对译“文学”的缘始。诚然，从词语翻译来说，在艾儒略、裨治文那里，Literature 或其拉丁文形式 Litterātūra 与“文学”之间已初步建立对译关系，尽管这种对译关系并不固定，在清末早期传教士的辞书中并未形成稳定的对应。然而从概念的内涵来说，无论是 Litterātūra/Literature，还是他们所使用的汉语词“文学”，似乎都和现代意义上的 Literature/“文学”存在明显区别。

从汉语的例证来看，马西尼所举的用例主要包含两类文献：其一，日译词“文学”传入中国之前的用例：1. 艾儒略《职方外纪》，2. 裨治文《美理哥国志略》，3. 魏源《海国图志》引马礼逊语，4. 艾约瑟《希腊为西国文学之祖》；其二，日译词“文学”的用例，如王韬《扶桑游记》、黄遵

① 参见刘禾著，宋伟杰等译：《跨语际实践——文学，民族文化与被译介的现代性(中国，1900—1937)》(修订译本)，三联书店 2008 年版，第 48 页。

宪《日本杂事诗》、傅云龙《游历日本》、黄庆澄《东游日记》等。① 后一类在后文讨论清末知识分子接触外来“文学”概念时将有涉及，此处主要对第一类后三种文献中出现的被学界认为属于近代意义的“文学”用例予以辨析。

《美理哥合省国志略》，又作《美理哥国志略》，为美国传教士裨治文(Elijah Coleman Bridgeman，1801—1861)用汉语撰写而成，1838 年在新加坡出版，是一部关于美利坚合众国的历史著作，后来以摘录的形式被收入《小方壶斋舆地丛钞再补编》。书中出现了“文学”“法律”等词，因为被收入《海国图志》而在日本明治维新前输入日本。②《海国图志》所引《美理哥国志略》中涉及“文学”的段落，诸如：“城中文学最盛，书楼数所，内一楼藏书二万五千本，各楼共藏公书约七八万本。官吏士子皆可就观，唯不能携归而已。”“文学日盛，书馆万有一百三十二所，学童五十四万一千四百，费用银四十一万九千八百七十八员。尚有各技艺馆，不在此数。”“俗奉加特力教、波罗特士顿教。禁贩人口。近来文学亦有起色。”③“先日文学迂劣，千八百三十六年(道光十六年)，渐见起色。”“有书馆教文学，宽恤奴仆，有残害其肢体性命者罪之。”④虽然未就“文学”概念展开具体论述，但从其用例来看，其义似与中国古典以“文学”为广义学术或是艾儒略以“文学”为“教育”的用法更为接近。不能因为“文学”与 Literature 对应而认为近代“文学”概念始于其书。Literature 在

---

① [意]马西尼：《现代汉语词汇的形成——十九世纪汉语外来词研究》，汉语大词典出版社 1997 年版，第 250 页。

② [意]马西尼：《现代汉语词汇的形成——十九世纪汉语外来词研究》，汉语大词典出版社 1997 年版，第 28 页。

③ 魏源：《海国图志》卷六十二《外大西洋 · 北墨利加洲》，岳麓书社 1998 年版，第 1698 页、1700 页、1702 页、1702-1703 页。

④ 魏源：《海国图志》卷六十三《外大西洋 · 北墨利加》，岳麓书社 1998 年版，第 1723 页。

西方语境中同样有广义、狭义之分。

《海国图志》所引马礼逊语，原载于《澳门月报》："马礼逊自言只略识中国之字，若深识其文学，即为甚远。在天下万国中，唯英吉利留心中国史记言语，然通国亦不满十二人。而此等人在礼拜庙中，尚无座位。故凡撰字典、撰杂说之人，无益名利，只可开文学之路，除两地之坑堑而已。"①就其词义而言，显然比近代意义上的"文学"宽泛得多。类似的情形，也见于该书所引的《地理备考》。书中谈到罗马时说："至其文学、技艺，古时亦未开辟，唯以兵农是习。迨胜额力西后，尽获其珍奇；嗣服阿细亚各国，复得其积贮。各国文艺精华，尽入于罗马。外敌既谧，爰修文学。常取高才，置诸高位。文章诗赋，著作撰述，不乏出类拔萃之人。"②《地理备考》的作者为澳门土生葡人玛吉士（Marques，Martinho José，1810—1867），师从葡萄牙传教士江沙维士（Joaquim Goncalves，1781—1841）。将"文学"与"技艺"并举，称"诗赋文章""著作撰述"都包括在"文学"之内，其范围显然与后来专指语言艺术的"文学"不同。其时展现在中国知识界面前的西方"文学"概念及其知识系谱由此可见一斑。

在英华书院、马礼逊教育会主办，麦都思、奚礼尔、理雅各等人编辑，1853 年 8 月创刊于香港的《遐迩贯珍》（*Chinese Serial*，1853—1856）中，也曾出现"文学"一词："英人最重文学，童稚之年，入塾受业，至壮而经营四方。"③此一"文学"即指教育。在该刊 1854 年第 10 号刊登的《近日杂报》中，曾出现"西邦文学"的用语："六月间，伦敦印度司事大人致书于印度总督，载有建黉宫、立学校之规条，将欲以西邦文学教育

① 魏源：《海国图志》卷八十一《夷情备采一》，岳麓书社 1998 年版，第 1960 页。

② 魏源：《海国图志》卷三十七《大西洋》，岳麓书社 1998 年版，第 1112 页。《地理备考》一书美国哈佛大学有道光二十六年（1846）刻本，署名《外国地理备考》。

③ 佚名《瀛海再笔》，《遐迩贯珍》1854 年第 8 号，［日］松浦章、内田庆市、沈国威编：《遐迩贯珍-附解题·索引》，上海辞书出版社 2005 年版，第 625 页。

印度之人。此固可为印度贺，而亦可为中华劝也。甚愿华民智慧日加，攻于西邦文学，不然中华将不复可称为东邦诸国之冠矣。”①此处的“西邦文学”，即英国作为殖民者在印度学校中推行的 English literature 教育，是一种以语言和文学为中心的近代文学课程，也是汉语知识界首次出现国家文学概念。然而因为没有任何相关论述，其“文学”的具体所指并不为人所知。此外在该刊中出现的“文墨之士”“文墨之邦”等用法，又可见出早期英汉辞书 Literature 译名在实际运用中的一般情况。

除以上用例外，早期由西方传教士编译的汉外辞书中，亦有与“文学”有关的译例。在马礼逊（Robert Morrison，1782—1834）编纂的《五车韵府》中，与“文”相对的英语词汇有 Letters、Literature、Literary men 等，“文章”对应的英语解释包括 A bright assemblage of elegant letters-fine composition、Polite literature。而他对 Literature 的使用，显然也更加注重其与中国传统知识的对应，因而他将“好攻古文”译成“Fond of attacking (i. e. studying) ancient literature”②。在麦都思（Walter Henry Medhurst，1796—1857）编订的《英华字典》中，Literature 被译作“文字”“字墨”“文墨”，而将 Polite literature 译作“文章”。③ 在德国传教士罗存德（Wilhelm Lobscheid，1822—1893）编译的《英华辞典》（1866—1869）中，Literature 被译作“文”“文学”“文字”“字墨”，将 Literary essays 译作“文章”，而将 Polite literature 译作“文”。④ 而在同书的另外一处，又将“文学”作为

① 佚名《瀛海再笔》，《遐迩贯珍》1854 年第 8 号，［日］松浦章、内田庆市、沈国威编：《遐迩贯珍-附解题·索引》，上海辞书出版社 2005 年版，第 606 页。

② Robert Morrison, *A Dictionary of The Chinese Language, Part II, Vol. I*, Macao: Honorable East India Company's Press, 1819, p. 967.

③ W. H. Medhurst, Sen., *English and Chinese Dictionary, Vol. II*, ShangHae: The Mission Press, 1848, pp. 797, 977.

④ W. Lobscheid, *English and Chinese Dictionary, Part III*, HongKong: The Daily Press Officr, Wyndham Street, 1868, pp. 1119, 1337.

Belles-letters、Polite literature 的对应译词。① 卢公明(Justus Doolittle, 1824—1880)的《英华萃林韵府》中, Literature 对应的译词也是"字墨""文墨""文字", Belles-letters 则被译作"文章"。② 虽然已经认识到中国古代的"文章"/"文"与 Polite literature、Belles-letters 在概念内涵上有相似之处, Literature 也被用来与"文学"进行对译, 然而其含义仍十分驳杂, 相互间并未形成固定的对应关系, 概念的对译上仍处于游移和不断变动的情形, 更多只可作为中国古典"文学"概念看待。③

二

晚清传教士对西方"文学"概念及其知识系谱最为人熟知的论述, 当属艾约瑟(Joseph Edkins, 1823—1905)撰写的《希腊为西国文学之祖》。该文最早发表于咸丰七年丁巳(1857)正月上海墨海书馆印行的《六合丛谈》(*Shanghae Serial*)第1卷第1号, 英文题名为 *Greek The Stem of Western Literature*, 是近代中国第一次出现的对西方国家文学观念的详细论述。然而从其谈论的内容来看, 又不仅仅局限于近代用于指称语言艺术的"文学"。虽然他在文章开头部分谈到了希腊的诗歌, 认为"和马"(荷马)是"希腊诗人之祖", 但并不意味着他所要传达的是近代西方"文学"

① W. Lobscheid, *English and Chinese Dictionary*, *Part I*, HongKong: The Daily Press Officr, Wyndham Street, 1866, p. 166.

② Justus Doolittle, *Vocabulary and Handbook of the Chinese Language*, Foochow: China, Rozario, Marcal and Company, 1872, pp. 288, 35.

③ 关于近代英华/华英辞书中 literature 的翻译及其反映的文学观念演变, 可参见蔡祝青:《文学观念流通的现代化进程: 以近代英华/华英辞典编纂"literature"词条为中心》,《东亚观念史集刊》第3期, 台湾政大出版社2012年版, 第277-333页。不过该文大部分内容都是讨论近代英汉、汉英辞书的编纂问题, 只在第五部分论及辞书中"文学"观念的演变。

概念及其知识系统，因而全文的起句就是“今之泰西各国，天人理数，文学彬彬”，很容易让人联想起中国传统“文质彬彬”的说法。而他接下来论及的内容仍然十分广泛：“希腊全地文学之风，雅典国最盛。雅人从幼习拳勇骑射，以便身手。其从事于学问者凡七：一文章，一辞令，一义理，一算数，一音乐，一几何，一仪象。其文章、辞令之学尤精，以俗尚诗歌、喜论说也。”在艾约瑟看来，希腊为西方各国的“文学之祖”，并不仅在于诗歌、辞令：“希人之为列邦所矜式者，不宁唯是。……近人作古希腊人物表，经济、博物者……辞令、义理者……工文章、能校定古书者……天文、算法者……考地理、习海道者……奇器、重学者……制造五金器物者……刻画金石者……建宫室者……造金石象者……诗人、画工、乐师……凡此皆希腊人。自耶稣降生前一千二百年至二百年，中国商末至楚汉之间，前后有八百六十三家，所著于典籍者，至今人犹传诵之。猗欤盛哉！希腊信西国文学之祖也。”①艾氏文中出现与今天文学相关的概念有“文学”“文章”“辞令”等，从其用义来看，后二者与后世的“文学”概念更为接近，而“文学”用语则仍在广义的“学术”“学问”层面上被使用。尽管如此，他在 Literature 与“文学”之间建立的对译关系，仍值得引起更多关注。

艾约瑟为清末英国来华传教士，他曾于 1841 年 10 月进入伦敦大学学习。② 该校从 1828 年开始招收学生，开设的课程包括语言、数学、物

---

① ［英］艾约瑟：《希腊为西国文学之祖》，沈国威编《六合丛谈-附解题 · 索引》，上海辞书出版社 2006 年版，第 524-526 页。

② 在伦敦大学 1841 年 10 月的入学考试通过者名单中，艾约瑟名列其中。见 University of London，*Minutes of The Senate*：*July* 22nd 1841 *to August* 17th 1842，p. 4. 在 Journal of the Royal Asiatic Society of Great Britain & Ireland(1906)上发布的 Obituary Notice 中，有 S. W. Bushell 为前一年去世的艾约瑟撰写的生平简介(第 269-271 页)。其中提到艾约瑟从伦敦大学学习艺术(Arts at the Uinversity of London)毕业，并在 1848 年前往中国。并提到他在上海时期曾与麦都思(Medhurst)、伟烈亚力(Wylie)、雒魏林(Lockhart)共事。

理、精神和道德科学、英国法律、历史和政治经济，以及医学教育等各种知识门类。其中“语言”类课程包括以下科目：

1. Greek Language, Literature, and Antiquities(希腊语言、文学和古代遗产)；

2. Roman Language, Literature, and Antiquities(罗马语言、文学和古代遗产)；

3. English Literature and Composition(英国文学和作文)；

4. Oriental Literature, subdivided into——(东方文学，细分为：)

   A. Languages from the Mediterranean to the Indus(从地中海到印度河的语言)

   B. Languages from the Indus to the Burrampooter(从印度河到布兰普特河的语言)

5. French Language and Literature(法国语言和文学)；

6. Italian and Spanish Literature(意大利和西班牙文学)；

7. German and Northern Literature(德国和北欧文学)。①

表面上，以上每一科目都包含了 Literature，然而从其课程设置的重心来看，仍是侧重对各国语言的学习，课程的总名也隶属于 Languages(“语言”)，这与现代大学文学系以 Literature 为中心的课程结构仍有较大差异。

另一个可能的情形是，在艾约瑟就读于伦敦大学期间，马礼逊的学生修德(Samuel Kidd，1804—1843)正担任伦敦大学的汉学教授(1837—

① Negley Harte and John North, *The World Of ULC*: 1828-1990, London: University College London, 1991, pp. 17-19.

1843)，艾约瑟有可能曾听其授课。在修德 1838 年为皇家亚洲学会中文图书馆编写的书籍分类 *Catalogue of the Chinese Library of the Royal Asiatic Society* 中，他将中文图书分属在 Language、History、Statistics and Topography、Biography、Poetry、Natural History、Moral Philosophy、“Metaphysics and General Science，Arts、Antiquarian Researches”、Official Publications of the Chinese Government、Rites and Ceremonial Usages、Jurisprudence、Medical Science、“Maps，Plates，Drawing”、“Buddhism，or the Religion of Fuh”、The Three Sects、Translations of the Sacred Scriptures into Chinese、Works of Fiction、Travels、Books for Youth、Miscellanies 等不同的类别之下。虽然是受到当时所拥有的中文书籍数量的限制，但从中也能看出其时关于中国知识的一般结构。又如他在 1841 年撰写的介绍中国的著作 *China* 一书，其副标题为 *Illustrations of the Symbols，Philosophy，Antiquities，Customs，Superstitions，Laws，Government，Education，and Literature of the Chinese*。其中在介绍中国的 Literature 时，既有后来属于“文学”范围的诗歌、小说、戏剧等文类，还曾专门论及 Female Literature(女性文学)，提到元代戏曲、《红楼梦》等作品，同时也涉及科举考试、经典著作、图书出版等文化层面的问题。① 一方面，正如 *China* 一书出版者所显示的，艾约瑟就读期间极有可能接触到修德编写的这些书籍；另一方面，从修德的著作中也多少能看出其时英国汉学界对中国知识认识的一般情况。

上述的知识背景，可以视作艾约瑟与“文学”有关认识的基础。从中可以看出，Literature 尽管在当时虽然也被作为一类知识传授，然而其边界仍显模糊，尤其是它在晚清前期遭遇了中国古典知识观念。彼时虽然

① Sameul Kidd，*China*，London：Printed for Taylor & Walton，Booksellers and Publishers to University College，Upper Gower Street，pp. 341-358.

受到西学的冲击，但中国传统的知识结构仍相对稳固，因此当艾约瑟以汉语表达希腊的学术发展时，仍然屈从了中国古典“文学”的用法。他在《希腊为西国文学之祖》文中所谓的“文学”，实是无所不包的学术——既有如经济、天文、算法、地理等“学”，又有如建宫室、造金石象、造五金器物、刻画金石等“术”。

出现在《六合丛谈》其他文章中的“文学”用例，或许也能为我们理解其用义提供参照。1857 年 2 月第 2 号《泰西近事述略》谈到希腊的情形说：“近日国学，亦骎骎日盛，村落女子，咸能知书，来者益众。雅典太学中训以义理、文章、律法、医学、上帝道，毋敢或倦。是以太学之名，著于列邦，计通国中人数，一百有十万，其读书不辍，学问优深者，约六万人。考新约书使徒，行传十七章，保罗至雅典传道，其地类多文学之士，列邦皆仰望风采，而慕其名。”①“国学”“太学”“学问”“文章”“文学之士”等用语，都还是在中国传统语义层面上展开。而即便是在艾约瑟的《罗马诗人略说》中，论及的“文学”人物，也不只是诗人之流，同时还包括了历史学家、戏剧作家。艾氏《希腊诗人略说》中论及的文体也包括诗歌和戏剧。② 如上节所示，彼时的西方学术分科中，诗歌、戏剧基本上已别为二科，其所持的仍是西方传统将诗歌、戏剧作为 poetry 一体的观念，而与近代文体分野明晰的“文学”概念及其知识系谱有较大差距。

传教士对“中国文学”(Chinese literature)的描述，或许更能看出这一时期文学观念的一般情形。伟烈亚力在其所著的 *Notes on Chinese Literature: with Introductory Remarks on the Progressive Advancement of the Art*

① 沈国威:《六合丛谈—附解题・索引》，上海辞书出版社 2006 年版，第 549 页。

② 沈国威:《六合丛谈—附解题・索引》，上海辞书出版社 2006 年版，第 556-557 页；第 573-574 页。

中，所述内容包括 Classics（经典）、History（历史）、Philosophers（哲人）、Belles-lettres（纯文学）四大类。其中 Classics 一类介绍的是中国的经典，如《四书》；Philosophers 涉及的则有军事、建筑、天文学、数学、宗教等各方面的作者；而只有最后一类 Belles-lettres 在今世文学范围之内。① 由此可以看出，他所谓的 Literature，仍然是广义的学问、著述之义，因此也被译作“文献”。

如上所述，尽管晚清早期西方传教士对“文学”概念的使用仍有着比较浓厚的中国古典色彩，然而作为近代东亚知识环流中重要的一环，他们在中西知识间所建立的联系对日本翻译西学依然有十分重要的影响。日本学者在 Literature 与“文学”之间建立对译关系并非凭空创造。一方面，“文学”为中国古典词，虽然古今有别，但也并非毫无沟通；另一方面，这一译法更早见于罗存德的《英华辞典》，该书与 Literature 译名的最终确立关系密切：其一，在日本学者津田仙（1837—1908）所编的《英华和译字典》（1879—1881）中，罗存德关于 Literature 的翻译被原封不动地加以照搬，而这一译例，为后来 Literature 与“文学”的对译关系提供了基础；其二，将“文学”作为 Literature 唯一译名的《哲学字汇》，其编者之一井上哲次郎（1856—1944），在明治十六年至十八年间（1883—1885）曾出版过《订增英华字典》，虽然时间上晚于其自编的《哲学字汇》，却可说明在《英华字典》传入日本后，该书已成为日本学者的必备参考书。晚清早期传教士著译汉文西书输入日本，是近代中日文化往还的一个重要阶段，与甲午以后日译西书输入中国互为映照，构成东亚知识环流的独特文化史景观。

① A. Wylie, *Notes on Chinese Literature: with Introductory Remarks on the Progressive Advancement of the Art*, Shanhae: American Presbyterian Mission Press（美国长老会出版社 1867 年版）该书书名从字面上理解，即指“关于中国 Literature 的注释/记录”，一般被译作《中国文献录》。Literature 的含义类似于著述、知识。

悲慨——杜诗风格诗学的核心概念

殷满堂

（长江大学文学院）

摘　要：杜甫，作为中国古代一位集大成的诗人，其诗歌的美学风格丰富多样。然而综观其诗，悲慨应是杜诗的主体风格。笔者认为悲慨作为晚唐著名的诗论家司空图在《二十四诗品》中提出的一个诗学概念，虽无直接证据证明是针对杜诗而言，然而杜诗的主体风格与司空图所提出的悲慨在精神实质上完全契合，故可将“悲慨”视为杜诗风格诗学的核心概念。

关键词：司空图　杜甫　悲慨　风格

一

悲慨作为一个诗学概念，最早出现于司空图的《二十四诗品》中：“大风卷水，林木为摧。适苦欲死，招憩不来。百岁如流，富贵冷灰。大道日丧，若为雄才。壮士拂剑，浩然弥哀。萧萧落叶，漏雨苍苔。”悲慨一词，本来含义丰富，加之司空图运用诗性的语言，暗示、象征的手法来表述，使其意义更加含混，然而其传达出的意旨并非无迹可求。历代诗论家对其都有过精彩的解释。首二句，清人杨廷芝《诗品浅解》："大风卷水，声不可闻；林木为摧，感且益慨。起手似有北风雨雪之意。"①《诗经·邶风·北风》一诗以自然界严酷的景象来比喻统治者的残暴统治，而现代学者刘禹昌认为："'大风'二句，以狂风肆虐，卷起江湖，惊涛骇浪，震撼山林，拔木折干为喻，象征国家极其动乱，人民不得安宁。"②不难看出，首二句表面上是描绘大自然的狂风肆虐的景象，实际上暗喻着国家的危机，社会的动荡。接下来的六句，郭绍虞先生解释为："百岁如流，一往不回，感人生之无常，不免引起悲慨。满堂富贵，转眼成空，热闹场中，结果乃若已冷之灰，感盛况之难再，又不免引起感慨。""以上云云，还只是为一己之私引起的感慨"。③ 而"大道日丧"四句则是说社会的根本正义、基本原则和固有纲维丧失后，"雄才而不得志于时，则壮士拂剑，慷慨不平，亦徒增其悲哀而已"。"则是悲天悯人之怀，为天下之公所引起的感慨。"④由此我们可以从这些解释中大体分析出如下两个方面的含义：第一，动荡的时代、黑暗的社会是悲慨风格形成的土壤。第二，从内容上来看，悲慨中有因个人之私引起的感慨，即人生之嗟，包括因悲辛生活、壮志未酬、英雄失路、生命短促、人生无常等产生的感慨；还有因天下之公所引起的感慨，即悲天悯人之怀。而这些在杜诗中都得到了集中的呈现。

杜甫生活的时代是中国历史上一个重大的社会转折时代，安史之乱造成了唐王朝社会的动荡，民生的凋敝，整个国家民族都在走下坡路。安史之乱对杜甫的影响也是深刻的，胡可先先生在《杜甫与安史之乱》一文中指出："安史乱前，杜甫虽有很著名的作品，甚至可以流传千古，

① 司空图著，郭绍虞集解：《诗品集解》，人民文学出版社 2005 年版，第 35 页。
② 刘禹昌：《〈诗品〉义证及其它》，武汉大学出版社 1993 年版，第 59 页。
③ 司空图著，郭绍虞集解：《诗品集解》，人民文学出版社 2005 年版，第 35 页。
④ 司空图著，郭绍虞集解：《诗品集解》，人民文学出版社 2005 年版，第 35 页。

但作为整体风格的形成，还在安史之乱以后。研究杜甫及其诗歌，必定要研究其与安史之乱的关系，可以说，没有安史之乱，就没有杜甫的诗。”①因此，可以说，安史之乱所产生的时代悲剧孕育了杜甫悲剧性的文学，正所谓“国家不幸诗家幸”，杜甫用他悲天悯人的情怀书写了那个时代感天动地的悲歌。杜甫的诗歌中喜欢用“悲”字，据笔者统计，杜甫一千四百多首诗中，有127处用了悲字，且所用词汇非常丰富，包括“悲辛、悲惨、悲管、悲泉、悲丝、悲角、悲笳、悲风、悲歌、悲气、悲伤、悲哀、悲壮、悲欢、悲怜、悲凉、悲叹、悲愁、悲喜、悲鸣、悲台、悲往事”等，如此多地使用“悲”字，既让人们看到了悲剧时代在杜甫身上刻下的深深烙印，同时又让人们感受到了杜诗“悲慨”的诗美品格。这种“悲慨”的诗美品格包含了如下的一些内容：

首先，杜诗的“悲慨”表现为对穷苦悲辛生活的感慨。纵观杜甫一生，除了青年时期一段短暂的“裘马轻狂”的漫游生活和寓居成都草堂一段安定闲适的生活外，他一生的绝大部分时光都是在为生计奔忙中度过的。困守长安的十年里，他过着怎样的生活呢？在《奉赠韦左丞丈二十二韵》一诗中他作了这样的描述：“骑驴三十载，旅食京华春。朝扣富儿门，暮随肥马尘。残杯与冷炙，到处潜悲辛。”长安十年谋官生涯，不仅要忍受“残杯冷炙”的物质上的艰辛生活，还要承受达官显贵精神上的侮辱。这种生活一直到他任朝廷命官之后仍无大的改观。天宝十四载，身为右卫率府胄曹参军的杜甫从长安到奉先县看望寄居在那里的妻儿时看到的是“入门闻号咷，幼子饥已卒”的惨状。一个朝廷的命官，连自己的孩子都养不活，作为父亲他感到愧疚不已。安史之乱更是令杜甫悲苦的生活雪上加霜，于唐肃宗至德二载写下的《北征》一诗，记载了在那个兵

① 胡可先：《杜甫与安史之乱》，《杜甫研究学刊》2003年第2期。

荒马乱的年代里杜甫生活的辛酸与苦涩。“经年至茅屋，妻子衣百结。恸哭松声回，悲泉共幽咽。平生所娇儿，颜色白胜雪。见耶背面啼，垢腻脚不袜。床前两小女，补绽才过膝。海图坼波涛，旧绣移曲折。天吴及紫凤，颠倒在裋褐。老夫情怀恶，呕泄卧数日。那无囊中帛，救汝寒凛栗。粉黛亦解苞，衾裯稍罗列。瘦妻面复光，痴女头自栉。”与以前的诗直陈苦难不同的是，《北征》一诗用调侃风趣的笔法来叙写苦难，更加剧了诗的悲剧效果。对此胡适先生有这样一段评价：“在极愁苦的境地里，却能同小儿女开玩笑……这便是老杜的特别风趣。”正是因为他的这种风趣，“故虽在穷饿之中不至于发狂，也不至于堕落”①。

乾元二年七月，杜甫从甘肃的天水向四川的成都逃亡，途经同谷县，这时正是寒冬腊月，他在那里停留了一个月，这是他生活最困窘的时期。他在那里写下著名的《乾元中寓居同谷县作歌七首》，其中第一首云：“有客有客字子美，白头乱发垂过耳。岁拾橡栗随狙公，天寒日暮山谷里。中原无书归不得，手脚冻皴皮肉死。呜呼一歌兮歌已哀，悲风为我从天来。”我们看到了杜甫“垂老之年，寒山寄迹，无食无衣，几于身不自保”②的艰难处境。不仅如此，他的一家人也与他一道处于饥寒交迫之中，在冰天雪地里上山挖土芋充饥：“长镵长镵白木柄，我生托子以为命。黄精无苗山雪盛，短衣数挽不掩胫。此时与子空归来，男呻女吟四壁静。呜呼二歌兮歌始放，邻里为我色惆怅。”杜甫晚景凄凉，大部分时光在逃难与漂泊中度过。如诗人所说：“五十白头翁，南北逃世难。疏布缠枯骨，奔走苦不暖。已衰病方入，四海一涂炭。乾坤万里内，莫见容身畔。妻孥复随我，回首共悲叹。故国莽丘墟，邻里各分散。归路从此迷，涕尽湘江岸。”(《逃难》)据新旧《唐书》记载，杜甫在由潭州至岳

① 胡适：《白话文学史》，东方出版社1996年版，第239页。
② 仇兆鳌注：《杜诗详注》，中华书局1989年版，第693页。

州的船上，因受水阻，十日不得食，后县令具舟迎之，大食牛肉白酒，一夕暴卒。其死后家人连安葬的能力都没有，只得由两儿子将其草草葬于岳州昌江县的小田村。杜甫的身后事，竟如此凄凉。

其次，杜诗的“悲慨”表现为对生命短促、人生无常的感慨。

生与死的问题，是人生中永远必须面对的一个重大的终极问题。而人的生命相对于永恒、无限的宇宙来说是一种有限的、短暂的存在。从人性的角度来看，人类总是乐生畏死的，当永生的愿望无法达到，而死亡悄悄来临时，就会产生一种强烈的生命的悲剧意识。在杜诗中，对生死存亡的重视、感伤，对人生苦短的感慨与喟叹可谓屡见不鲜，构成杜诗悲慨风格的又一个重要的内容。杜甫写有一首《百忧集行》：“忆年十五心尚孩，健如黄犊走复来。庭前八月梨枣熟，一日上树能千回。即今倏忽已五十，坐卧只多少行立。强将笑语供主人，悲见生涯百忧集。入门依旧四壁空，老妻睹我颜色同。痴儿未知父子礼，叫怒索饭啼门东。”诗人前四句用跳动的笔触给我们勾勒出了天真烂漫、活泼可爱的少年杜甫形象，紧接着两句用“倏忽”二字极写了时光飞逝、岁月不居，然后通过对比写出了杜甫从十五到五十人生的沧桑变化。五十岁的杜甫已是年老体衰，生活无着，迫于生计还要强颜欢笑，迎奉主人。此情此景，不禁悲从中来，发出“悲见生涯百忧集”的慨叹。

杜甫是一位对时光、对生命特别敏感的诗人，在他的诗中常常可以看到他用白发、头白、发白、白首、白鬓、白头、白头翁等词语来表达这种敏感。据统计，杜诗中有这些词语的诗句有110多处。《乐游园歌》：“却忆年年人醉时，只今未醉已先悲。数茎白发那抛得，百罚深杯亦不辞。圣朝亦知贱士丑，一物自荷皇天慈。此身饮罢无归处，独立苍茫自咏诗。”“数茎白发”写出了迟暮之感，此诗流露出时不我与、年华已逝的悲叹和久处贫贱、怀才不遇的悲慨。这样的诗很多，如“乐极伤头白，更长爱烛红”(《酬孟云卿》)、“悲歌鬓发白，远赴湘吴春”(《赠别贺兰铦》)、“鬓毛元自白，泪点向来垂”(《伤春五首》)、“人生不再好，鬓发自成丝”(《薄暮》)、“会将白发倚庭树，故园池台今是非”(《秋风二首》)、“自知白发非春事，且尽芳樽恋物华”(《曲江陪郑八丈南史饮》)、“苦遭白发不相放，羞见黄花无数新”(《九日》)。

杜甫的这种忧生之嗟还表现为一种强烈的悲秋情结。中国诗歌的悲秋主题应该始于宋玉的《九辩》：“悲哉秋之为气也，萧瑟兮草木摇落而变衰。”正是受宋玉的影响，之后的诗人多喜欢在诗作中表现悲秋。杜甫也不例外，而且他在作品中明确地表达了他受宋玉影响深刻。杜甫《咏怀古迹》(其二)云：“摇落深知宋玉悲，风流儒雅亦吾师。”杜甫以宋玉为师，并且认为只有自己才是宋玉的知音，才真正懂得“宋玉悲”。杜诗中亦多处出现“宋玉悲”。如《垂白》：“垂白冯唐老，清秋宋玉悲。”此章乃老去悲秋之意。王嗣奭《杜臆》：“公年老为郎，有似冯唐。当秋而悲，复如宋玉。少睡无聊，故起立移时。多难身何补，作愤语，无家病不辞，作苦语。”①“直觉巫山暮，兼催宋玉悲。”(《雨》)“悲秋宋玉宅，失路武陵源。”(《奉汉中王手札》)

另外，还有以悲秋命名的诗篇如《悲秋》：

凉风动万里，群盗尚纵横。家远传书日，秋来为客情。
愁窥高鸟过，老逐众人行。始欲投三峡，何由见两京。

还有在诗句中出现“悲秋”二字的诗句。如“百年秋已半，九日意兼悲”(《九日曲江》)、“为客无时了，悲秋向夕终”(《大历二年九月三十

① 仇兆鳌注：《杜诗详注》，中华书局 1989 年版，第 1462 页引。

日》)、“凛凛悲秋意，非君谁与论”(《送裴五赴东川》)、“送子清秋暮，风物长年悲”(《送殿中杨监赴蜀见相公》)、“老去悲秋强自宽，兴来今日尽君欢”(《九日蓝田崔氏庄》)、“万里悲秋常作客，百年多病独登台”(《登高》)、“为客无时了，悲秋向夕终”(《大历二年九月三十日》)、“凛凛悲秋意，非君谁与论”(《送裴五赴东川》)等。所谓“悲秋”，“不仅是写自然景物之悲，主要是写人生之秋、心理之秋，一句话，包含着中国古人宇宙历史人生意味的悲秋意识”①。其实古代诗人的悲秋情结更是表现为由草木零落、万物凋零所引发的对生命的忧虑以及由此产生的老之将至的悲凉感慨，表现出强烈的生命自觉意识。杜甫的悲秋之作交织着悲凉、悲伤乃至悲壮等多重意味，但从深层来看，一方面表现出的是诗人对生命的执着，另一方面也表现出诗人怀才不遇、个人抱负难以实现的苦闷之情。

二

若仅仅以一己之私引起的感慨来理解杜诗的“悲慨”风格，我认为是极其褊狭的。杜诗悲慨风格中最可贵之处“则是悲天悯人之怀，为天下之公所引起的感慨”。杜甫出生于一个世代“奉儒守官”的家庭，他的十三世祖杜预既是西晋名将，又是儒学的薪火相传者，所著《春秋左氏传经传集解》影响千古；祖父杜审言是初唐著名诗人，外祖母是唐朝宗室。因此，“他的家族不仅有读书仕宦的文学诗歌传统，而且有一种品格道德的传统”②。这种品格道德的传统就是儒家的道德信念，积极入世的情怀。这在他的诗中得到了集中表现：“杜陵有布衣，老大意转拙。许身

① 张法：《中国文化与悲剧意识》，中国人民大学出版社 1989 年版，第 124 页。
② 叶嘉莹：《叶嘉莹说杜甫诗》，中华书局 2008 年版，第 5 页。

一何愚，窃比稷与契。”(《自京赴奉先县咏怀五百字》)“致君尧舜上，再使风俗淳。”(《奉赠韦左丞丈二十二韵》)杜甫的理想是希望自己能够成为像古代的稷和契那样的贤臣，有朝一日辅佐像尧舜那样贤圣的国君使世风恢复到淳良和美好。然而，杜甫的进身之阶又充满了坎坷与不顺。二十四岁参加科举考试，即以失败而告终，之后到齐鲁游历，过了一段“裘马轻狂”的生活。三十岁后在长安谋官十年，历尽艰辛，受尽屈辱。三十六岁那年，参加了唐玄宗的特科考试，结果主考李林甫以“野无遗贤”为由一个也未录取，杜甫多年的努力化为泡影。其在四十岁那年的除夕写下了这样一首诗抒发自己的怀抱：“守岁阿戎家，椒盘已颂花。盍簪喧枥马，列炬散林鸦。四十明朝过，飞腾暮景斜。谁能更拘束，烂醉是生涯。”(《杜位宅守岁》)“四十明朝过，飞腾暮景斜。”诗人在四十岁时深切地感到纵有飞腾的才华，飞腾的理想，也是暮景西斜了，这里写出了司空图所描绘的英雄失路的“浩然弥哀”，充满着无限的悲慨。这种悲慨，比起前面所论的单纯的叹老嗟卑、乐生惧死的生命意识显得更为沉痛和感人。因为这时候的诗人已经由一己之悲转向悲叹国家、悲叹民族与人民，用悲凉凄切的诗歌，表现时代的忧郁，书写人民的悲痛。杜甫之所以伟大，正在于“他能够把小我的感情与大我的感情集合在一起。他以自己的生命抒写他的诗篇，以自己的生活实践他的诗篇，把自己的生命和诗歌的生命完全结合起来，他全部的作品是他整个的生命和生活的实践”①。杜甫的这种大我的感情就是他的诗中所体现的那种悲天悯人的情怀。杜甫生活的时代是一个纲纪大乱、国将不国的时代，面对国运的衰微，他用他的作品来表现他的悲慨：

① 叶嘉莹：《叶嘉莹说杜甫诗》，中华书局2008年版，第20页。

闻道长安似弈棋，百年世事不胜悲。王侯第宅皆新主，文武衣冠异昔时。

直北关山金鼓震，征西车马羽书驰。鱼龙寂寞秋江冷，故国平居有所思。(《秋兴八首》之四)

此诗主要表达了诗人对世事时局的慨叹。面对长安政局有如弈棋之变化，盛衰无常，诗人“不胜悲”。长安之似弈棋，实指国家之似弈棋。政局的变化带来的是王侯奔逃，旧宅易新主；文武非人，群小并进，衣冠皆易。这是内忧。还有外患：“直北关山”指回纥内侵，“征西车马”谓吐蕃入寇。正值边庭流血之时，而自身却流离异乡，请缨无路。正所谓“壮士拂剑，浩然弥哀”。全诗纵横跌宕，悲壮婉转，感情深沉。《秋兴八首》因秋起兴，以悲慨为骨，抒发了身世悲愤、历史兴亡的感慨。

杜甫生活的时代是一个战乱不断的时代，杜甫的很多作品都写到了战争的惨烈与残酷。如《悲陈陶》：“孟冬十郡良家子，血作陈陶泽中水。野旷天清无战声，四万义军同日死。群胡归来血洗箭，仍唱胡歌饮都市。都人回面向北啼，日夜更望官军至。”陈陶战役是唐肃宗至德元载冬，唐军与安史叛军的一场惨烈之战，唐军牺牲四万将士生命，几乎全军覆没。诗中写到了叛军的骄横和人民内心的悲伤。整首诗写出了悲凉、悲伤与悲壮的多重感慨。

杜甫善于表现这种悲美。如：“垂老恶闻战鼓悲，急觞为缓忧心捣”(《苏端、薛复筵简薛华醉歌》)，“悲笳数声动，壮士惨不骄”(《后出塞五首》)，“战场冤魂每夜哭，空令野营猛士悲”(《去秋行》)，“五更鼓角声悲壮，三峡星河影动摇”(《阁夜》)，“鼓角悲荒塞，星河落曙山”(《将晓二首》)，“兵戈与人事，回首一悲哀”(《遣愁》)，“邻舟一听多感伤，塞曲三更欻悲壮”(《夜闻觱篥》)，“万事干戈里，空悲清夜徂”(《倦夜》)，“天地军麾满，山河战角悲。”(《遣兴》)等。

杜诗中对悲惨世界的描写之多，确实是空前的。他倾注了毕生的精力来关注这一问题。同时杜甫对悲惨世界的感慨又是感天动地的。他的诗中所发出的悲吟是对诗学美学中的“悲慨”的最有力的注解。

“本色”范畴论

闫　霞

(武汉纺织大学传媒学院)

摘　要：刘勰首先将“本色”一词用于文学批评，初步探讨文学自身的规定性，将“经”与“质”视为诗文本源。刘勰的“本色说”在宋代得到了回应，宋人重视诗、文、词各文体文学不同的规定性，开始强调各体文学体制的不同。“本色论”最终在明代七子派手里得到充分发展并得以成熟，体制之辨成为其核心内涵。在批评实践中表现为维护各种文体、不同诗歌样式体制的纯粹性，以求为明人的各体诗歌创作提供可供学习借鉴的典范。清人对明代七子派的“本色理论”有继承，也有解构与重构，使“本色”这一范畴又有了新的生命力，具有持续有效的批评功能，“本色”也因此成为贯穿中国古典诗论的一个关键词。

关键词：本色　范畴　体制　关键词

一

“本色”一词在南北朝时期开始使用，首先将它用于文学批评的是刘勰。《文心雕龙·通变》曰：

> 夫青生于蓝，绛生于蒨，虽踰本色，不能复化。桓君山云：“予见新进丽文，美而无采；及见刘、扬言辞，常辄有得。”此其验也。故练青濯锦，必归蓝蒨，矫讹翻浅，还宗经诰。斯斟酌乎质文之间，而隐括乎雅俗之际，可与言通变矣。

此处“本色”有两层含义，一是“本源之色”，即生青之蓝与生绛之蒨之类，第二层意思由此引申而来，即文之丽美必源自于其“质”，只有在“质”的基础上发展形式之美才可自由驰骋于通变之间，既能守住本源，又能有所变化与创新。

刘勰将“本色”一词用于诗歌批评，主要是针对当时诗歌创作存在的形式主义倾向。形式主义创作的一个倾向是将文辞之丽与形式声律看作诗歌的“本质”，刘勰认为这是错误的认识。在他看来，辞藻华丽之诗，看着华美，读着有韵律，却无神采，因为没有撑起其形式之美的内涵与骨力。这就像无源之水，丽美有文之诗因缺乏本色的奠基而失之轻浮无蕴。

刘勰所说的诗歌之本源乃为“六经”。因而又可以说刘勰的“本色”之论是建立在其原道宗经的诗学思想之上的。《文心雕龙·原道》篇曰：“文之为德也大矣，与天地并生者何哉？夫玄黄色杂，方圆体分，日月叠璧，以垂丽天之象；山川焕绮，以铺理地之形：此盖道之文也。”诗歌为天地之道的“文”，就像体现天地之道的其他自然物象一样，一定要有艳丽的色彩，神奇的表达方式。所以刘勰并不反对“丽美”之诗，相反他认为“丽美”正是诗之“文”的表现，也是诗歌文学性的重要体现。发之为“言”的诗歌，是体察天地之道的人之心声的自然发抒，并借助各种修辞着物以色，一定应是“郁然有采”，体现出天地间一段精神气来的。所以“采”是有神之“丽”，而无采之丽，则纯粹靠华美辞藻的堆积，是没有生命力的，是不能体现天地人文之道的。

对“道”认识得最深刻，表现得最有文采的，在刘勰看来莫过于“六经”。《文心雕龙·原道》篇云：“爰自风姓，暨于孔氏，玄圣创典，素王述训，莫不原道心以敷章，研神理而设教，取象乎《河》《洛》，问数乎蓍龟，观天文以极变，察人文以成化。”“洞性灵之奥区，极文章之骨髓者也。”因而，刘勰认为“六经”是一切文学创作学习与效法的本源与典范。就诗歌而言，无论形式如何变化，文采多么绚丽，但一定要有对天地人世深刻的认知作为底蕴，即言一定要有物，要有内容，而辞藻声律等形式层面则为表现内容之文。只有这样，形式层面的东西，无论是言辞，还是言辞言说的方式，才有坚实的根基，诗歌才能随时代的发展而适时“通变”。

刘勰的“本色”说也并非横空出世，实际上早在孔子那里，已约略表出“本色”说。《论语》有言：“子夏问曰：‘巧笑倩兮，美目盼兮，素以为绚兮。何谓也？’子曰：‘绘事后素。’”“绘事后素”，可以说是最早的“本色”说，但当时并没用于文学批评，后来却成为刘勰“本色批评”的理论来源。笑容所以灿烂，是因为有一张生动纯洁的脸，美目左顾右盼，是因为有生动盈盈、纯净无邪的眼神。素净为绚丽之基础，是五色之本源。丽辞之文不宗经、不明道，虽华丽却并不真正有文采，堆砌华丽辞藻的诗也并非好诗，这就是刘勰的逻辑，正是由“绘事后素”而来。

刘勰的本色说，是较早对文学本质的探讨，即文学是文与质的有机统一，即孔子所说：“文质彬彬”。文不能胜质，要以质为本，质不能胜文，质终将以文的形式表现，只有文质统一，才是好的创作。

二

刘勰首发之“本色说”，在很长一段时间并没有得到强烈的回应。直到宋时，宋人在探讨诗歌创作理论时，倒是常常使用“本色”一词，使得“本色”有了成为批评范畴的可能性。如陈师道评价韩愈之诗、东坡之词时曰：“退之以文为诗，子瞻以诗为词，如教坊雷大使之舞，虽极天下之工，要非本色。”①再如刘克庄：“长短句当使雪儿、啭春莺辈可歌，方是本色。”②

宋人使用“本色”进行诗文批评，其含义与刘勰所使用的“本色”一词含义一样，都是从“本源颜色”生发而来，但与刘勰初步探讨文学自身规定性时将“经”与“质”视为诗文本源有所不同。此时，诗、文、词各种文体的文学都已发展成熟，且每种文体又发展出不同的样式。宋人在批评宋以来“以文为诗”的倾向时，重视诗、文、词各体文学不同的规定性，强调各体文学体制的纯粹性。正是在这个意义上，陈师道说韩愈之诗、东坡之词虽极工，但因为一个是以文为诗，一个是以诗为词，不合诗、词体制之本色。

本色一词在宋代能成为批评范畴，与三个人的关系非常密切，分别是陈师道、刘克庄和严羽。

第一个是陈师道，正是他奠定了宋之诗文批评上“本色”一词的基本内涵，并为后世论诗提供了阐发与讨论的话题：“退之以文为诗，子瞻以诗为词，如教坊雷大使之舞，虽极天下之工，要非本色。”③“工”，是

① 陈师道：《后山诗话》。
② 刘克庄：《后村集》卷九十七。
③ 陈师道：《后山诗话》。

指形式上完全符合诗的要求，但诗之本为“情感”，是情感的艺术化的感性表现，体现深刻而无邪的情怀。而不是像作文那样，能驰骋才气、学养，以理性思辨为主导。而词，乃为诗馀，与诗相比，别是一家，轻绮、艳丽是其本色。否则形式上，尤其是格律遵守得再严格，也因失之庄重而非本色之词。宋代文人以文为诗，以诗为词的体制越位现象非常突出，这一现象直到陈师道才被明确点出，顿时引起了大家的热烈回应，有赞成也有争论。这正是推动“本色”成为诗歌批评的“关键范畴”的重要条件。

当时对其论表示出理解与赞成的回应很多，如费衮云：

> 作诗当以学，不当以才，诗非文，比若不曾学，则终不近诗。古人或以文名一世而诗不工者，皆以才为诗故也。退之一出，余事作诗人之语，后人至谓其诗为押韵之文。后山谓曾子固不能诗，秦少游诗如词者，亦皆以其才为之也。故虽有华言巧语，要非本色。大凡作诗以才而不以学者，正如扬雄求合六经，费尽工夫，造尽言语，毕竟不似。①

回应有两点。一是诗非文，文以才作，是驰骋才气的文体，需有深厚的学养，思维方式是理性思维；而作诗则需学习经典，细细体味、琢磨其如何抒写与表现。否则，以才学、以文为诗，诗仅是押韵之文，虽合形式格律要求，却非诗。二是诗非词，词有其特定的写作题材，言辞华艳，不应用写词的方式去写诗。

费衮的言论是对陈师道所论稍加具体的阐发，当时也有人对陈师道

① 费衮：《梁溪漫志》卷第七。

所论提出了反驳意见。如胡仔：

> 后山诗话谓：“退之以文为诗，子瞻以诗为词，如教坊雷大使之舞，虽极天下之工，要非本色。”余谓后山之言过矣。子瞻佳词最多，其间杰出者如“大江东去浪淘尽，千古风流人物。”(赤壁词)“明月几时有，把酒问青天。”(中秋词)……凡此十余词，皆绝去笔墨畦径间，直造古人不到处，真可使人一唱而三叹，若谓以诗为词，是大不然。子瞻自言平生不善唱曲，故间有不入腔处，非尽如此。后山乃比之教坊司雷大使舞，是何每况愈下，盖其谬耳。①

胡仔此驳可谓不得要领，或说与后山并未在同一层面进行对话。陈师道是从文体体制包括题材，思维方式、艺术风格层面的越位方面，来谈论韩愈文、苏东坡诗的，并没否定其感人的艺术魅力。而胡仔则是从东坡词的艺术魅力——“使人一唱三叹”来谈作为词应达到的艺术效果。其实，所有文学样式的创作不都以此为最高要求吗？而东坡以诗为词，也绝不是因为不善唱曲而导致词作有不合音律处，而是有意为之，试图对词进行文体改革，在文体融合间扩大词的写作题材、表现方式及创立词新的艺术风格——豪放，显示出了开一代词风的雄心。

对陈师道的“本色”观有较为全面阐发的是刘克庄。刘克庄在诗歌批评中，开始较多使用“本色”一词，并进行辨体批评的实践。他首先对陈师道的论题进行回应与阐发：

> 唐文人皆能诗，柳尤高，韩尚非本色，迨本朝则文人多诗人少，

① 胡仔：《苕溪渔隐丛话前后集》卷二十六。

三百年间，虽人各有集，集各有诗，诗各自为体，或尚理致，或负材力，或逞辨博，少者千篇，多至万首，要皆经义策论之有韵者尔，非诗也。①

这一则诗话，指出宋诗以文为诗作风的渊源与具体表现。唐韩愈已有以文为诗的倾向，这种倾向到了宋代更加严重，诗人的创作“或尚理致，或负材力，或逞辨博”。写作题材、思维方式、语言表现都散文化，导致的结果一是宋多文人，少诗人，二是很多宋诗只是有韵之文而非诗。

顺着这则阐发，刘克庄提出了“本色诗人”的概念，其云：“韩柳齐名，然柳乃本色诗人。自渊明没，雅道几熄，当一世竞作唐诗之时，独为古体以矫之……其幽微者可玩而味，其感慨者可悲而泣也。”②他将韩愈与柳宗元相比，指出柳宗元才可算本色诗人，所作古诗遵其体制，尤其遵守古体诗最基本的创作原则：情感自然发抒，不受近体诗格律限制，感染力强。

以以上所论为理论资源，刘克庄运用“本色”一词对大量具体创作进行了批评，如：“文师南丰，诗师豫章，二师皆极天下之本色，故后山诗文高妙一世。”③陈师道的散文与诗皆合其体的体制要求，故诗文创作取得的成就很高。又如评翁应星词：

别去一甲子，不与君相闻，君忽贻书，抄所作长短句三十余阕寄余，其说亭鄣堡戍间事，如荆卿之歌、渐离之筑也。及为闺情春怨之语，如鲁女之啸，文姬之弹也，至于酒酣耳热，忧时愤世之作，

① 刘克庄：《后村集》卷九十四。
② 刘克庄：《后村集》卷一百八十五。
③ 刘克庄：《后村集》卷九十五。

> 又如阮籍唐衢之哭也，近世唯辛、陆二公有此气魄，君其慕蔺者欤。然长短句，当使雪儿、啭春莺辈可歌，方是本色。①

刘克庄认为翁诗虽有可取之处，但存在一个很大的问题：以诗为词，以材力为词，并尚理致。很多题材不适合作词，如鄜堡戍间事适合作文叙事；借酒遣怀，抒发愤世之情，梗概多气，适合作诗。语言上，很多也不是词之语辞，如作闺情春怨之词，骨气太盛而不柔婉，这是诗的语言。在刘克庄看来，词的题材应是冬雪晶莹、春莺啭歌之类，语言则以清丽为宗，节奏婉转。此则诗话从题材、言辞、音乐性三个方面分析了翁词，指出词的本色要求，是对陈师道本色论的丰富。

此外，刘克庄还从对创作主体的要求角度丰富了“本色”的内涵：

> 诗各从本色自佳，今使山林高人强说富贵，岂唯不能，亦不愿。若纨绮子弟作穷淡语，纵使道得，亦料想也。蔬笋，僧诗正味，何必他脱去耶！且非特僧诗，吾辈正患不蔬笋，如蔬笋其何洁？如之屈骚兰、陶诗菊，读之直作兰菊气，亦各从其嗜好发出也。②

要求言语风格、写作素材都应与诗人自身的身份、气质、喜好、生活阅历直接相应，方为本色。又：“风骚忧古少知音，本色诗人百种心。顺熟合依元白体，清新堪拟郑韩吟，搜来健比孤生竹，得处精于百炼金。唯我与君相唱和，天机自见不劳寻。”③

这首论诗诗也是从创作主体角度，揭示不同创作风格的诗人会创作

---

① 刘克庄：《后村集》卷九十七。

② 欧阳守道：《巽斋文集》卷七。

③ 田锡：《咸平集》卷十五。

出各种风格的诗。

从创作主体角度来看，本色诗人写本色诗，从批评角度，刘克庄还提出了一个诗歌评论的主体应是谁的问题：

> 诗必与诗人评之……序其诗者，方侯蒙仲。余谓蒙仲，文章人，亦未诗人也。诗非本色人不能评。贺、韩皆自能诗，故能重二李之诗。余少有此癖，所恨涉世深，为俗缘分夺，不得专心致意。顷自柱史免归，入山十年，得诗二百余首，稍似本色人语。俄起家为从官词臣，终日为词头所困，诗遂绝笔，何以异于蒙仲哉！君足迹遍江湖，宜访世外本色人与之评。①。

此论中，“本色人”即诗人，是真正懂诗的人，懂得诗的体制和如何作诗的人。如果作者找人评诗作序，不应找所谓的文章人、功名人、名节人来评，这些人作诗多非本色，而应找诗人评诗，只有诗人，才懂诗之为诗的“诗性”，才能对其创作作出中肯的评价。

可见，刘克庄的批评实践极大丰富了“本色”一词的内涵，使之成为一个可以从体制角度入手进行诗文批评的范畴。而严羽又在此基础上进行了深入探讨，建构起了宋代的“本色论”，并赋予其体制之辨的内涵。

在两宋批评家中，严羽有了明确的体制之辨的诗学要求。其云：“作诗正须辨尽诸家体制，然后不为旁门所惑。今人作诗，差入门户者，正以体制莫辨也。世之技艺，犹各有家数。市缣帛者，必分道地，然后知优劣，况文章乎？”②认为宋诗之所以离诗越来越远，是因为没有严格的体制之辨的意识，甚至有意将诗与文的体制加以混淆，并以此标显出

① 刘克庄：《后村集》卷一百九。

② 严羽：《答出继叔临安吴景仙书》。

宋诗独特的特色，即以文为诗，逞才学，各种题材皆入于诗。进入构思阶段，宋代诗人又以作文的理性思维代替作诗的感性思维，导致诗趣索然。因此，严羽拈出“别材”“别趣”，以突显诗独特的题材范围、思维方式及艺术效果，并通过自己的诗学著作《沧浪诗话》的传播，向时人输入此种思想。他强调诗歌体制的纯粹性，并将体制纯粹与否当作辨别作品优劣的一个重要标准。他强调了诗歌创作的思维状态，即“妙悟”。《沧浪诗话》云：“诗道亦在妙悟。且孟襄阳学力下韩退之远甚，而其诗独出退之之上者，一味妙悟而已，唯悟乃为当行，乃为本色。”所谓“妙悟”，实际上是指诗歌创作时要以感性思维的方式才能进入构思时的神思状态，进而产生无穷的奇妙想象，脑海间生发出各种各样的形象，神思中，刹那间找到心声、情感对应的某种或某些形象，并以最恰当的诗句将其文本化。妙悟可以说是得象得意并有言的创作状态与创作过程，二者合而为一，诗歌创作就应如此。严羽认为能否创作出好诗并不取决于个人之才力的高下，而取决于其是否在“妙悟”的状态中进行创作。正因为如此，孟浩然才学虽逊于韩愈，然而诗歌创作的成就却高于韩愈。

严羽“别材”“别趣”说，“妙悟”说的提出，除了从题材、思维方式、创作状态、艺术效果四个方面对诗歌这一文体的体制要求作了严格规定，还是对之前各诗家对于区分诗文文体体制看法的理论性总结，正式赋予“本色”一词体制之辨的批评功能。

运用“本色”进行批评，严羽辨别了乐府诗的体制，其云：“韩退之《琴操》极高古，正是本色，非唐贤所及。”诗歌是一个文体大类，又有不同的小类，如古诗、乐府诗、近体诗。每一类又有不同的诗歌样式，如五言古诗、七言歌行，五言、七言律诗、绝句、排律等。它们又会有不同的体制要求。严羽此论正是认识到乐府诗这种诗歌样式风格上的要求——高古。高古是这样一种风格特点：气格高古，语言质朴。韩愈的

《琴操》组诗正符合此要求，所以是古乐府本色。

具体来说，严羽在语言要求及创作风格方面运用“本色”进行了批评实践，《沧浪诗话》云：“有语忌，有语病。语病易除，语忌难除。语病古人亦有之，唯语忌则不可有，须是本色，须是当行。”这是对诗歌创作的语言要求。“诗难处在结裹。譬如番刀，须用北人结裹，若南人便非本色。”这是要求诗歌创作体现出的整体风格要与个体差异性，地域差异性保持一致。这两处将对诗歌本质规定性的讨论落实到具体的诗法层面：“语言”要求及创作风格的统一。这些均属于体制方面的讨论。

总之，从陈师道到刘克庄再到严羽，运用“本色”进行诗歌批评及诗歌理论的建构，逐步形成了以诗歌体制之辨为核心的“本色论”，并对明代以七子派为代表的诗学产生了重要影响。

三

从刘勰而始，经宋人而发展的“本色理论”在明人那里获得了进一步发展并成熟。该理论的基本内涵是规定不同文学文体、文学样式应该遵守体制上的本质规定性。在明代之初，李东阳就已经十分强调“体制之辨”。他与严羽一样，首先都是强调“诗”与“文”在体制上的区别。其云：“诗与文不同体，昔人谓杜子美以诗为文，韩退之以文为诗，固未然。”①无论是杜甫以诗为文，还是韩愈以文为诗，在李东阳看来都是“失体”。

李东阳对“本色论”的发展在于特别表出诗歌之“调”，认为诗的本质规定关键在于有“调”，即可吟讽的音乐性。《麓堂诗话》开篇即云：“诗在六经中别是一教，盖六艺中之乐也。”诗歌有调、可以吟讽是与散文最

① 李东阳：《麓堂诗话》。

本质的区别之一。“盖其(诗歌)所谓有异于文者，以其有声律风韵，能使人反复讽咏，以畅达情思，感发志气”①，而散文的体制规定则在于“言”，即记述、说理、言义，以文为诗会使诗歌的音乐性大大降低。正是将音乐性作为诗歌的本质规定性，李东阳认为以“声”论诗才算是抓住了要害，其云：“陈公父论诗专取声，最得要领。”

李东阳强调“调”对于诗的重要性的同时，还认为诗之声调应是发诸己心、发之性情的，是自然的，并认为自然之声才会有灵性，才能与天、地、人、神、兽及有灵之万物沟通，才可以惊风雨、泣鬼神，才是天地间最好的诗。其云：“夫形声之在天下皆出于自然，然亦有诗歌以为声藻绘以为形者，其大用之朝廷邦国，固未暇论，而闾巷山林之下，或不能无。若论其至，亦可以通鬼神，夺造化。”

李东阳论诗显然是将“调”放在了最重要的地位，并且以“调”定诗之品格的高低，由此，他推崇汉魏盛唐诗，而对宋诗的评价不高。

李东阳之后，七子派在诗歌方面承接了“本色理论”，并由此而发展出来一整套辨体理论，成为其“格调理论”的重要组成部分。

七子派的代表理论是“格调理论”，论诗讲究“格调”。这个宗派诗学活动最重要的一项内容就是“辨体”，从体制声调角度对作品进行辨析，确立遵守体制规范及相关创作法则，又具有风人之“情”“调”的经典作品。他们强调文学文体之间的本质区别，强调不同诗歌体式之间的不同规范，认为诗歌作品只有在严格遵守“体制”的基础上，其他的兴象风神之类才有谈论的基础。

前七子代表何景明认为学习古人的创作就学最合体制规范的，其云：“(李、杜)二家歌行、近体，诚有可法，而古作尚有离去者，犹未尽可

① 李东阳：《沧洲诗集序》。

法之也。故景明学歌行、近体，有取于二家，旁及唐初盛唐诸人，而古作必从汉魏求之。”①何景明认为盛唐李白、杜甫二家是非常优秀的诗人，但其古诗创作相比于汉魏古诗而言，体制不够纯粹，汉魏古诗才最合古诗体制的要求，如果要学写古诗，就学汉魏古诗。

后七子运用“本色”范畴论诗，更多从具体的、微观的层面上行使批评功能，对具体作品进行分析，比较不同作家同样体式的诗歌创作的优劣，将“本色”发展成为进行“体制之辨”的有效的批评范畴。

王世贞以诗歌是否符合体制规定来比较不同诗人诗歌创作的优劣。其论三曹的乐府创作：“曹公莽莽，古直悲凉。子桓小藻，自是乐府本色。子建天才流丽，虽誉冠千古，而实逊父兄。何以故？材太高，辞太华。”②就三曹诗歌创作而言，曹操诗情感古直悲凉，语言莽率，曹丕诗辞藻质朴，雕琢不够，然而这正是乐府体制之本色。曹植的诗才学最优，文学修养最高，但文人的作意也就更明显，他的乐府诗就因才高辞华而远离乐府本色了。所以王世贞认为从体制“本色”与否的角度看，曹植创作的优秀程度逊于其父兄。

王世贞还从不同体式作品应具有的语言时代特质来评价作品的艺术价值。《艺苑卮言》云：“《木兰》不必用‘可汗’为疑，‘朔气’‘寒光’致贬，要其本色，自是梁、陈及唐人手段。”王世贞认为，作为乐府诗来说，《木兰辞》使用的较为精致的对偶句“朔气传金柝，寒光照铁衣”，这是格律诗才有的，不合乐府本色，但其语言质朴，离汉魏乐府本色不远，仍可算是上乘之作。他以合乎乐府本色的程度评论时人拟乐府创作的得失：

① 何景明：《大复集》卷三十四。

② 王世贞：《艺苑卮言》卷三。

> 李文正为古乐府，一史断耳，十不能得一。黄才伯辞不称法，顾华玉、边庭实、刘伯温法不胜辞。此四人者，十不能得三。王子衡差自质胜，十不能得四。徐昌穀虽不得叩源推委，而风调高秀，十不能得五。何、李乃饶本色，然时时已调杂之，十不能得七。于鳞字字合矣，然可谓十不失一，亦不能得八。①

后七子另一代表人物谢榛也常用“本色”进行诗歌批评，《四溟诗话》云：

> 苏舜泽总制《雪》诗：“初随鸣雨喧相续，转入飘风静不闻”，写景入微，非老手不能也。若杨诚斋“筛瓦巧从疏处透，跳阶误到暖边融”，便是宋人本色。
>
> 许用晦“年长每劳推甲子，夜寒初共守庚申”，实对干支，殊欠浑厚，无乃晚唐本色欤？

“宋人本色”“晚唐本色”，就是指宋诗与晚唐诗的总体的时代格调，包括体格、声调、风貌等特征。

后七子发展的本色理论，其最重要的批评功能是对不同诗歌体式的规定性进行分析，将它们区别开，维护其体制的纯粹性，坚守文体界限。最有名的一次本色之论当推李攀龙关于五言古诗与唐古之间体制差异的辨别。

七子派后期宗主李攀龙，在《选唐诗序》中以毋庸置疑的姿态发表了他的本色观：“唐无五言古诗而有其古诗，陈子昂以其古诗为古诗，弗

---

① 王世贞：《艺苑卮言》卷六。

取也。”此论一出，争论纷纷，但从李攀龙的角度来说，无非是要规范古诗之体制格调，强调五言古诗体制的纯粹性。在李攀龙看来，唐人虽仍能以风人之心作五言古，但由于受到律诗的影响，其体制格调已去古诗甚远，不合古诗本色要求了。所以，尽管陈子昂的三十八首五言古诗《感遇》有很高的艺术成就，但仍是唐古而非体制最纯的古诗——汉魏古诗，二者之间有着不可逾越的差距。李攀龙从体制之辨的角度将五言古诗与唐五言古诗区别开来。

从以上的分析来看，“本色理论”的实质就是“遵体”，要求创作严格遵守各体的体制规范。而真正将“本色理论”的内涵明确如此定位的是七子派后学胡应麟，其云：“文章自有体裁，凡为某体，务须寻其本色，庶几当行。”①这句话明确指出各种文学文体，某种文体下某种体式的文学，都有各自的体制规范。如创作四言、骚体、乐府、五言古诗、七言古诗、五言律诗、七言律诗、绝句，必定要遵守该体裁最初时的本质规定性，包括体格、声调、语词、表现原则、创作方法等方方面面。遵守体制的纯粹性是创作能否获得成功的关键。胡应麟在《诗薮》中论四言：

> 晋四言，唯《独漉篇》词最高古。如“独独漉漉，水深泥浊。泥浊尚可，水深杀我”，“空床低帷，谁知无人？夜行衣绣，谁知假真。猛虎斑斑，游戏山间。虎欲啮人，不避豪贤”，大有汉风，几出魏上。然是乐府语，非四言本色也。

论乐府、骚体：

① 胡应麟：《诗薮》内编卷一。

乐府长短句体亦多出《离骚》，而辞大不类。乐府入俗语则工，《离骚》入俗字则拙。如“沅有芷兮澧有兰，思公子兮未敢言”，“山有木兮木有枝，心欲君兮君不知”，句格大同，工拙千里。盖榜枻实风谣类，非骚本色也。

“十五嫁王昌，盈盈入画堂”，是乐府本色语。

四言与乐府在语言上有差别，前者高古，乃为本色；后者多汉魏时的生活口语，则非四言本色语。乐府与骚体诗的体制也是有差别的，因为乐府诗来自于民间，骚体诗是文人创作，二者在语词的运用上就必然有所不同，“乐府入俗语则工，《离骚》入俗字则拙”。假若《离骚》用俗语结撰，屈原那种士大夫的气格绝对无法体现。我们也无法想象用文人之语能将来自于民间的乐府诗的浓厚的生活气息传达得那么生动鲜活，富于世俗质感。

再看胡应麟在《诗薮》中论七律：“七言律滥觞沈、宋，其时远袭六朝，近沿四杰，故体裁明密，声调高华，而神情兴会，缛而未畅。《卢家少妇》体格丰神，良称独步，惜颔颇偏枯，结非本色。”格律在南朝发端，就七言律而言，它在初唐沈佺期、宋之问手中定型，在盛唐诗人手中成熟，故其体制上一方面具有六朝、初唐特色，即“体裁明密，声调高华”，另一方面要做到盛唐诗所具有的神情兴会特质，方为本色。以此来衡量具体的作品，便能得其优劣。

从以上的阐述可以看出，胡应麟的“本色说”明确了七子派本色理论的内涵，并将体制之辨具体到不同诗歌体式的体制区分上，将七子派“格调理论”发展得更加细致深入。

胡应麟《诗薮》中还有一则诗论回应了李攀龙的本色观：

四杰，梁、陈也；子昂，阮也；高、岑，沈、鲍也；曲江、鹿门、王丞、常尉、昌龄、光羲、宗元、应物，陶也。唯杜陵《出塞》乐府，有汉、魏风，而唐人本色时露。太白几薄建安，实步兵、记室、康乐、宣城及拾遗格调耳。李于鳞云：“唐无五言古诗而有其古诗”，可谓具眼。

胡应麟认为唐之古诗创作成就亦为可观，然都有所宗所出。无论是初唐四杰、陈子昂，还是盛唐高适、岑参、张九龄、孟浩然、王昌龄、常建、储光羲，其古诗创作皆有所本，但他们所本不是梁陈即是两晋古诗，即使是李白亦然，所本非汉魏本色古诗。只有杜甫《出塞》乐府诗，源出汉魏古诗，但唐人本色也时时透露，这常常表现在语言上常有唐人唐语、炼字锻句精明有作意，以及受格律的影响常有精工偶对之句。所以说唐人古诗与汉魏古诗是有一定距离的。比如杜甫的《大麦行》中“大麦干枯小麦黄，妇女行泣夫走藏，问谁腰镰胡与羌”句，拟汉时的歌谣“大麦青青小麦枯，谁当获者妇与姑，丈夫何在西击胡”，胡应麟认为是“才易数字便有汉、唐之别”①。又如杜甫的《哀王孙》与《兵车行》，胡应麟认为二者的起语“长安城中头白乌，夜飞延秋门上呼。又向人家啄大屋，屋底达官走避胡”，“车辚辚，马萧萧，行人弓箭各在腰。爷娘妻子走相送，尘埃不见咸阳桥”甚古，质类汉人，但“终是格调精明，辞气跌宕，近似有意”②，与浑然无迹的两京歌谣本色相去已远。正是在这个意义上，胡应麟认同李攀龙的观点，“唐无五言古诗而有其古诗”，唐无汉魏本色古诗，只有唐人本色古诗。

由此，从体制纯粹性——“本色”角度出发，胡应麟与李攀龙一样，

① 胡应麟：《诗薮》内编卷三。

② 胡应麟：《诗薮》内编卷三。

都认为古诗不是唐，不是两晋，更不是六朝为优，汉魏古诗才是遵守古诗体制的经典。要求时人如果学习某体诗歌，一定要学习最合乎此种体式体制规范的经典作品。其云："学者务须寻其本色，即千言巨什，亦不使有一字离去，乃为善耳。"①强调了合乎诗歌体制本色对于创作的重要意义。

"本色理论"从刘勰而来，经宋而承，最终在明代七子派手里发展成熟，在其具体的诗歌批评中，体制之辨成为重要的批评维度，他们维护各种文体体制的纯粹性，维护不同体式诗歌体制的纯粹性，对不同体式诗歌的体制坚决加以区分，以求为明人的各体诗歌创作提供典范。

四

格调理论是明七子派的核心理论，体制之辨又是最重要的一个方面，与之对应形成了"本色理论"。因为七子派后学在诗文创作中模拟抄袭现象严重，以抄袭所谓体制纯粹的各体经典作品代替创作，在明时已遭到唐宋派与公安派的批评，尤其是公安派对其批评非常尖锐。清人对七子派的成就也是褒贬不一，对"本色"理论有继承，也有解构与重构。在运用"本色"范畴进行批评时，一方面从"体制要求"上对具体创作进行批评实践，另一方面，则赋予"本色"新的内涵。

清人把"本色"当作一个强调文体体制的范畴，继续从"体制要求"上评价作品，是对明代本色理论的继承。如"诗至唐而有法度，古自古，律自律，各就本色，致力方不失乎正法。谢灵运凿六朝之窍，杜子美设宋人之窠，陶渊明树元人之的，王摩诘导纤弱，李太白开轻佻"。② 谢、

① 胡应麟：《诗薮》内编卷三。

② 费经虞：《雅伦》卷十八。

杜、陶、王维、李白都是诗歌创作极有成就的诗人，但也常有超越体制要求的创作实践，费经虞认为这有失于古诗、律诗之正法，为后世作者提供了体制不纯粹的学习对象，对此，其持批评态度。

再如论词：“词以艳丽为本色，要是体制使然。如韩魏公、寇莱公、赵忠简，非不冰心铁骨，勋德才望昭映千古，而所作小词有‘人远波空翠’‘柔情不断如春水’‘梦回鸳帐余香嫩’等语，皆极有情致，尽态穷妍。”①从最初产生的渊源来说，词为胡夷里巷之曲，在城市乐工歌伎的传唱中奠定了其市民情调，多唱男女之情。写这类题材，必定是“艳丽”为宗，如此方为本色，这是词的体制要求。因此，尽管像韩琦、寇准等人，正人君子、铁骨铮铮、德高望重、政治功绩卓著，词却写得柔情似水，风情万种，语辞华艳，而这正合乎词之体制要求。同样是冰心铁骨、满腔热血的爱国英雄如辛弃疾，一些词作却是以文为词，所以有评“稼轩‘杯汝前来’，毛颖传也，‘谁共我，醉明月’，恨赋也，皆非词家本色”②。

清时，受到明公安派“性灵说”影响的一些诗人、批评家，对“本色”一词赋予了新的内涵，一是文人式真性情，二是近似于本能欲望的“性灵”，三是普通人具有的质朴心灵，并大量运用于批评实践。

诗写真性情、性灵，发之自然，必会冲破体制的约束。“天下事唯平淡可以感人，真切可以行远，而诗尤甚。……陶靖节诗只是本色，无一粉饰语，吾谓先生诗亦然，顾先生所生之时，所处之境与靖节不同耳，虽然心无不同，理无不同，即诗亦无不同也。”③诗写本真性情，造语则平淡，不会加以太多修饰，也不会处处受限于体制规范，但却可以感人。

① 蒋景祁：《瑶华集》卷附一。

② 刘体仁：《七颂堂词绎》。

③ 法式善：《存素堂文集》卷三。

又“秦少游一向沉吟久，铲尽浮词，直抒本色，而浅人常以雕绘傲之，此等词极难作，然亦不可多作。”①此处本色即等同于“性情”，语言表现虽铲尽浮华，但因写本真性情，于平淡处亦能结出绚烂之花。

将“本色”与本能欲望式的“性灵”相通，在清人论中更多。评《安公子·怨情》云：“合前后二首并玩本色，语如话，愈近愈佳。”②此曲写男女艳情，本能欲望，语如口语白话，被评为写出了男女之情的“本色”。

“普通、本真、质朴的感情”也是清人赋予“本色”的一个重要内涵。很多批评中都以此义论诗。如杜甫《立春》诗：“春日春盘细生菜，忽忆两京梅发时，盘出高门行白玉，菜传纤手送青丝，巫峡寒江那对眼，杜陵远客不胜悲，此身未知归定处，呼儿觅纸一题诗。”此诗写眼前日常生活场景，发心中本真质朴的之情，自然而然，却十分感人。所以有评曰：“纯用本色，读者当得其自然之趣。”③

能写真性情、真性灵、本真质朴情感与心灵的“本色诗”，在一些清人看来，胜于严格遵体的诗。“诗得本色，粗不嫌麄，纤不嫌弱，枯不嫌腐，荡不嫌淫，质不嫌疏，文不嫌巧，古不嫌涩，今不嫌时，方为有用之作，若假面用事谓之套子语。”④此处“本色”就兼有性情、性灵、质朴心灵三种含义。本色之诗，可能会分别呈现出粗、纤、枯、荡、质等看似不完美，不合体制要求的结果，但因其是真实的而自有感动人的艺术力量，比那些合体制要求却是假伪的抄袭的套子语强百倍。

由此可以看出，“本色”范畴，从刘勰开始就是朝着“辨体”批评实践

① 冯金伯：《词苑萃编》卷二。

② 丁澎：《扶荔词》卷二，清康熙刻本。附《安公子·怨情》：“容易成佳偶。三生休。为着些子，蓦腾腾地，恁般的僝僽。倚顽儿调诱，埋冤着人薄幸，忒煞女儿心性，教我如何剖。他便愁去秋傍，止随月后。翻云覆雨，今番只怕情非旧。料愁眉泪眼，一饷幽欢，梦也，不能得勾。”

③ 官修《唐宋诗醇》卷十六。

④ 费经虞：《雅伦》卷十九。

的路子走，经过两宋，直到明，终发展出成熟的以体制之辨为核心内涵的“本色理论”。到清代，一方面有继承，另一方面更有解构与重构，使“本色”又有了新的生命力，具备了持续有效的批评功能，“本色”范畴也因此成为中国古典诗论中的关键词。

文化与文学研究

“黄鹤楼诗歌”述略*

朱依娜　高文强

（江汉大学武汉语言文化研究中心，武汉大学文学院）

摘　要：“黄鹤楼诗歌”是中国诗歌史中的一个特殊类别，自明代以来对该类诗的整理与研究便延绵不断。本文从“黄鹤楼诗歌”的文化渊源、“黄鹤楼诗歌”的整理和“黄鹤楼诗歌”的研究三个方面，拟对该类诗歌做一个简略介绍。

关键词：黄鹤楼　诗歌　文化渊源　整理　研究

黄鹤楼，号称江南三大名楼之一，始建于东吴黄武二年(223年)，距今已有1700多年的历史。在历朝历代中，黄鹤楼几经毁损，而今屹立于武昌蛇山的黄鹤楼是1984年重新建成的。

黄鹤楼一开始是作为军用的哨楼而建立起来的，到了南北朝时期，才渐渐成为了观赏性的楼阁。随着无数文人墨客的登楼赋诗，黄鹤楼逐渐声名鹊起，最终称著天下。黄鹤楼悠久曲折的历史、迷人的自然风光、丰富的神话传说，共同促成了黄鹤楼诗歌创作的大繁荣。文人们借用诗、词、曲等文学形式，或抒发自己登临黄鹤楼的个人情感，或表达对人类

* 基金项目：湖北省人文社会科学重点研究基地开放基金项目“黄鹤楼诗歌研究”(项目号：2014B011)。

生命最终归宿的关怀，或感怀历史的风云变化，蕴含着黄鹤楼独有的风情与文化。

一、“黄鹤楼诗歌”的文化渊源

黄鹤楼由最初的普通军事瞭望哨楼演变为江南名楼，“黄鹤楼诗歌”在其中发挥了不可替代的作用。以宋之问的《汉江宴别》作为开端，“黄鹤楼诗歌”由初唐正式兴起。不过在“黄鹤楼诗歌”开始进入文学领域以前，黄鹤楼于六朝时便开始融入丰富的文化内涵，起初以军用为目的的兴筑，历经漫长的战火洗礼，逐渐萌生了一系列神仙传说，从而塑造出黄鹤楼最初始的人文基调。可以说正是唐前这段时间的黄鹤楼相关文化积淀，为后世“黄鹤楼诗歌”的茁壮成长提供了土壤。

1. 自然风景与山水名楼

黄鹤楼所坐落的武汉地区一直是长江中游的交通枢纽，早在汉代就被形容为“南援三洲，北集京都，上控陇坻，下接江湖。导财运货，懋迁有无”①。黄鹤楼最开始是作为军用的瞭望楼建立在江夏的黄鹄矶上，由于此地为交通要道，是古代文人、官员游历迁谪的必经之地，因此黄鹤楼便成为后世文人宴游送别的重要场所。

黄鹤楼坐落之地位置险峻，三面环江，视野开阔。登楼骋目，思接千载，视通万里，下有不尽长江与浩浩汉水于此相会，侧有蛇山矗立挺拔，远处则是碧空下江城的烟火繁华，鹦鹉洲的芳草萋萋……登高远眺，豪情逸志自然便会涌上心间，这也是黄鹤楼于一开始便吸引文人骚客纷纷登临用作送别宴客之地的原因。

① 蔡邕：《汉津赋》，《全后汉文》卷六十九，商务印书馆2003年版，第709页。

此外，除了周边风景，黄鹤楼自身的建筑风貌也是吸引游人不断前来吟咏的要素之一。从唐时“朱栏将粉堞，江水映悠悠”(王维《送康太守》)的多彩绚烂，到宋代“重重轩槛与云平”(张咏《登黄鹤楼》)的楼台高耸，元代“龟背织朱帘闪闪，鸳翎瓮碧瓦鳞鳞”(汤式《黄鹤楼》)的富贵华美，发展为明代“绕槛江涵千顷绿，入帘霞衬八窗红”(刘琏《登黄鹤楼》)的巍峨高大，黄鹤楼在历代重建的过程中，从单个楼阁景点发展为建筑族群集合，实际上也反映了历代不同的审美追求，并挖掘出了属于自己的楼阁建制之美。

此外，唐前的军事色彩也给黄鹤楼添加了许多流传千古的英雄传说，并以典故、怀古等形式，融入了后世“黄鹤楼诗歌”的文化内涵之中。

2. 因仙得名与神仙色彩

对于“黄鹤楼”一名的由来，一直有“因山得名”和“因仙得名”两种说法。

“因山得名”说主要依据《元和郡县图志》中所言，认为黄鹤楼因其位于黄鹄矶上，“鹄”转音为“鹤”，因而被称为黄鹤楼。

“因仙得名”说则主要依据传说，传说此楼因有仙人骑黄鹤而去，作为纪念才得有此名。孙承荣在《黄鹤楼集》中的《黄鹤楼杂记》有言：“相传仙人王子安乘黄鹤过此。又云费祎登仙驾黄鹤返憩于此。或又引梁任昉记所谓驾黄鹤之宾，乃荀叔伟非文伟也。”①

此二得名原因目前并无定论，不过最终都汇于“黄鹤”这一意象上。在中国历史当中，长久以来“鹤”的意象常与神仙有着密切的关联。世人多喜谈论鹤的高飞之姿，无论是作为仙人坐骑或是独立飞行，故事中的鹤常在最后高飞远去，成为通往仙界的象征，也让故事增添了神秘的气

① 参见孙承荣等编：《明刻黄鹤楼集》，湖北人民出版社 1984 年版。

息。除此之外，世人也常将鹤与人的形体互相转化，并使鹤具有超越常人的灵性与年岁，以及超乎人世之外的逍遥情怀。

因此，除了景色优美、历史悠久，唐前黄鹤楼对后世“黄鹤楼诗歌”影响最深的文化要素当属这一神仙传说。尤其在六朝时期，因为社会整体好神异、喜志怪的风气，黄鹤楼文化中所蕴含的“神仙”“述异”的痕迹愈发凸显，在当时人心目中留下的印记远胜于此楼作为军事要地所留下的征战事迹的影响。而这些神仙传说更沿袭至唐代，成为诗歌里头的题材，并与文人心境结合，投射出更多的想象，有了更多层次的开展，这才有了后世“黄鹤楼诗歌”中不可或缺的神仙元素。

二、“黄鹤楼诗歌”的整理

对“黄鹤楼诗歌”的搜集和整理，最早也是较具代表性的便是明万历年间的《黄鹤楼集》，现当代还有一些著作对“黄鹤楼诗歌”做了进一步整理与注释。

明刻《黄鹤楼集》是由明万历年间武昌知府孙承荣等编辑、任家相补辑而成的较为完备的黄鹤楼诗文集，共搜集了从南北朝到明神宗时期历代文人吟咏黄鹤楼的诗文400多篇。其中，对“黄鹤楼诗歌”按照体裁进行了有序的罗列，依次是五言古、七言古、五言律、七言律、七言排律、五言绝、七言绝、杂体，其中七言律诗犹存最多。此集是目前研究古代“黄鹤楼诗歌”最权威的资料。

当代学者周勤的《黄鹤楼诗集》是继明刻《黄鹤楼集》后搜集的“黄鹤楼诗歌”最为全面的一部著作，是对明刻《黄鹤楼集》的补充和发展。该书集中选定了从唐初到清末的458位诗人的700多首“黄鹤楼诗歌”，同时，在诗歌质量上编者也进行了去芜存菁的考察，使入选的“黄鹤楼诗歌”有着较高的质量。①

另外，还有一些选集，如张诚杰等人的《黄鹤楼诗词文联选集》、刘正国的《黄鹤楼诗词联文选》、李远源等的《黄鹤楼诗词曲选详注》等，对“黄鹤楼诗歌”也进行了一定的整理。

此外，在黄鹤楼的志传研究著作中，有一些也对“黄鹤楼诗歌”进行了一定程度的整理，其中较有代表性的有冯天瑜主编的《黄鹤楼志》。此书从多个方面对黄鹤楼进行了介绍，包括古楼兴废、今楼雄姿、园林盛景、旅游服务、名人游踪、艺文荟萃、轶闻传说等。其中艺文部分占了全书的四分之一，总共收集了各个朝代的300多篇诗词曲，也是研究“黄鹤楼诗歌”的重要材料。② 另一部较有代表性的是李西亭编著的《黄鹤楼小志》，书中包含了古今数十位著名诗人的咏楼诗作及注释，其中还包括了清代以及当代女诗人吟咏黄鹤楼的诗歌，这在其他选集中较为少见。③

最后，姚伟均的《黄鹤楼史话》也是一部值得关注的著作。该书从黄鹤楼的由来说起，讲述了黄鹤楼自魏晋南北朝，经历唐宋明清各代，一直到1984年黄鹤楼新楼重新落成为止的历史兴废，在其中的每一个篇章内作者都引用了与黄鹤楼相关的诗文，可见黄鹤楼诗文是紧紧地与黄鹤楼的兴废历史交织在一起的，而且，从此书中能明显感受到不同时代“黄鹤楼诗歌”中所折射出的不同的时代特色和精神内涵。④

除了著作以外，有一些文章对“黄鹤楼诗歌”的整理也是有一定帮助的。如梅莉的《军事哨楼 宴游场所 城市地标——黄鹤楼历史文化意蕴探寻》分别论述了黄鹤楼从军事哨楼到游览公园的演变过程，阐释了黄鹤

① 周勤：《黄鹤楼诗集》，长江文艺出版社1992年版。

② 冯天瑜：《黄鹤楼志》，武汉大学出版社1999年版。

③ 李西亭：《黄鹤楼小志》，湖北长江出版社2008年版。

④ 姚伟均：《黄鹤楼史话》，武汉出版社2013年版。

楼作为景观胜地其背后所蕴含的国家强盛和民族复兴的空间象征，从黄鹤楼的历史传说入手挖掘出道教文化对黄鹤楼文化的影响，以及揭示了黄鹤楼作为一个城市地标所凝聚的民众的地方认同，让我们对黄鹤楼文化有了比较深入全面的了解。① 邵荣霞的《黄鹤楼文化的审美特质》从雄壮之美、沧桑之感、悲愁之美三个角度探讨了黄鹤楼作为江南名楼所具有的独特的审美内涵。② 姚伟钧的《黄鹤楼的传说及其非物质文化遗产价值》主张沿着黄鹤楼的传说，去突出黄鹤楼高大、雄伟、秀丽的特点，挖掘出黄鹤楼文化中的友情、爱国、言志等内涵。③ 王兆鹏等的《宋前黄鹤楼兴废考》则论述了黄鹤楼从南北朝至南宋的兴废情况，以及在此过程中的文人诗文创作活动。④ 最后，任宗权的《曾经沧桑黄鹤楼》则对黄鹤楼的名目、诗文、传说、道家文化等作了简单的陈述与介绍。⑤

此外，值得一说的还有一篇陈益源和凌欣欣的《清同治年间越南使节的黄鹤楼诗文》，他们在文中着重研究了清同治年间两次出使中国的越南使节所写的黄鹤楼诗文，比较了出现在“他者”笔下的黄鹤楼跟中国传统文人笔下的黄鹤楼的不同之处，从而来看当时黄鹤楼周边环境的变化，并以此见证近代中国的历史巨变。他们认为在越南使节的黄鹤楼诗文中能看到西方世界对古老中国的影响和入侵，而这些是在传统的“黄鹤楼诗歌”中所看不到的。这篇论文在黄鹤楼诗文整理方面可谓独辟

---

① 梅莉：《军事哨楼 宴游场所 城市地标——黄鹤楼历史文化意蕴探寻》，《华中师范大学学报》2014 年第 6 期。

② 邵荣霞：《黄鹤楼文化的审美特质》，《长江论坛》1998 年第 2 期。

③ 姚伟钧：《黄鹤楼的传说及其非物质文化遗产价值》，《武汉文博》2011 年第 4 期。

④ 王兆鹏：《宋前黄鹤楼兴废考》，《江汉论坛》2013 年第 1 期。

⑤ 任宗权：《曾经沧桑黄鹤楼》，《中国道教》2001 年第 5 期。

蹊径。①

三、“黄鹤楼诗歌”的研究

从目前已有的研究成果来看，对“黄鹤楼诗歌”的研究主要集中在对个别诗人的个别作品的鉴赏和分析上，做整体性研究的成果相对较少。在诗方面，崔颢和李白的黄鹤楼诗受到关注最多；在词方面，岳飞和毛泽东的黄鹤楼词则较受关注。

1. 崔、李诗研究

在诗歌研究方面，崔颢的《黄鹤楼》和李白的《黄鹤楼送孟浩然之广陵》是研究重点。当然，也有对王维、王十朋、黄庭坚、张居正、黄遵宪等人的“黄鹤楼诗歌”的研究，但成果极少。

(1)崔颢诗

崔颢的《黄鹤楼》一诗历来备受赞誉，严羽就有“唐人七言律诗，当以崔颢黄鹤楼为第一”②之誉，因而谈及“黄鹤楼诗歌”的研究就避不开崔颢的这首《黄鹤楼》了。当然，现在看来，对崔颢《黄鹤楼》诗的研究也成为了“黄鹤楼诗歌”研究的重点，主要包括对其主题的探寻、对其音律的考察、对其各个版本用字不同的辨析以及对其接受史的探源。

在主题探寻方面，主要有刘元峰的《〈黄鹤楼〉解疑》，他在文中对《黄鹤楼》尾联“日暮乡关何处是，烟波江上使人愁”做了深入的考察，认为该诗的主题并不是抒发思乡之情，而是抒发一种不知生命的最终归宿

---

① 陈益源，凌欣欣：《清同治年间越南使节的黄鹤楼诗文》，《长江学术》2011年第4期。

② 严羽著，郭绍虞校释：《沧浪诗话校释》，人民文学出版社2005年版，第197页。

何在的感慨，这个主题显然比思乡之情更具普遍意义，这也正是此诗之所以高妙超群、备受赞誉的原因。① 姚有道的《崔颢〈黄鹤楼〉的精神内涵》则是在论述前人观点的基础上，认为此诗的精神内涵应是勘破世事，深感世事不可为，而试图追仙慕道，逃避现实，而并不是思乡怀古。②刘红霞的《结合意象的蕴含，探究诗歌的主题——〈黄鹤楼〉的主题探究例论》则认为此诗是诗人对传统登高意象所含有的思乡意蕴的一次创造性的拓展，此诗不再是一首简单的怀乡之作，而是诗人对人生归宿的一次叩问，对精神家园的一次怀想。③

在音律考察方面，主要有张亦伟的《诗联的借声合律——兼谈崔颢〈黄鹤楼〉的格律》，他先分析了律诗中存在的“借声合律”的现象，即“凡一字平仄两声者，必要时可用其中一义合其诗联义，却用另一义之声合其平仄”，并以此反驳了前人认为《黄鹤楼》前半首是古风格调，后半首才是律诗的观点，认为此诗是“一首首联拗救句式，平起首句不入韵的七言律诗，中规中矩，既无失粘也无失对之处”④。观点新颖，论说充分。此外，还有陈植锷的《崔颢〈黄鹤楼〉和唐人七律》，他在文中详细介绍了前人关于《黄鹤楼》是否合律的争论，并且认为崔颢在追求声律完美和锤炼诗歌意境的矛盾中，更倾向于选择了后者，但这并不妨碍《黄鹤楼》属于七律。⑤

在接受史的探源方面，主要有张伟的《崔颢〈黄鹤楼〉之接受史及其诗法意义》，此文先是论述崔颢《黄鹤楼》诗对后世诗人创作以及文论家

① 刘元峰：《〈黄鹤楼〉解疑》，《名作欣赏》1994 年第 1 期。

② 姚有道：《崔颢〈黄鹤楼〉的精神内涵》，《扬州教育学院学报》2003 年第 4 期。

③ 刘红霞：《结合意象的蕴涵，探究诗歌的主题——〈黄鹤楼〉的主题探究例论》，《文教资料》2009 年第 29 期。

④ 张亦伟：《诗联的借声合律——兼谈崔颢〈黄鹤楼〉的格律》，《古典文学知识》2010 年第 4 期。

⑤ 陈植锷：《崔颢〈黄鹤楼〉和唐人七律》，《天津师范学院学报》1979 年第 2 期。

批评的影响，进而揭示其在艺术构思以及诗歌体裁方面所具有的价值。① 帅杨的《略论崔颢〈黄鹤楼〉的接受与传播》虽然着重论述了《黄鹤楼》是古体还是七律、是否是七律第一以及其与李白《凤凰台》的比较这三个问题，但其目的是通过对这三个问题的探讨来理清《黄鹤楼》在历代的接受和传播问题。②

在对《黄鹤楼》诗的接受史的研究中，崔李诗优劣的评判得到很多研究者关注。与此相关的论文有陈文忠的《从“影响的焦虑”到“批评的焦虑”——〈黄鹤楼〉〈凤凰台〉接受史比较研究》。此文分别从《黄鹤楼》和“影响的焦虑”“崔颢体”的美学阐释以及“优劣论”与“批评的焦虑”这三个方面厘清了《黄鹤楼》与《凤凰台》之关系，并认为批评者应具备“审美的宽容”，以平等的眼光评价一切艺术。③ 此外沈文凡和彭伟的《〈黄鹤楼〉诗的接受——以崔、李竞诗为中心》持有的观点与陈文忠的颇为相似，以上两篇论文总体上均持崔胜于李之说。④ 当然亦有李优于崔的观点，施蛰存《黄鹤楼与凤凰台》⑤、易接道和甘久生的《崔颢“黄鹤楼”诗与李白“凤凰台”诗比较谈》⑥、张孟麟的《李白〈登金陵凤凰台〉和崔颢〈黄鹤楼〉诗的优劣》⑦、郭启宏的《模仿与超越——〈黄鹤楼〉〈凤凰台〉

① 张伟：《崔颢〈黄鹤楼〉之接受史及其诗法意义》，《当代小说》2009 年第 2 期。

② 帅杨：《略论崔颢〈黄鹤楼〉的接受与传播》，《金田》2013 年第 3 期。

③ 陈文忠：《从“影响的焦虑”到“批评的焦虑”——〈黄鹤楼〉〈凤凰台〉接受史比较研究》，《安徽师范大学学报》2007 年第 5 期。

④ 沈文凡，彭伟：《〈黄鹤楼〉诗的接受——以崔、李竞诗为中心》，《燕赵学术》2009 年第 1 期。

⑤ 施蛰存：《黄鹤楼与凤凰台》，《名作欣赏》1985 年第 1 期。

⑥ 易接道，甘久生：《崔颢“黄鹤楼”诗与李白“凤凰台”诗比较谈》，《南昌大学学报》1990 年第 1 期。

⑦ 张孟麟：《李白〈登金陵凤凰台〉和崔颢〈黄鹤楼〉诗的优劣》，《名作欣赏》1996 年第 3 期。

诸诗钩沉》①以及沙元伟的《评崔颢〈黄鹤楼〉和李白〈凤凰台〉》②皆如此，认为无论是在整体的高下还是文本的优劣方面，李诗均优于崔诗。还有认为崔李旗鼓相当、不分高下的，如杨有山的《同中有异 各擅胜景——崔颢〈黄鹤楼〉与李白〈登金陵凤凰台〉诗比较》③等。

此外，还有一些文章对以上研究方向均有所涉及，如邵湘泉《崔颢〈黄鹤楼〉诗漫议》④、陈增杰《崔颢〈黄鹤楼〉诗述评》⑤和《崔颢〈黄鹤楼〉诗四题》⑥、孙桂平《崔颢〈黄鹤楼〉诗解要诠》⑦等，对《黄鹤楼》诗的主题、音律、用字、接受史等问题也有简单的阐发。

(2)李白诗

李白关于黄鹤楼的诗歌不止一首，但研究者大多着眼于他的《黄鹤楼送孟浩然之广陵》，主要涉及以下两个方面。

在内容主题方面，有胡国瑞《李白〈黄鹤楼送孟浩然之广陵〉赏析》、殷书伦《气象宏阔 情韵悠长——赏读李白〈黄鹤楼送孟浩然之广陵〉》这样寻常的赏析之作。也有王达津《黄鹤楼送孟浩然之广陵一解》和温洪隆《〈黄鹤楼送孟浩然之广陵〉新解献疑》这样的相互质疑批驳之作，前者认为李白这首诗实则写的是孟浩然回望故人和黄鹤楼，而不是李白在黄鹤楼目送故人远去，而后者针对这一观点提出了五点质疑。⑧ 此外，左汉

---

① 郭启宏：《模仿与超越——〈黄鹤楼〉〈凤凰台〉诸诗钩沉》，《中国戏剧》1997 年第 8 期。

② 沙元伟：《评崔颢〈黄鹤楼〉和李白〈凤凰台〉》，《文学遗产》2001 年第 2 期。

③ 杨有山：《同中有异 各擅胜景——崔颢〈黄鹤楼〉与李白〈登金陵凤凰台〉诗比较》，《名作欣赏》2005 年第 11 期。

④ 邵湘泉：《崔颢〈黄鹤楼〉诗漫议》，《武汉教育学院学报》1994 年第 4 期。

⑤ 陈增杰：《崔颢〈黄鹤楼〉诗述评》，《古籍整理研究学刊》1995 年第 1 期。

⑥ 陈增杰：《崔颢〈黄鹤楼〉诗四题》，《温州大学学报》2007 年第 3 期。

⑦ 孙桂平：《崔颢〈黄鹤楼〉诗解要诠》，《集美大学学报》2009 年第 2 期。

⑧ 温洪隆：《〈黄鹤楼送孟浩然之广陵〉新解献疑》，《华中师范学院学报》1984 年第 3 期。

林《李白〈黄鹤楼送孟浩然之广陵〉新意》认为李白的这首诗是以飞升成仙、富贵风流称赞孟浩然，其情感基调是积极开朗的，并不是一般所讲的充满着离别的万般愁绪。① 阮堂明《始于蹈袭而终于超越——李白〈黄鹤楼送孟浩然之广陵〉重读》认为李白的这首诗是他从自己所作的乐府诗《江夏行》借鉴过来的，是一首蹈袭之作，但是同时这首诗无论在情感内容还是艺术表现力方面都超越了《江夏行》。②

2. 岳、毛词

有关黄鹤楼词作的研究成果并不多见，在现有的几篇论文中，研究者关注的多是岳飞的《满江红 · 登黄鹤楼有感》和毛泽东的《菩萨蛮 · 黄鹤楼》。

关于岳飞的《满江红 · 登黄鹤楼有感》，熊刚的《浅析岳飞词〈满江红 · 登黄鹤楼有感〉》、赵新民的《鲜明的对比，高大的形象——〈满江红 · 登黄鹤楼有感〉赏析》均是就其思想内涵、艺术效果所作的简单浅显的赏析之作，研究并不深入。

关于毛泽东的《菩萨蛮 · 黄鹤楼》，张永健《器大者声必闳，志高者意必远——读毛泽东诗词〈菩萨蛮 · 黄鹤楼〉、〈水调歌头 · 游泳〉》③和王香平《一个场景，两个转折，两种心境——从〈菩萨蛮 · 黄鹤楼〉到〈水调歌头 · 游泳〉管窥毛泽东心路之变轨》④就毛泽东这首词的创作背景、内容主题等方面入手展开论述，不约而同地关注到了这首词所具有的社

① 左汉林：《李白〈黄鹤楼送孟浩然之广陵〉新意》，《宁夏大学学报》2006 年第 1 期。

② 阮堂明：《始于蹈袭而终于超越——李白〈黄鹤楼送孟浩然之广陵〉重读》，《名作欣赏》2007 年第 3 期。

③ 张永健：《器大者声必闳，志高者意必远——读毛泽东诗词〈菩萨蛮 · 黄鹤楼〉、〈水调歌头 · 游泳〉》，《菏泽学院学报》2009 年第 6 期。

④ 王香平：《一个场景，两个转折，两种心境——从〈菩萨蛮 · 黄鹤楼〉到〈水调歌头 · 游泳〉管窥毛泽东心路之变轨》，《党史博览》2009 年第 11 期。

会历史作用。

此外，马茂元的《毛主席诗词解析(两首)》则侧重从艺术审美角度对《菩萨蛮·黄鹤楼》作详细的解析①，而倪墨炎的《反对文学研究中脱离政治厚古薄今的倾向——评马茂元先生的〈毛主席诗词解析(两首)〉》②以及当时学习小组的《关于〈沁园春·长沙〉与〈菩萨蛮·黄鹤楼〉——与马茂元老师商榷》③都认为比起艺术审美价值，我们更应该关注毛泽东词的社会历史价值。

从上述“黄鹤楼诗歌”研究介绍来看，目前“黄鹤楼诗歌”的整理与研究虽然已取得一定成果，但整体上看整理质量要高于研究质量，对“黄鹤楼诗歌”的整体研究明显不够全面和深入，尤其对“黄鹤楼诗歌”的文化内蕴缺乏深入挖掘，这是今后“黄鹤楼诗歌”研究中应着力发展的一个方向。

① 马茂元:《毛主席诗词解析(两首)》,《上海师范大学学报》1960年第1期。

② 倪墨炎:《反对文学研究中脱离政治厚古薄今的倾向——评马茂元先生的〈毛主席诗词解析(两首)〉》,《上海师范大学学报》1960年第2期。

③ 学习小组:《关于〈沁园春·长沙〉与〈菩萨蛮·黄鹤楼〉——与马茂元老师商榷》,《华东师范大学学报》1960年第2期。

从儒道哲学基本观点看文艺作品内容和形式的关系

杨 波

（郧阳师范高等专科学校中文系）

摘 要： 傅佩荣对儒道哲学基本观点的解读颇具启发性。儒家的“道”指人类所应遵循的正路，道家的“道”指宇宙万物的总根源，前者执着于现实人生，后者超越至天地宇宙的层面。文艺作品形式和内容的关系大体包括三种范式：内容决定形式，内容与形式并重，首重形式。以儒道哲学的眼光来看，前两种范式大体对应儒家的观点，在美的前提下更重真与善；第三种范式对应道家的观点，更重视美，高超的艺术技巧是“道”的最佳体现，对着力进行风格与形式创造的文艺作品应予充分肯定。

关键词： 道 内容 形式 技巧 美

对文学理论中一些关键概念的辨析还是要从哲学角度展开，从更高层面理解这些概念才能进一步把握其内涵，理清概念之间的关系。

最近接触了台湾大学哲学教授傅佩荣先生对传统儒道经典的创造性阐释，颇受启发。在系统研究儒道哲学的基础上，傅佩荣对一些核心观点与基本概念做出了系统而一贯的界定，我感觉是比较中肯而准确的。

如“道”。“道”是传统哲学乃至整个文化最为重要的概念，儒家所谓“道”与道家有根本的不同。儒家的“道”指的是全体人类所应遵循的正道，道家的“道”指的是宇宙的总根源，可拟人化地说成“造物者”。儒家除“道”外，还有两个重要概念是“仁”和“义”，后二者是由前者生发出来的。“仁”指的是个人应该走的道路，“义”者宜也，也就是在具体情况下做出合适的选择，做正确的事。傅佩荣说儒家是人文主义者，只关注人类社会的事情，而道家则超越了人类社会的层面，关注整个宇宙的变化及其规律。《老子》第五章说：“天地不仁，以万物为刍狗。大人不仁，以百姓为刍狗。”这里也出现了“仁”的概念，而意义与儒家的“仁”有很大差别，指的是“偏私”。也就是说，天地以同样的态度对待万事万物，并不特别关心人类，统治者以同样态度对待所有人，并不特别关心某些人。如果将这一章的“仁”理解为儒家的“仁”，就会误解为老子对天地与大人“无情”的批判。

道家的“道”与柏拉图所提出的“理念”概念有些类似，都涉及宇宙最后的本质。不过，道家的“道”只有一个，生出万物而体现于万物，柏拉图则在作为总根源的“理念”之外又分出无数的“理念”，每一类事物均有相应的理念，如床有床的理念，树有树的理念等。

了解了傅佩荣的以上观念后，对我们认识某些文艺理论概念的内涵及它们之间的关系会有所帮助。在这里我要谈的是“形式”和“内容”这一对概念。开始学习文艺理论以来，这两个概念的内涵为何及其相互关系怎样是长期困扰我的一个问题。

“形式”和“内容”是文艺理论的一对基本范畴，对许多研究者来说可能并不构成问题。我们对它们的认识似乎已经非常清楚了，但我感觉事情没那么简单。

按照通行的说法，“形式”和“内容”是对文艺作品层面的基本划分。

具体到文学作品，形式主要指语言、结构、体裁、技巧等，内容主要指题材、主题、人物、情节等。对文艺作品进行层面划分基于一个假设，也就是一个完整的作品可被划分为若干层面或层级。这种假设基于我们谈论事物的基本方式——既要综合也要分析，既要做总体概括，也要做局部说明。因此在总体观照之余要将对象切割为若干部分。另外，语言是在时间中展开的，我们在言说的时候不能总是停留于事物整体，还要将对象细分为若干方面，才便于逐步展开，对其作更详细的说明。

早期的中外文论史均不乏这种两分法的尝试，如《论语·雍也》中关于君子修养的话题（“文质彬彬”，意思是质朴和文采适当搭配）后被引申为对文艺作品内容和形式关系的探讨；柏拉图在《理想国》中谈史诗和悲剧创作时就提出“讲什么”和“怎么讲”的问题，更接近我们现在所谈的内容和形式的关系问题。

为了消除误解，人们还给出了一些补充说明。如，内容和形式本为一体，这种划分不过是权宜之计，是相对的。即便如此，随着对文艺问题研究的不断深入，我们渐渐感觉这种划分还是太过粗略。

波兰现象学美学家英伽登对文艺作品结构层次划分的理论被认为是一个重要进展。他将作品划分为四个层面：字音与高一级的语音组合、意义单元、多重图示化方面及其方面连续体、再现客体。这四个层面“异质独立又彼此依存”，也是一种相对区分，不同层级之间密切联系。此外，伟大作品还包含“形而上质”的层次。①

一本通行教材在梳理了中外文论史上对作品层面划分的若干理论后，提出将文学作品的文本层次划分为文学言语层面、文学形象层面、文学

① 朱立元：《当代西方文艺理论》（第2版），华东师范大学出版社2005年版，第134-137页。

意蕴层面。① 这种处理通俗而简明，其他同类教材或专著的划分与此接近。截至目前，似乎对文艺作品层次划分的问题得到了较好的解决。但对形式与内容这两个概念及其相互关系的思考仍然未能从我脑中根除。

在其他很多地方，如一些文学史或文学作品鉴赏类教材中仍可明显看到形式内容两分的痕迹，很多时候，形式和内容的概念为“艺术成就”与“思想内容”的概念所取代。我们一般地谈论某部作品时，也大体从形式和内容两方面着手。也就是说，“形式”和“内容”的概念仍然是我们谈论文艺问题的基本理论资源。这两个概念并没有死，它们仍有运用空间，仍然值得持续思考与探讨。奥地利哲学家维特根斯坦曾指出：“一个词语的意义就是其在语言中的用法。”②

既然我们仍在普遍使用“形式”和“内容”这两个概念，也就是说它们在具体语境中仍有意义，它们的价值并未被彻底摒弃，我们还是可立足于它们的基本意思予以灵活运用。通行文学理论对其内涵的界定大体是清楚的。我想多花点精力讨论两者的关系问题。

先引用代表主导意识形态的观点。“文艺作品的内容和形式的关系，是辩证统一的关系，二者相互依存又相互制约。”内容和形式不能彼此割裂，然二者的地位和作用是不同的，内容决定形式，形式处于从属的位置，当然，形式也并非纯然消极、被动的因素，完美的艺术形式有利于内容的表现，可增强欣赏效果。文艺批评的最高标准是“革命的政治内容和尽可能完美的艺术形式的统一”。艺术史中常见“艺术形式尚好而思想内容反动”③的情况。这是被普遍接受的观念，简单地说便是“内容决

① 童庆炳：《文学理论教程》，高等教育出版社 2005 年版，第 200-208 页。

② 维特根斯坦著，韩林合译：《哲学研究》，商务印书馆 2013 年版，第 39 页。

③ 陆贵山、周忠厚：《马克思主义文艺论著选讲》，中国人民大学出版社 2011 年版，第 391 页。

定形式”。

第二种观点可能是内容与形式并重，与上面所讲内容正确、形式完美的情况较为接近，当然更为常见的现象是，许多艺术杰作的内容深刻但不一定正确(与最为先进的政治理念、普遍认同的道德观念相比)，在形式与风格方面却富于创造。

第三种可能就是重形式、轻内容，被许多人贬斥为形式主义的作品便属此类。

我们总是渴求完美，面对艺术时总希望作品能做到真善美合一，当然，这符合人类的总体追求。但我们还是应该注意到，尽管真善美在一定层面是相通的，但毕竟分属不同活动领域的价值评判。简单地说，科学与哲学等求真，道德与人们的功利实践求善，艺术求美(自然、社会、科技等领域也可体现对美的追求)。大体上，艺术作品在形式方面的创造与美的追求更为切近。美的来源主要出自形式方面。美学与文艺理论史上持这种观点的理论家不在少数。当然，在艺术实践的过程中，在着力求美的前提下，人们往往也会兼顾真善的考虑。举一个粗野的例子，不同的色情文艺作品艺术水平不同，有的制作精良，颇具美感，但因为明显冲犯了善的原则，所以人们会断然否定其价值，不予置评。在古代文学作品中，《金瓶梅》的艺术水准极高，全面而生动地描摹了明朝特殊历史阶段的世风人情，对人性作了深入刻画，也不乏劝善惩恶的道德教诲，但因其较为直露的、较长篇幅的性描写，人们有所忌讳，所以往往只提四大名著，而有意忽略这本书。

真和善在很多时候的确是美的来源，但美的世界可圆满自足。康德曾将美划分为两大类：纯粹美和依存美。前者主要指抽象的形式美，后者是与真善关联的美。英国美学家克莱夫·贝尔提出“有意味的形式”这一美的定义主要基于对美术作品的分析。所谓“意味”可理解为我们现在常说的“审美意蕴”。艺术作品的一个本质特征是多义性，其意蕴有些可归结为真和善的内容，有些很难言说，大体包含抽象美和形而上质。

作了一番粗略的引申后，还是回到上面的议题。在艺术作品内容和形式关系的三种范式中，第三种主要指向美，第一种主要指向真善，第二种则三者兼而有之。不能因为第一种和第二种而否定第三种范式。“艺术形式尚好而思想内容反动”的情况的确出现过，对这类作品确实应保持警惕，明确予以批判。而思想内容平平，形式创造卓越的例证也大量存在，这些作品并不违背美的规定。举两个例子。列宁指出，列夫·托尔斯泰的思想后来接近封建宗法制农民的状态，但《安娜·卡列尼娜》还是被公认为文学杰作。张爱玲大量作品的思想倾向是虚无主义，但不妨碍其艺术水准。因为他们的创造主要指向美，所以内容方面的缺点并不构成严重的影响。

内容和形式本来就存在相互转化的关系，形式包含内容的因素，内容无不已被形式化。当一个作品的主要看点在于形式方面，我们说，它的形式就是内容。

联系本文开头介绍的傅佩荣对儒道哲学的基本看法，对内容与形式关系的三种范式可以这样来理解：第一、二种靠近儒家，这样的作品比较执着于现实人生，所以往往将艺术创作视为一般社会实践的组成部分，在求真、善(求真的主要目标就在于善)之余才考虑到美的创造，持这种观点的人很容易将艺术视为改进社会人生的工具；第三种靠近道家，超越了人类社会的层面，着力以美的创造来体现“道”(造物者)之伟大。有人说道家思想与美学更能沟通指的就是这个意思。

一些形式主义者比较注重对艺术技巧的探讨也是基于这个原因。时至今日还有人将文艺创作过程类比为烹饪便不难理解。中国古代有“由技进道”的说法，并非因为追求“道”而否定技艺，而是因为高超达到炉火纯青境界的技巧本身就最好地体现了“道”。“道”无所不在，无所不能，卓越的技艺仿佛“道”的化身，是“道”的最佳体现。而技巧正是艺术形式的重要成分。

按照道家的理解，人类的社会实践活动关注的往往是相对的、有限的价值，很难做出是非判断。因此，面对同一作品，不同人给出不同解释，观点完全相反的情况屡见不鲜。因此，关于作品内容的知识往往不太可靠，而关于形式的知识则较容易作实在的把握，许多西方理论家正是基于对形式的充分研究而将文学理论视作一种科学。

不少学者已经认识到形式的重要性，但在论述的时候往往语焉不详，没能坚持自己的看法。因此，有必要重申我们的观点。以上三种范式都有其存在的理由，一个文艺作品只要在形式或内容的某一方面有所发明、有所创建都值得欣赏与肯定。不能因第一、二种作品而否定第三种作品，在当下环境中还应着力提倡第三种作品，因为文艺领域自主性的观念对于我们来说仍然比较稀缺。有了儒道哲学的眼光，我们应更为重视这第三种范式，一个作品违反了真与善的旨归，只要未触犯其基本原则，只要它的确是美的，我们就要大大方方地予以肯定。

中国哲学对人生境界问题的探讨可作为补充论据。“冯友兰认为，人生境界的学说是中国传统哲学中最有价值的内容。”①他将人生境界由低到高概括为四个层次：自然境界、功利境界、道德境界、天地境界。按照我的理解，这四个层次可分为两大类，前三者可并入“功利境界”，与儒家的世界观相关联，第二类便是最高一层“天地境界”，与道家的世界观相关联，是一种超越性的境界。达此境界意味着对“道”的体悟，眼光不必局限于人类生活的范围，认识到我们和“道”是一体的，全人类的

① 叶朗：《美学原理》，北京大学出版社2009年版，第430页。

存在与作为不过是“道”的部分体现，因此，不必过于拘泥于人世间真假善恶的判断。天地境界与审美的境界相通，或就是一种审美的境界。因此美在许多时候可以超越真善的追求，形式的价值高于内容便成为了可能。

儒家重视人类社会，反映在艺术创作上，自然更重内容，重真善；道家的眼光拓展到宇宙层面，反映在艺术创造上，必忽略对有限真善的判断，会更重形式，重技巧，一个作品仿佛是“道”的产物，仿佛天然的存在，才符合其旨趣。傅佩荣将道家哲学的精髓提炼为“究竟真实”，也就是说道家主要求真，只不过他们所追逐的真非停留于人类社会的层面，而是作为最终解释与心灵支撑的“道”。

中国现代文艺中的“小资文化”话语变迁

李　展　孙一鸣
（武汉纺织大学传媒学院）

摘　要：小资文化是二十世纪中国政治与文化思想史上的一个常见词，在不同的历史时期其内涵都在演变。在战争革命时期，其主要作为划分阶级群体的手段；在延安座谈会讲话和社会主义革命时期，其主要指称知识分子群体；而在改革以后，则往往成为都市现代时尚的代名词了。

关键词：小资文化　战争时期　社会主义革命　改革开放

“小资”（小资产阶级），是20世纪中国政治与文化思想史上的一个常见词。在动荡的战争与革命岁月，它曾经是革命的重要力量；到了社会主义革命时期，它又与资产阶级一起成为革命的对象；而在改革开放的新时期里，它又成为了一个与都市青年、现代时尚、浪漫情调紧密联系在一起的词。“小资”的命运起伏，成为中国政治动荡、文化思潮多变的一个缩影。

一、作为“阶级”群体划分的小资产阶级

西方，“小资产阶级”这个概念的出现，传播以及价值意义的批判

主要与马克思、列宁等革命导师及后来马克思主义者的论述有关，他们也基本奠定了中国的政治家、美学家、文艺理论家对于小资产阶级的政治、经济以及文化上的身份、地位及特征的认知。从词源学角度看“小资产阶级”这个概念，它是一个拥有少量资产的社会阶级的社会学概念。

在《共产党宣言》中，马克思这样写道：“在现代文明已经发展的国家里，形成了一个新的小资产阶级，它摇摆于无产阶级和资产阶级之间，并且作为资产阶级社会的补充部分不断地重新组成。但是，这一阶级的成员经常被竞争抛到无产阶级队伍里去，而且，随着大工业的发展，他们甚至觉察到，他们很快就会完全失去他们作为现代社会中一个独立部分的地位，在商业、工业和农业中很快就会被监工和雇员所代替。”①从这段论述上看，马克思将小资产阶级从经济角度以生产资料的占有情况来对社会人群进行划分。他认为小资产阶级在生产关系中的地位和处境是“小私有者”，只是占有“很少”的生产资料的一群人，它的存在与“资产阶级”“无产阶级”等紧密联系在一起。但是小资产阶级在经济或生产关系上很难拥有自我独立的根基，连自己的经济处境都难以稳定，好比一大群无法定位的动荡游魂簇拥在一起。并且其形象也不够清晰，身份、立场、态度总是处于边缘、模糊、暧昧的状态。

小资产阶级在政治上摇摆不定、软弱和不彻底，并带有不切实际，诸如天马行空的想法、多愁善感、温情脉脉、感伤忧郁和无病呻吟等特质。这种特质使小资产阶级在历史长河中受到很多批判。

与马克思不同的是，列宁真正参与到了历史实际革命工作的进程中，他在进行了具体的激烈复杂的斗争后，才使小资产阶级引起了社会主义

① 中共中央党校教务部编：《马列著作选编》，中共中央党校出版社 2002 年版，第 77-78 页。

革命和建设的重视。他一方面将小资产阶级做了更明确的界定，另一方面，他借助小资产阶级的理论解决了一系列关于社会主义革命和建设的重大理论问题和现实政策问题。他将小资产阶级作为一个符号解决行动和实践问题。在《小资产阶级社会主义和无产阶级社会主义》一文中，列宁写道：

> 以马克思主义学说为基础的无产阶级社会主义的这个完全的统治，并不是一下子就巩固起来的，而只是在同各种落后的学说如小资产阶级社会主义、无政府主义等做了长期斗争后，才巩固起来的。大约30年以前，马克思主义就是在德国也还没有取得政治地位，当时在德国占优势的，老实说，是介于小资产阶级社会主义和无产阶级社会主义之间的过渡的、混合的、折中的见解。而在罗马语国家，如法国，西班牙，比利时，在先进工人中最流行的学说是蒲鲁东主义、布朗基主义、无政府主义，这些学说所反映的显然是小资产者的观点而不是无产者的观点。①

在上述引用的马克思和列宁关于小资产阶级的经典论述中，已经呈现出中国对于小资产阶级的前接受语境。

1925年12月1日，毛泽东发表了《中国社会各阶级的分析》一文，从文中可以清晰地发现，中国革命者已经把马列主义的社会阶级划分方法运用在了自己身上。毛泽东的观点无疑是最有说服力的，所以这篇文章基本奠定了中国关于小资产阶级最主流的学说。迄今为止，它仍然是关于中国小资产阶级最权威的理论观点。

① 列宁：《列宁全集》第12卷，人民出版社1987年版，第37页。

毛泽东认为：

> 无论哪一个国内，天造地设，都有三等人，上等、中等、下等。详细点分析则有五等：大资产阶级、中产阶级、小资产阶级、半无产阶级、无产阶级。拿农村来说：大地主是大资产阶级，小地主是中产阶级，自耕农是小资产阶级，半自耕农佃农是半无产阶级，雇农是无产阶级。拿都市说：大银行大商人大工业主是大资产阶级，钱庄主中等商人小工厂主是中产阶级，小商人手工业主是小资产阶级，店员小贩手工业工人是半无产阶级，产业工人苦力是无产阶级。五种人各有不同的经济地位，各有不同的阶级性。因此对于现代的革命，乃发生反革命、半反革命、对革命守中立、参加革命和为革命主力军之种种不同的态度。①

毋庸置疑，毛泽东是用心地描述了小资产阶级的概念，此时的小资产阶级是一个比较单纯的政治学、经济学的概念，包含的成分也比较复杂，至少含有自耕农、小商人和手工业主三类人。

从1925年以后，在中国革命的每个阶段，毛泽东都对小资产阶级有了很明确的论述，只是时间不同，论述的重心却也不尽相同，但是却对小资产阶级内容的阐释越来越丰富。

在《中国革命和中国共产党》中，毛泽东将小资产阶级的划分为：广大的知识分子、小商人、手工业者和自由职业者。他认为小资产阶级是无产阶级的同盟军，更是革命的重要动力，要想革命取得胜利，就必须在各种不同的情况下让所有可能成为革命统一战线的阶级和阶

① 中国国民党中央执行委员会农民部印行：《中国农民》，1926年第2期。

层团结起来。他提出：“中国现阶段的革命所要造成的民主共和国，一定要是一个工人、农民和其他小资产阶级在其中占一定地位起一定作用的民主共和国。”①这里可以看出，即使在新中国成立以前，毛泽东也没有把社会上对小资产阶级的批判作为主要矛盾，他同样重视小资产阶级在革命同盟军中的地位。同时，毛泽东也特别指出，作为小资产阶级的知识分子和青年学生，在饱受压迫和威胁之下，同样具有很大的革命性。但是作为小资产阶级的知识分子却有很多问题，因为知识分子有“主观主义”“个人主义”“空虚”“动摇”的毛病，他们对于革命会有动摇性，所以他们必须接受改造，这对于后来的中国文学产生了很深刻的影响。

二、作为“知识分子”的小资产阶级

“五四”新文化运动以来，知识分子一直作为民众的先觉者与社会革命的先导而站在时代前列，同时也是文学描写的核心对象。知识分子作为文化启蒙者的身份问题，一直持续到 1942 年以前；从 1942 年以后，知识分子渐渐在革命中从一种启蒙者的身份变为被启蒙，被改造的角色。

在 1942 年的《在延安文艺座谈会上的讲话》中，小资产阶级被指为“城市小资产阶级劳动群众和知识分子”，依据“讲话”中的内容，更进一步限定了小资产阶级的知识分子身份。那么从“讲话”开始，“小资产阶级”已经与知识分子问题相同了。

“小资产阶级”已然演变成为知识分子，这也意味着知识分子作为

① 毛泽东：《毛泽东选集》第 2 卷，人民出版社 1991 年版，第 649 页。

小资产阶级，因其立场不坚定，并且缺乏阶级独立意识，导致其自身带有软弱、幼稚的特性，成为介于无产阶级和资产阶级中间的阶级。“小资产阶级最容易变，有时他神气十足。把胸膛一拍，‘老子天下第一’，有时就屁滚尿流。”①至于无政府主义、自由主义、极端民主化等等都成了这一阶层特有的”专利”。另外，“小资产阶级”被资产阶级的意识形态和文化影响甚深，甚至沾染上了资产阶级的“不好的特性”。譬如自我、个性、欲望，自由、解放以及与之对应的格调、品位、审美趣味。这些“不好”甚至颠覆了革命的政权，让革命文艺以及革命意识沾染上不干净的东西。《讲话》中甚至说道：“无产阶级是不能迁就你们的。依了你们，实际上就是依了大地主大资产阶级，就有亡国亡党的危险。”②

从那时起，“小资产阶级知识分子”的思想品德和审美趣味与政治立场已经联系在了一起，慢慢地演变成为一种大众对“小资产阶级”意识形态和“知识分子”塑形的空间和想象途径。

后来，毛泽东指出，“小资产阶级知识分子喜欢鼓吹人性，而他们所鼓吹的人性，是脱离人民大众的或者反对人民大众的，他们所谓的人性实质上不过是资产阶级的‘个人主义’，因此在小资产阶级眼中，无产阶级的人性不合于人性”③。然而，这些是小资产阶级的个人主义思想，他们的个人主义色彩极其强烈，只知道展现自我，不愿意去称颂为革命付出一切的人们，不愿意去激励正在为革命努力的人们的士气，所以，他们是脱离社会和大众的一个群体。面对这样的一种想象空间其实是在暗示，个人追求幸福的行为方式就是一种反社会的行为。

① 毛泽东：《毛泽东选集》第3卷，人民出版社1964年版，第308页。
② 毛泽东：《毛泽东选集》第3卷，人民出版社1964年版，第875-876页。
③ 毛泽东：《毛泽东选集》第3卷，人民出版社1964年版，第850页。

为此，毛泽东曾说过，小资产阶级是不够干净的，而为了拯救自己，小资产阶级“必须由一个阶级变到另外一个阶级”，“把自己的思想感情来一个变化，来一番改造。没有这个变化，没有这个改造，什么事情都是做不好的，都是格格格不入的”①。这体现了当时“小资产阶级知识分子”在革命性的标准比对下处于相对低等的地位。于是，小资产阶级知识分子在这个改造过程中逐渐迷失了自我。

在新中国建立以后，对待批判“小资产阶级”知识分子，以及改造小资产阶级来净化党这一仪式已经越演越烈，逐渐强化和扩张了知识分子作为小资产阶级的新的国家政治话语文化体系，以致形成了小资产阶级等同于知识分子的基本看法。

三、作为个人主义的小资产阶级话语

在“小资产阶级”话语当中，“个人主义”一直是关键词。“五四运动”之后，个人主义有了新的生存空间。所谓的“个人主义“，如果忽略掉理论性的解释，我们可以借助子君——鲁迅《伤逝》的主人公的一句话简单地将个人主义描述出来：我是我自己的。这句话清楚明了地告诉人们，个人主义的重要内容是自我个性解放。

但是，在中国革命和建设的过程中，个人主义被看成是小资产阶级的专利，却让人们为此谈之色变，因为“小我”是被看做微不足道的，理所应当地应该融入到“大我”中去。周扬说：“个人主义是资产阶级社会的产物，资产阶级很提倡个人主义。”②但是中国的共产主义与资本主义的这种“个人主义”是背道而驰的。所以，个人主义是当时的大敌，崇尚

① 毛泽东：《毛泽东选集》第3卷，人民出版社1964年版，第851-852页。

② 周扬：《周扬文集》第2卷，人民文学出版社1985年版，第376页。

个人，脱离集体，不走群众路线而沉溺于自身奋斗，是典型的小资产阶级特点，在当时是不被许可的。《再论无产阶级的党性与小资产阶级的派性》一文中就曾指出“以我为核心”。这句话清晰地说出了小资产阶级的本质。“以我为核心”的核心是“我”，正因为“我”，所以遮蔽了无产阶级的最高利益，他们看到的只有自己的利益。

姚文元说：“资产阶级极端个人主义哲学，像一棵毒草一样长在艾青的灵魂中。”个人主义已然成了社会主义初期的罪恶源头了，甚至说一个“我”也会被视为个人主义。不论是什么，都能和个人主义沾边。由此可见，个人主义深入人心，却是不符合时代话语的，是受到严重谴责的。

其实，个人主义除了被认为是只为自己争取利益而忘记集体利益是第一位以外，其典型的表现就是不能忽略人的感情、爱情和人性，以及个人的趣味，这些都是所谓的小资产阶级的情感。毛泽东曾经说过：“有些小资产阶级知识分子所鼓吹的人性，也是脱离人民大众或者反对人民大众的，他们的所谓人性实质上不过是资产阶级的个人主义。”①所以，在那个时期，人性、人情和个人趣味都被视同于小资产阶级的个人主义追求，是不健康的，是颓废的，更是一种具有“反动”性质的追求。所以说，为了顾全大局而牺牲自我，这才是那个时代所应有的集体思维。

让人欣慰的是，改革开放以来，“个人话语”获得了反思和发展。邓小平曾提出：“要绝对必须保证有个人创造性和个人爱好的广阔天地，有思想和幻想、形式和内容的广阔天地。”②这让人们延续上了五四文学

---

① 毛泽东：《毛泽东选集》第3卷，人民出版社1964年版，第870页。

② 中共中央文献研究室：《三中全会以来重要文献选编》，人民出版社1982年版，第247-248页。

的个人传统，人们又重新发现了自我的存在和价值。

在经过了岁月的洗礼后，“小资产阶级”并没有因为革命的飓风而销声匿迹，相反它已渐渐褪去了政治色彩，已然从一个尴尬时期驶向一个风平浪静的港湾，它已经脱胎换骨，在历史的长河中转化成为一种生命的态度和生活的方式。到了20世纪90年代末期，“小资”已经是集优雅、格调、品味于一身的浪漫生活的代表词。

虚无与怀旧——文学观念的退场

吴　飞

（湖北大学文学院）

摘　要： 在理论发展的影响下，处于逐渐退场中的西方现代文学观念有两种表现：虚无主义与怀旧主义。前者体现在文学终结论的出现与文学性的扩张两个方面，而后者则可以从重返经典或回归阅读的角度进行阐释。然而，文学观念的退场，并非意味着文学将会就此消亡，相反，本文认为，从西方现代文学观念的发展历程来看，文学的未来仍然存在着诸多可能性。

关键词： 虚无主义　怀旧主义　终结　文学性　经典　阅读

西方现代文学观念自口头传统与书写传统中获得了概念上的确定性，但伴随着理论自身的局限性，文学观念也随之发生变化。首先，文学经验事实的不确定性，使得界定文学变得十分困难，尤其是受解构主义理论影响，任何文学定义都可能被视为是理论建构的结果而遭到拆解。其次，理论自身的转向使得文学处于日益边缘化的境地，学术研究的重心也已经转向更为广泛的非文学领域。最后，由于新型物质载体，例如网络媒介的出现，以往承继文字书写传统而来的有关文学的理论言说，也似乎已经变得捉襟见肘。在这些因素的综合影响下，西方现代文学观念不可避免地走向了退场。

一、文学观念中的虚无主义

文学观念中的虚无主义，主要表现在文学终结论的出现与文学性的扩张两个方面。文学终结论否认有关文学的诸种建构理论，或者干脆认为文学已经消亡。而文学性的扩张，则意味着形式主义文论中的“文学性”概念被扩展至非文学的研究领域。例如有学者指出：“俄国形式主义者试图以语言变异的观点来定义文学性的尝试对于诗学理论来说是重要的，但是已经不能处理更多有关非虚构散文形式的复杂问题。”①事实上，自20世纪中期以来，许多曾经被排除在文学经典之外的非虚构类著作，例如传记、历史、哲学甚至批评类作品都被重新接纳为文学。

（一）文学的终结

早在20世纪30、40年代，学术界就存在有关文学行将终结或者消亡的论调。例如美国批评家马尔科姆·考利在其1934年出版的《流放者的归来——二十年代的文学流浪生涯》一书中，颇为无奈地说道：“文学已把全世界狼吞虎咽地吃掉了：由于缺乏营养，它正在逐渐死亡。”②

罗兰·巴尔特也在其后期理论中，从语言学的角度揭示出了文学正在走向死亡的危险境地。在他看来，文学是一种特定的语言，而语言又总是处于发展变化之中，它并不是永恒的，不可逆转的，因此，这才使得“文学作为能动力量，作为活生生神话，不是陷入了危机（过于廉价的

① Baldick，Chris：The Concise Oxford Dictionary of Literary Terms，Oxford University Press，2001，p. 142.

② 崔海峰：《由来已久的文学消亡论》，《文艺争鸣》，2010年第4期。

表达)，而是或许正在死亡”①。

不同于罗兰·巴尔特的文学危机观或者说文学死亡观，德里达在1989年发表的一篇名为《称作文学的奇怪建制》的访谈中，将文学视为“一种允许人们以任何方式讲述任何事情的建制”②。按照德里达的理解，文学在其自身历史性的惯例、规则、制度的基础上，获得存在的合法性。然而，正是由于这种存在的事实构成，暴露了文学内在本质的虚构性，因为对于文学而言，重要的不是它所指涉的客体对象，而是它被建构起来的一整套客观规则。例如在谈论文学的时候，人们需要一系列理论才能够准确地言说其特征或本质，其中包括文字的组织形式、著作所有权、个人署名、文学创作和审查制度、阅读行为的规则、作者的主体身份、文学与非文学的区分标准等。而所有这些有关文学的原则或规定是直到18、19世纪才在欧洲逐步建立和完善起来的。所以，德里达认为，文学根本上是一种年代较为晚近的历史性建制。虽然德里达把文学视为一种制度性的建构，并试图揭示出文学得以确立的合法性依据—— 一整套后天形成的原则，但事实上，他又消解了文学的内在本质。德里达曾经宣称：“不论在什么情况下都不存在文学的本质，不存在文学的真实，无所谓文学的存在或存在的文学。”③因此，在德里达看来，对于像“文学是什么”这样的问题是毫无意义的。同时他还认为，文学对于一切话语都是开放的。这就意味着并不存在如形式主义理论所谓的确定的文学性，也不存在先天就纯粹属于文学的文本，而只存在对文本的不同的解读

① [法]巴尔特著，李幼蒸译：《小说的准备》，中国人民大学出版社2010年版，第405页。

② [法]德里达著，赵兴国译：《文学行动》，中国社会科学出版社1998年版，第3页。

③ [法]德里达著，赵兴国译：《文学行动》，中国社会科学出版社1998年版，第113页。

方式。

美国学者希利斯·米勒也明确宣称："文学就要终结了。文学的末日就要到了。"①当然，值得注意的是，米勒所谓的"文学的末日"具体是指："技术变革以及随之而来的新媒体的发展，正使现代意义上的文学逐渐死亡。"②这里的新媒体，主要包括广播、电影、电视、录像以及互联网等新型传播媒介。具体而言，在米勒看来，印刷书籍以及报纸、杂志、各种期刊的出现，为西方现代文学观念的产生，以及文学的广泛传播奠定了重要的物质基础。同时，印刷书籍的普及使得通俗作品大量出现，并导致新式读者群体的产生。然而，随着新型传播媒介的兴起，这些因素不可避免地受到来自理论自身的质疑。按照米勒的解构主义理论来看，作家和作品的权威性都是理论建构的结果，因此根本不存在所谓的作者，而作品则是一个在印刷时代被制度化了的概念，所以，文学观念实质上取决于读者的阅读方式。米勒不仅揭示了印刷时代文学的诸种权威性，而且在此基础之上，他还指出新型传播媒介的出现必然会消解文学的权威性，从而最终导致传统意义上的文学的终结。

（二）文学性的扩张

如果说上述有关文学终结的各种理论，直接宣告了文学观念的退场的话，那么源自对俄国形式主义理论的关键概念——文学性的过度使用，则间接地收到了这一效果。因为文学终结论从文学事实存在的某个方面，如语言或物质载体所出现的新变化出发，进而断言文学行将消亡，而文学性的扩张则彻底消解了文学与非文学的边界，从而把一切都当作文学

① ［美］希利斯·米勒著，秦立彦译：《文学死了吗》，广西师范大学出版社2007年版，第7页。

② ［美］希利斯·米勒著，秦立彦译：《文学死了吗》，广西师范大学出版社2007年版，第16页。

问题来研究，这实质上是取消文学由来已久的区别意识，将其湮没于被认为具有普遍意义的文学性的事物之中。正如有的学者指出，“像新历史主义那样把一切历史叙述都视为文学性的产物，文学性扩散成为弥漫在文化空气中的味道，作为自成一体的文化形态的文学也就终结了”①。所以，从这个意义出发，文学性的扩张是文学观念中虚无主义的另一种表现。

美国文学理论家乔纳森·卡勒曾专门对“文学性”这一概念做过详细论述。在《文学性》一文中，他首先指出，文学性的作用在于提供区别文学与其他活动的特质以及文学作品得以确立的具体标准。卡勒认为，学术界对于文学性的定义并没有给出令人满意的界定，因而导致文学的边界变得十分模糊，但这更加突出了文学性的重要意义。随后，他具体阐述了界定文学性的两种模式：“其一通过与某一设定现实的关系来界定文学性，视文学为虚构的言语或日常语言行为的模仿。其二瞄准语言的某些特性，甚至语言的某种结构”。② 然而，经过分析，卡勒发现，“关于虚构性和文学语言行为的讨论使我们首先断定文学性的存在，然后再到作品中寻求并发现复杂紧凑的语言结构。”③这也就意味着，文学性事实上也是理论建构的结果。

俄国形式主义理论家罗曼·雅各布森于20世纪20年代就提出用“文学性”来描述文学的本质特征。他在《现代俄罗斯诗歌》一文中指出：“文学研究的主题不是笼统的文学，而是‘文学性’（literariness），就是使一

① 冯黎明：《文本的边界——徘徊于历史主义和虚无主义之间的“文学性”概念》，《文学评论》2006年第4期。

② ［加］昂热诺等著，史忠义等译：《问题与观点：20世纪文学理论综论》，百花文艺出版社1999年版，第29页。

③ ［加］昂热诺等著，史忠义等译：《问题与观点：20世纪文学理论综论》，百花文艺出版社1999年版，第44页。

部作品成为文学作品的东西。”①在这里，雅各布森所谓的“文学性”指的是一种带有区别性的文本特质。在他看来，文学研究的对象应当是文学的内在形式，即作品的语言层面。概括地讲，形式主义理论的文学性有两个方面的特点：一是强调对文学文本的形式分析，以此突出语言的诗性功能；二是主张文学研究的独特性和内在性，以此对抗文学的外部研究。

稍后兴起的英美新批评派虽然并未明确使用“文学性”这一术语，但也同样发展了文学性的内涵。不同之处在于，“如果说俄国形式主义是从词语的构成性出发探讨一种纯粹自我的文学性，那么英美新批评则从语义学的角度呼应了这种现代性意义上的文学性概念”②。例如布鲁克斯的“悖论”和“反讽”、退特的“张力”、兰塞姆的“肌质”、沃伦的“语像”、理查兹的“情感”语言、燕卜荪的“含混”等诗学概念，实际上都从语言和修辞的角度描述了文学性的构成。

解构主义理论使得这种囿于文本内部的以语言为中心的文学性开始向外扩张，因为在解构主义者看来，任何意义并非是由固定不变的语言结构所建构起来的，文本的边界也并非是不证自明的，所以纯粹的形式主义式的文学性实际上无法满足文学研究的需要。从此，理论就逐渐将文学性普遍应用于各个学科的研究，从而将原本并非属于文学研究的问题纳入进来。

尤其值得注意的是，20 世纪 60 年代文化研究兴起，日常生活或者文化事件成为文学研究关注的重心。卡勒在《理论的文学性成分》一文中就不得不承认，理论现在已经被文学性所包围，因为“文学可能失去

---

① 张首映：《西方二十世纪文论史》，北京大学出版社 1999 年版，第 131 页。

② 冯黎明：《文本的边界——徘徊于历史主义和虚无主义之间的“文学性”概念》，《文学评论》2006 年第 4 期。

了其作为特殊研究对象的中心性，但文学模式已经获得胜利；在人文学术和人文社会科学中，所有的一切都是文学性的”①。而米勒则通过审视所谓的新型视像艺术如电影、电视、网络等之后发现，实质上，它们也具有鲜明的文学性。由此可见，文学性已经不可避免地扩张至传统意义上的文学——以语言为媒介或以书籍为载体——之外的新形式之上。

二、文学观念中的怀旧主义

相较于西方现代文学观念中的虚无主义，怀旧主义则是理论面对文学观念的退场而不得不采取的应对策略。当然，这里的怀旧主义并非一种观念上的守旧倾向，相反，它是理论家试图通过捍卫文学经典的历史地位或者回归实际的阅读行为来对抗文学的终结与文学性的扩张。

(一)重返经典

从整个发展历程来看，文学观念与经典的形成和发展有着密切联系，因为当书写传统取代口头传统之时，经典就开始确立其不可替代的历史地位，以至于理论研究的主要对象，几乎都是经典的文学作品。

虽然经典扮演着如此重要的角色，然而，对于何谓经典，理论界并没有统一的界定。事实上，经典的形成有着复杂的历史背景。“经典”一词最初来自希腊文 kanon，意指用于度量的工具，如芦苇或者棍子，后来被用作表示度量的尺度。随着基督教的出现，经典逐渐成为宗教术语。“公元 4 世纪，它开始代表合法的经书、律法和典籍，特别与《圣经》新、

① 余虹等：《问题》(第一辑)，中央编译出版社 2003 年版，第 128 页。

旧约以及教会规章制度有关。”①由于经典在其发展过程中逐渐背离单纯的宗教传统，这就给重新界定经典的范围带来了诸多不确定因素。具体而言，一部作品或者一个作家能否真正成为经典，主要与以下几个方面的因素有关：

> 首先，它得到了持不同观点和情感的批评家、学者和作家的广泛参与和推动，比如经典作家和作品往往不断被其他作家引用和喻指，经常或较多地得到评论和介绍。其次，经常出现在文化群体的话语中，成为该国家文学生活的一个组成部分，知名度高。再次，长期被纳入学校课程和课本，通过教学和知识传授得到普及和延续，等等。②

仔细分析这几个因素可以发现，不论是学者们的推动还是文化群体的接受抑或教育制度的选择，实际上都与其背后的文学观念有关，因为经典的界定不仅仅是一个价值判断和话语选择的问题，而且还涉及对文学作品的区分标准，例如语言形式、意识形态或其他社会文化质素。从这个意义出发，我们就不难理解 20 世纪 70 年代理论界出现的各种有关经典的争论。

从本质上来讲，有关经典的争论，大多偏离文学研究的方向而主要集中于对种族、阶级、性别和文化的探讨。随着女权主义、西方马克思主义、后殖民主义、新历史主义以及文化研究的兴起，理论从各自多元化视角出发，要求开放或者拓宽经典的范围，将更多的女性作家和少数族群作家的作品，甚至影视作品、通俗歌曲以及畅销小说都纳入研究视

① 赵一凡等：《西方文论关键词》，外语教学与研究出版社 2006 年版，第 280 页。
② 赵一凡等：《西方文论关键词》，外语教学与研究出版社 2006 年版，第 282 页。

野之内。这就形成了一种被英国学者凯慕德(Frank Kermode)称之为“去经典化”(decanonization)的较为激进的理论倾向。

在《愉悦与改变：经典的美学》一书中，凯慕德较为详尽地阐述了理论中“去经典化”的问题。在他看来，理论对经典的质疑容易导致彻底否认文学存在，或者产生不再将文学作为理论研究的中心转而讨论性别问题、殖民主义问题的现象。对此，凯慕德坚持认为，经典的作用在于给人以哲理或悲剧意味的快感。他承认，经典处于不断变化之中，并没有一成不变的经典，但同时他也认为，“经典之为经典，是由于其自身的价值，而不是靠任何纯粹外在的力量来决定的。认为可以人为地制造经典或‘去经典化’，都是武断而必然会失败的企图”①。所以，通过对经典的再认识，凯慕德不仅对理论中出现的“去经典化”现象做出了批评与反思，而且给文学研究重新指明了方向，即重返经典。

除凯慕德之外，美国解构主义批评家哈罗德·布鲁姆在如何对待经典的问题上也提出了自己的看法。在其代表性著作《西方正典》一书中，布鲁姆分别从“贵族时代”“民主时代”“混沌时代”三个时期，重新阐释了西方文学史上的26位经典作家及其作品。在论及界定经典的具体标准时，布鲁姆说道：“经典的陌生性并不依赖大胆创新带来的冲击而存在，但是，任何一部要与传统做必胜的竞赛并加入经典的作品首先应该具有原创魅力。”②这里所谓的“原创魅力”实际上指的是使经典与其他作品区别开来的独特之处。简而言之，通过对文学史上各种经典的再度阐释，布鲁姆重申了经典的美学标准，并以此来反驳那种从政治、性别和阶级的角度对经典进行理论言说的观点。

---

① 张隆溪：《对文学价值的信念》，《东方早报》2010年9月12日。

② [美]布鲁姆著，江宁康译：《西方正典》，译林出版社2005年版，第5页。

(二)回归阅读

上述重返经典的理论尝试，不仅体现出对文学的理论坚守，而且显示出试图将文学重新限定在较为狭窄的范围之内的理论诉求，但是面对日益变化的文学事实，尤其是消解经典或扩张文学边界的理论主张，多少显得势单力薄。

实质上，重返经典也关联到另一个问题，那就是该如何解读经典。换句话说，经典的界定标准应当与读者的阅读行为有着密切联系，因为许多作品并非按照理论的要求被确定为经典，而是在历经漫长的阅读与接受的过程之后，才逐渐被确立经典地位的。这即是说，读者的阅读行为，在一定程度上决定着文学经典的形成与发展。从这个意义出发，有学者就将对经典的研究转移到对阅读行为的考察之上。这正如保罗·德曼所认为的那样："试图从理论上看待文学，倒不如索性让它自身听由下面的事实摆布：它必须从经验的考虑出发。"①由此看来，在文学概念难以界定，理论重心发生转向，经典不断被消解以及新型文学形式不断涌现的情况下，对阅读行为进行研究，进而培养一种特殊的阅读能力，或许才是使理论研究重新回归文学自身的有效途径。

按照接受理论的观点，并不存在一个固定不变的文学概念，那种试图寻求明确的文学性，或者标定文学的内涵与外延的做法是没有意义的。因此，接受理论改变那种"什么是文学"的提问方式，转而"询问文学对其潜在的接受者发生了什么作用"②。

卡勒则认为："无论我们宣布自己具有什么批评倾向，我们都是新

① 王逢振等：《最新西方文论选》，漓江出版社1991年版，第213页。

② [德]沃尔夫冈·伊瑟尔，金惠敏：《在虚构与想象中越界——[德]沃尔夫冈·伊瑟尔访谈录》，《文学评论》2002年第4期。

批评派，因为要想摆脱文学作品的自足性，阐述作品统一性以及‘细读’的必要性等观念，实在是一件难上加难的事情。”①实际上，相较于接受理论对文学作品、读者阅读和作家创作三者之间关系的现象学研究，新批评的文本细读方法则更加容易操作。然而，新批评却“将每个单一的文学文本都视为有机且自足的整体”，并且将文学作品定义为“文本使用暗喻的、‘复义’的(即多义的)而不是字面的，明晰的语言，形成反讽和隽语构成的自主肌体，而不是有逻辑顺序的指涉性断言”②。因此，英美新批评派的有关文本阅读的理论很容易受到来自解构主义理论家的批评。

例如，在米勒看来，所谓的解构主义阅读是“一种以揭示语言的别异性为己任的阅读”③。而“语言的别异性”又体现在语言的修辞维度，即语言的各种修辞性用法上。从这个意义上讲，解构主义阅读实质上是一种“修辞性阅读”：“最低限度地说，关注语言的修辞性维度，关注修辞格在文学作品中的功能。我们有意扩大比喻的基本外延，使其不只包括了隐喻、转喻，而且还能包括反讽、越位(catachresis)、寓言、进喻(metalepsis)等等。”④简而言之，解构主义的阅读方式，就是不再考察文学的定义，也不再考察文本同社会文化之间的联系，而是直接将文本当作由一定修辞性程序组织起来的语言形式。在这样一种文本中，意义并非确定不变和不证自明，也不是由外部因素如种族、性别、阶级、历史、文化等所决定，而是存在于文字的游戏运转之间。因此，阅读就是在解

① ［美］乔纳森·卡勒著，盛宁译：《结构主义诗学》，中国社会科学出版社 1991 年版，第 13 页。

② ［美］艾布拉姆斯著，赵毅衡译：《以文行事：艾布拉姆斯精选集》，译林出版社 2010 年版，第 287 页。

③ ［美］怀特等著，陈永国等译：《2001 年度新译西方文论选》，漓江出版社 2002 年版，第 362 页。

④ ［美］怀特等著，陈永国等译：《2001 年度新译西方文论选》，漓江出版社 2002 年版，第 366 页。

构文本的基础上，来理解文本和再创造意义的过程。

虽然米勒的解构主义阅读理论拆解了由新批评所确立的文本自足性，但正如艾布拉姆斯所认为的那样，“尽管宣称确定的阐释由于文本而变得不可能，但米勒已经显示出它的可能性，因为他解构了一个他已经明确地理解了的文本”①。所以，解构主义阅读方式从实现其目的过程来说，实际上也是一个建构意义的过程。但即便如此，米勒也只是希望以这样一种阅读方式，在全球化、信息化的时代中，使文学研究得以继续下去，并且使理论重新认识到文学的实际作用，因为在他看来，不管文学观念如何发展，语言仍然是人们信息交流中不可替代的媒介形式。

结语

综上所述，文学的终结和文学性的扩张，表明西方现代文学观念正遭受来自理论自身虚无主义的冲击，即便某些学者坚守经典的重要地位，也仍然需要应对来自理论中消解经典、重构经典主张的影响。而回归阅读——试图将文学的理论研究变为行为上的言语体验，也并不能彻底挽回文学观念退场的局面。但是从西方现代文学观念发展的这两种倾向中，我们可以看出，尽管理论不再明确给出有关文学的概念界定，也不再囿于以往纯粹的文学研究视阈，文学或者说文学观念也并不会就此消亡。因为，不论是虚无主义还是怀旧主义，都是文学观念发展的必经阶段。我们有理由相信，正是在这种动荡不居中，文学才会通向充满无限可能的未来。

① ［美］艾布拉姆斯著，赵毅衡译：《以文行事：艾布拉姆斯精选集》，译林出版社 2010 年版，第 291 页。

文学重复——记忆与回忆

赵崇璧

（郧阳师范高等专科学校中文系）

摘　要：作为表意形式，文学重复引发了两种完全不同的认知，其一是记忆，其二是回忆。时间向度而言，记忆向前，将过去置入现在；回忆则向后，将现在引入过去。空间向度而言，记忆是一种经验，它把重复变成了行动，并支撑着重复的实体化运作，以同化所有的差异性，由此形成了叙述逻辑；回忆则是一种体验，它不断剥离、抽空重复的实体性，将之转换成载体，以汇聚形式的历史时空，由此形成了诗性逻辑。因此，重复的文学传统，即记忆与回忆的交织体，在实体与诗性的两极之间游动。

关键词：　重复　记忆　回忆

当尤吕克累跟陌生人洗脚，她很快就注意到陌生人身上的伤疤，这是奥德修斯被野猪咬过的伤疤，尤吕克累顿时悲喜交加："原来你就是我亲爱的孩子奥德修，可是我并没有认出你来，一直到我接触到我主人的身体，我才知道。"①"奥德修斯的伤疤"是有关认知的隐秘的象征：重

① ［古希腊］荷马著，杨宪益译：《奥德修纪》，上海译文出版社1979年版，第252页。

复即记忆。经由重复，形式所聚集的意识被复现。柏拉图在《裴多》里已证明认知来自于记忆：“由从前知道的事而得到的认识，就是记忆。”①认识源自“灵魂”，灵魂是真理的本源。因此，记忆是一种确证，而重复则预示着意识的还原。

正是源于重复与记忆的同一性，荣格等明确表示，文学不是创造，而是重复，“不是歌德创造了浮士德，而是浮士德创造了歌德”。重复支配了记忆，并延续了记忆。在这种逻辑判定下，Jennifer Clarvoe 在 *Poetry and Repetition* 里说，Repetition in a poem—from the flicker of alliteration, assonance, a rhyme, a word, a phrase, a rhythmic pattern, a sentence, a longer passage—repetition calls to us and recalls to us the sense of the poem's making a form in time. ②然而，荣格或 Clarvoe 的论断过于粗略，这或许是有关重复与记忆的一种机械式的展望，它忽略了意识的复杂性。普鲁斯特描述了有关重复与记忆的另一种模式。在《追忆似水年华》中，“我”一次无意喝到了泡有小玛德兰点心的茶，这味道带来了一种莫名的美妙快感，熟悉而又陌生。这种美妙的感觉，虽与味道有关，但“远远超过了味觉”。“我”最终发现，它来自记忆，在孔布雷时每个周末的早上，“我到奥莱尼姑姑的睡房里向她问好的时候，她总把一小块玛德兰点心在茶或药茶里浸一下给我吃”。③“小玛德兰点心”所触发的记忆，不是形式所本有的认知，而是在重复之中被记忆强行置入的意识。因此，这种重复，其表象是记忆，但本质是创造。如果说“奥德修斯的伤疤”是“睹物思物”，那么“小玛德兰点心”则是“睹物思人”。

其实柏拉图早已指出：“假如一个人曾经听到、看到或由别的方式

① ［古希腊］柏拉图著，杨绛译：《斐多》，辽宁人民出版社 2000 年版，第 29 页。

② Jennifer Clarvoe. (2009). Poetry and Repetition. The Antioch Review. Winter, 33.

③ ［法］普鲁斯特：《小玛德兰点心》，袁可嘉等选编：《外国现代派作品选》第二册(下)，上海文艺出版社 1998 年版，第 11 页。

认识了一件东西，他以后不但认识这一种东西，还附带着认识到一些不同的旁的东西。”①形式触发的记忆虽然多样，但不外两种，其一是指向形式本身，它意在“认识了一件东西”，即认识了七弦琴之为七弦琴、木头之为木头之类，它重在对形式自身的认知与判定。其二是指向形式之外，它意在记忆“一些不同的旁的东西”。柏拉图解释道：“那么，你大概知道，一个情人看到自己心爱的人经常弹的七弦琴，或经常穿的衣服、或经常用的东西，他一看到这只琴，心眼儿里就看见了这只琴的主人，你说有这事吧？”②在这种记忆里，七弦琴不再只是纯然之物，它是诱因，是关联体，指向重复背后的驳杂世界。

亚里士多德将这两种记忆做了明确的区分，他将“睹物思物”叫做记忆，记忆是“由精神影像而导致的一种状态，作为一种相似物而与影像相似物相关的一种状态”③。而“睹物思人”则称为回忆，回忆是“推理”，是意识的跳跃，是起点到终点的过程，“例如从牛奶想到白色，从白色到空气，从空气到潮湿，由潮湿人们便记起了秋天，如果这就是他所想回忆起来的季节的话”④。在亚里士多德的意义上，重复引发了记忆与回忆两种不同的认知模式，本文即考察这两种模式在文学中的表现形态。

一

记忆指向了重复体。对尤吕克累来说，伤疤是确证奥德修斯身份的

---

① ［古希腊］柏拉图著，杨绛译：《斐多》，辽宁人民出版社2000年版，第29页。

② ［古希腊］柏拉图著，杨绛译：《斐多》，辽宁人民出版社2000年版，第29页。

③ ［古希腊］亚里士多德：《亚里士多德全集》(3)，中国人民大学出版社1990年版，第137页。

④ ［古希腊］亚里士多德：《亚里士多德全集》(3)，中国人民大学出版社1990年版，第140页。

标识。虽然奥德修斯一直在伪装，但伤疤将一个流动的个体凝固成具有经验性标志的自然体，它是事物的独特标志。因此，重复显现了物事的本质性特征，这是一种经验判定，由此而形成了记忆。老子说："万物并作，吾以观复。"(《道德经》)。世事的流动与变幻形成了繁复的表象，记忆则经由重复，直达根底，从而彰明较著。基于经验判定的记忆，是一种客观化的意识，它重在求真。柏拉图在《裴多》中指出，记忆是纯粹的真，它是不死的灵魂对理念世界的回应。然而，当灵魂进驻身体，记忆会遭遇失真的危险，因此会陷入感性的泥潭。而重复是破除身体限制，走向原初之真的径途。在《理想国》中，"现实之床"虽然是虚假的幻影，但它重复了"理式之床"的形式，因而记忆借此而穿透幻象，抵达理式。也正是如此，"理想国"虽然否定诗人，但不否定"迷狂"的诗人，他们在原初的记忆中歌唱永恒的真理。

记忆是一种弃伪存真的判定。亚里士多德用"精神影像"来表述记忆中的重复体，暗含着一种抽象化的运作，即剥离幻象而弃蔽存真。虽然他说："记忆既不是感觉，也不是判断，而是当时间流逝后，它们的某种状态或影响。"①这只是有关记忆的类的定位，因为"影像"本身即灵魂经验的凝聚，"离开了精神影像就不能思想"②。奥德修斯用伪饰来遮蔽自我，但"伤疤"剥离了奥德修斯的所有伪装。记忆表明，重复映照了奥德修斯的所有差异性的虚假的幻象。"伤疤"是奥德修斯的"精神影像"，是原初的真，它是经验世界的永恒体。正因为如此，在《荷马史诗》里，所有名词前的定语从不改变。小狗总是"汪汪叫的"，黎明总是"玫瑰红的"，赫拉总是"白臂膀的"。这些定语从来就忽略了名词生存时空的具

① ［古希腊］亚里士多德：《亚里士多德全集》(3)，中国人民大学出版社 1990 年版，第 133 页。

② ［古希腊］亚里士多德：《亚里士多德全集》(3)，中国人民大学出版社 1990 年版，第 134 页。

体丰富性，这是记忆的世界，世界以它独特的标识重复自身。所以，在荷马的世界，虽然充满了流逝和喧嚣，但世界似乎从未改变。奥尔巴赫在《摹仿论》中曾指出，岁月没能在这留下任何变更的痕迹。海伦永远美丽，泊涅罗泊从未衰老，世界在重复中一直以原初的状态所存在。

在重复中，记忆将变动不居凝固成永恒的宁静，将陌生的世界影像化为自我熟悉的世界。一种潜在的危险是，熟悉往往将记忆变成遗忘。在《追忆似水年华》中，"玛德兰点心"无时不在，但几乎从未触发我。因它作为记忆物而在，作为熟识物而在，被重复的惯性所遗忘。真正唤醒对"玛德兰点心"重新感知的是回忆，"我喝了第二口，感觉和头一次相似，喝了第三口，感觉较轻于前次"①。记忆开始变得凌乱，它无法将变动的"影像"规划到经验体系中。因为一种奇妙的差异性渗透进来了，为"玛德兰点心"披上了朦胧的面纱，使之熟悉又陌生。记忆永远穿不透这一神秘的面纱，因为"玛德兰点心"不再是记忆的对象，它成了回忆的对象，成了意识闪现的模糊背景。"很明显，我所寻求的真理不是在饮料中，而是在我身上。"②"身体"感觉是被"灵魂"的记忆所否认的，它会扰乱对于真的判定。但这是回忆的根基，"无疑，在我心灵深处跳动的，一定是形象，是视觉回忆，它和茶的味道连在一起，并试图和味觉同时来到我的意识中"③。这意识不再辨识重复体的客观实存，正相反，它是源自主体身心的体验。如亚里士多德所言，回忆需要"刺激点"，"玛德兰点心"诱发了回忆，使得意识脱离了实存，指向了缭绕在重复体上的

① ［法］普鲁斯特：《小玛德兰点心》，袁可嘉等选编：《外国现代派作品选》第二册(下)，上海文艺出版社 1998 年版，第 9-10 页。

② ［法］普鲁斯特：《小玛德兰点心》，袁可嘉等选编：《外国现代派作品选》第二册(下)，上海文艺出版社 1998 年版，第 10 页。

③ ［法］普鲁斯特：《小玛德兰点心》，袁可嘉等选编：《外国现代派作品选》第二册(下)，上海文艺出版社 1998 年版，第 10 页。

那些变迁沉浮的人事印痕。因此，回忆实即一种源自身体的、与重复体交织缠绕的感性体验。

记忆根源理性认知，因此清晰可辨；回忆则根源感性体验，因此虚幻朦胧。当西西弗从地狱重返人间，加缪写道："但当他又一次看到这大地的面貌，重新领略流水、阳光的抚爱，重新触摸那火热的石头、宽阔的大海的时候，他就再也不愿回到阴森的地狱中去了。"①是什么让西西弗对人间流连忘返呢？显然不是记忆，记忆只是引导西西弗回到了他所熟悉的世界，但记忆的世界客观而疏远。而回忆则在这世界展现了生活的姿态，它唤醒了欢乐的往昔，回忆的世界在召唤西西弗对生活的激情。

柏格森曾以反复阅读为例，区分了记忆与回忆：其一是对课文(记忆)，其二是对阅读(回忆)。课文是记忆的对象，记忆的目的在于辨析、认知对象，它寻求的是对课文的真实把握。"像习惯一样，它首先要求分解整体动作，再把分解动作重新组合为整体动作。"②记忆趋求一种客观判定，故其意识的指向是唯一性的，将纷扰的意识聚拢于物的本质形态之中，为必然性产物。而阅读则是回忆的对象，它是有关学习的体验，它使重复成为一种契机，一种开启回忆之门的敏感体。"对既有阅读的记忆是一个表现，而仅仅是个表现；它被包围在头脑的直觉里，我可以随意延长或缩短这个表现；我赋予它我喜欢的任何绵延；没有任何东西能够阻止我自发地把握这个表现的整体，如同我观看一幅图画时那样。"③回忆是心灵感知，其意识的指向散乱、随机，是一种偶然性的碎片，将重复体幻化成无穷的感性空间。且回忆不滞于物，因主体而异。

① ［法］加缪著，杜小真译：《西西弗的神话：加缪荒谬与反抗论集》，天津人民出版社 2007 年版，第 146 页。

② ［法］柏格森著，肖聿译：《材料与记忆》，华夏出版社 1998 年版，第 63-64 页。

③ ［法］柏格森著，肖聿译：《材料与记忆》，华夏出版社 1998 年版，第 64 页。

人物、时空、情境、心绪等，构筑了与重复体交融的独特历史，这构成了回忆的全部内容，而意识则在其间随意捕捉。

所以，重复将心灵世界与纯然之物紧紧关联起来，记忆将心灵世界引入物质世界，而回忆则将自然世界变成诗性世界。

二

从时间意义而言，记忆与回忆对重复体的作用力完全不同。在这意义上，柏拉图曾进一步辨析："认识一件东西"源自"相似之物"触发的记忆，而"认识到一些不同的旁的东西"，则是"不似之物"引发的回忆。"相似之物"先天所具内在本质的同一性，是经验的起源，而相似与否，则是经验的延展。因此，重复滋生了抽象的必然，而必然也主导了对重复与差异的辨识与把握，这导致它以把握具体的实存为目的。这样，记忆与重复构成了逻辑的循环，使得重复体与意识融为一体，互存共生。而"不似之物"则不同，其本身暗含着一种微妙的差异性，差异源自重复体与意识的分离。在记忆中，意识总是指向重复体，并在逻辑的循环中不断强化这一指向。回忆则不然，在重复中，形式诱发了体验，但体验却指向形式之外。因此，体验永远无法复现自我的形式，而只能借助他者的形式来存留自我的记忆。由是，与记忆相反，回忆是意识的独舞，它扰乱了意识与实存的亲密关联，将现实模糊，而将体验变得丰富而具体。

由此，记忆作用于现在，它是一种神秘的重复力。在《奥德赛》中，当尤吕克累认出奥德修斯，不禁老泪纵横。伤疤消融了无形的距离，眼前的陌生人变得熟悉而亲切。这种感觉不断地弥漫，在记忆的牵引下，所有的异化正在被消融，世界向熟悉的往昔运转。这就是记忆的现实意义，它指向自身的唯一目的，在于干预经验对象，排拒差异性，以确保重复的延续。海德格尔说，持续重复即永恒。《奥德赛》即体现了这种永恒性。弗莱说，《奥德赛》讲述的是奥德修斯离开伊大嘉岛又返回伊大嘉岛的故事。当奥德修斯回到伊大嘉，作为记忆的隐喻，雅典娜驱散了智障的迷雾，熟悉的世界在眼前延展，伊大嘉的纵横经脉在奥德修斯面前清晰可辨。在记忆的引导下，他真正开启了回归之路。这种回归，意味着新的轮回开始了，开端成了终点，而终点也成了开端，显露出一种不断重复的生活之流。

巴什拉说："时隔20年，尽管我们踏过的都是无名楼梯，我们仍会重新感受到那个'最初的楼梯'所带来的反射动作，我们不会被这个略高的台阶绊倒。"①记忆不是将我们引领至遥远的过去，而是借助经验来应对现实实际。记忆支配、渗透了所有的具体实际，将所有的相似之物纳入重复的轨迹，以此形成了运转的步幅，这是一种循环流动的历史逻辑。在诗经中如《芣苢》也开创了这种记忆模式——采采芣苡，薄言采之。采采芣苡，薄言有之。采采芣苡，薄言掇之。采采芣苡，薄言捋之。采采芣苡，薄言袺之。采采芣苡，薄言襭之。扬之水说，该诗不像《采薇》等，"'采'的后面，通常有事，有情"，《芣苢》则"'采'的本身，就是故事，也就是诗的全部"。② "采"这一不断循环的动机，在历史与空间中传递，共鸣。它是记忆的结晶，是经验的流动，是人类生活的根基。所以，孔子就曾指出，诗"多识于鸟兽草木之名"。名即记忆的形式化，经由重复，记忆被转化为一种认知惯性，形成一种凝固不变的概念。概念总结了形式，也支配了形式。它将抽象的意识不断地凝聚到形式的具体

① [法]巴什拉著，张逸靖译：《空间的诗学》，上海译文出版社2009年版，第14页。

② 扬之水：《诗经别裁》，江西教育出版社2000年版，第13页。

实存中，形成了新的活力，这即记忆的本质。在柏格森看来，这种记忆“则是被记忆解释的习惯，而非记忆本身”，这种记忆“越来越非个人化，它越来越和我们过去的生活不相关联”①。

回忆则直指过去。柏格森说：“每当我们试图恢复一个回忆、唤取我们历史中的某个时期的时候，我们就开始意识到一种 sui generis 的行动；通过这种行动，我们使自己脱离当前，以便将自己(首先是)重新置于总体的过去，然后将自己重新置于过去中的某个区域”。②《追忆似水年华》中，“小玛德兰点心”触发的意识不是与现实的紧密关联，恰恰相反，“我”所有的有关“小玛德兰点心”的意识都开始于“超脱周围一切”。它走向了往昔，“相似的瞬间唤醒了深埋在我心灵深处的遥远的往日瞬间，召唤它，摇晃它，激励它”③。形式激发了回忆，将往事引入，回忆将形式变成自我呈现的背景，将之凝固于寂静的永恒。“人生代代无穷已，江月年年只相似”，人事的流动与幻灭都被涵纳在这一寂静之中，人事的喧嚣表象消逝了，积淀成回忆的结晶。“它立即使我对人世的沧桑感到淡漠，对人生的挫折泰然处之，将生命的短暂看作过眼云烟，如同爱情，它使我充满一种宝贵的本质。”④回忆具有无穷的超拔力，它随意丢弃形式的束缚，在无边的梦境中漫游。

宇文所安说：“回忆过多就会排挤现实。”⑤在回忆的激荡之下，现实虚幻而模糊，脆弱不堪。因实存无关紧要，回忆与记忆不同，不苛求意

---

① ［法］柏格森著，肖聿译：《材料与记忆》，华夏出版社 1998 年版，第 67 页。

② ［法］柏格森著，肖聿译：《材料与记忆》，华夏出版社 1998 年版，第 117 页。

③ ［法］普鲁斯特：《小玛德兰点心》，袁可嘉等选编：《外国现代派作品选》第二册(下)，上海文艺出版社 1998 年版，第 11 页。

④ ［法］普鲁斯特：《小玛德兰点心》，袁可嘉等选编：《外国现代派作品选》第二册(下)，上海文艺出版社 1998 年版，第 9 页。

⑤ ［美］宇文所安著，郑学勤译：《追忆：中国古典文学中的往事再现》，三联书店 2004 年版，第 94 页。

识的客观性。本雅明就发现，普鲁斯特的回忆充满了虚假性。回忆是什么呢？“对回忆者来说，重要的不是他所经历过的事情，而是如何把回忆编织出来，是那种追忆的佩内罗普的劳作，或者不如说是遗忘的佩内罗普的劳作。”①回忆不是客观体的真实再现，而是编织与拆解的结晶。它拆解掉所有有关形式的经验感知，进而编织一种纯然的心灵体验。宇文所安说：“回忆永远是向被回忆的东西靠近，时间在两者之间横有鸿沟，总有东西忘掉，总有东西记不完整。”②回忆不像记忆那样左右现实，它沉浸在意识的领域，不断趋向一个无法达至的历史彼岸。不独如此，宇文所安指出，回忆也是一种幻想，因为我们在追忆某种历史时，往往会对历史的另一面展开可能性的幻想。

关于记忆与回忆，基尔克郭尔说：“回忆和重复是同样的运动，只是方向相反；因为那被回忆的事物所曾是的东西，向后地被重复；相反，真正的重复则是向前的被回忆。”③基尔克郭尔的重复和柏格森的一样，实即记忆，是迎向无穷未来的动力和形态。对于基尔克郭尔的“重复”，弗莱说：“他用这个术语的目的是来取代传统的柏拉图的术语‘回想’(anamnesis)或‘回忆’(recollection)。他用这个词的用意是明显的：它绝不是一种经验的简单重复，而是对它的重新创造，即去补偿或唤醒它走向生活。”④弗莱虽把握住了基尔克郭尔的真实含义，但他没留意到，其实柏拉图早已发现了这一差异。

① ［德］本雅明著，张旭东译：《普鲁斯特形象》，《天涯》1998年第5期，第146页。

② ［美］宇文所安著，郑学勤译：《追忆：中国古典文学中的往事再现》，三联书店2004年版，第2页。

③ ［丹麦］基尔克郭尔著，京不特译：《重复》，东方出版社2011年版，第3页。

④ ［加］弗莱著，陈慧等译：《批评的剖析》，百花文艺出版社1998年版，第454页。

三

在《追忆似水年华》中，“我”终于意识到，“当人亡物丧，昔日的一切荡然无存的时候，只有气味和滋味长久存在，它们比较脆弱，但却更强韧，更无形，更持久，更忠实，好比是灵魂，它们等待人们去回忆，去期待，去盼望，当其他一切都化为废墟时，它们那几乎是无形的小点滴却傲然负载着宏伟的回忆大厦”①。当形式不再指向自身的时候，它就成为了纯粹的符号，恢复了自由意指的活力，其背后，则承载着整个世界。回忆是一种游戏，一种恢复符号意指活力的游戏。它驱逐了经验，使“小玛德兰点心”的形与质断裂，成为一种纯然的载体。进而回忆将之纳入自我的形式，随回忆而跃动，“随物赋形”，延展伸缩，起伏跌宕。

回忆是一种形式的形式化，它总会将固有的形意解构，从而不断抽空形式，使之成为自由嬉戏的舞台。因此，回忆让重复变得幻影重重。“君问归期未有期，巴山夜雨涨秋池。何当共剪西窗烛，却话巴山夜雨时。”“夜雨”本是经验的形式，人事攒动背后的永恒背景，但回忆的幽灵浸润渗透，导致了的抽象化的运作。回忆模糊了过去与现状，模糊了现实与想象，使得“夜雨”的质被虚化，从物象走向了幻象。这一幻象超越了时空，成为灵动的象征体，它因回忆而丰富、充盈。宇文所安说：“回忆总是同名字、环境、细节和地点有关。”②对于人事的流逝性而言，这些形式永恒而稳固，亘古至今。它们是我们生活的背景，重复抽空其形式，成为生命起起落落的印痕。而每次回忆就是一次打捞，在印痕之

① ［法］普鲁斯特：《小玛德兰点心》，袁可嘉等选编：《外国现代派作品选》第二册(下)，上海文艺出版社 1998 年版，第 11 页。

② ［美］宇文所安著，郑学勤译：《追忆：中国古典文学中的往事再现》，三联书店 2004 年版，第 28 页。

中寻找历史。“这种诗、物和景画出了一块空间，往昔通过这块空间又回到我们身边。”①在回忆的编织下，时空交错，构成了朦胧的绵延之流。

回忆浮游不定，动荡不安。重复的形式是唯一的，所以记忆不会变更，但回忆则不然。“不似之物”激发的回忆没有内在的逻辑框定，形式到形式之间的意识转换没有规约，随意跳跃。因此，回忆千头万绪，是无穷的历史。“夜雨”带来了李商隐的回忆，也带来了黄庭坚的回忆。在李商隐的“夜雨”里，虽然回忆的时空被凝定，但回忆的对象依然含混。夜雨编织了时间的迷宫，也在回忆中渗透了幻想，回忆在现实与想象中跳跃不定。而黄庭坚“桃李春风一杯酒，江湖夜雨十年灯”里，回忆的时空限制彻底消失，夜雨容纳了所有生命历史的沧桑感知。回忆因人而异，且变动不居，对重复体而言，这形成了意识的积淀。因此，每次回忆，它不仅仅是自我内心的独特体验，它还包含人类历史的心灵共感。《诗经》“今我来思，雨雪霏霏”是李商隐的回忆基础，而黄庭坚的回忆则浸润了李商隐的回忆。回忆者成了被回忆者，回忆就这样层层积淀，一方面凝固喻指，另一方面拓展空间，这就是回忆运转的历史痕迹。孟浩然说：“人事有代谢，往来成古今，江山留胜迹，我辈复登临。”作为重复体的“胜迹”，其历史的印痕越多，回忆就越加厚重。

回忆与现实断裂，将重复体抽象成载体，而记忆与重复犬牙交错，并丰足了重复。因此，柏格森认为，回忆是思想，而记忆则是行动。回忆永远在自我的世界延展膨胀，将重复体幻化为模糊的剪影。记忆则相反，重复是其前提，也是其目的。在重复的运作中，它一是丰富自身，二是充实重复。因此，记忆是从实体走向实体的行动。如柏格森所说，记忆“已经不再对我们表现(represent)我们的往日了，它表演(act)我们

① ［美］宇文所安著，郑学勤译：《追忆：中国古典文学中的往事再现》，三联书店2004年版，第9页。

的往日”①。

记忆藉什么将自身与重复实体紧密关联？是细节。细节是意识与现实的紧密关联体，它是实体独存的标识，也是经验的原初形式。德勒兹指出，重复不是一般性。真正的重复是一种过程而非形而上的观念。它被细节所主导，细节构成了实体，它只可重复，而不可替代。因此，对记忆而言，形式的组成至关重要，这是实存的根基。在《荷马史诗》中，那些记忆形式总会在故事的某一关口突如其来，从而故事被丢弃，史诗开始细腻而有条不紊地讲述记忆形式的来龙去脉。这点从阿克琉斯的盾牌，到奥德修斯的伤疤，再到佩涅罗佩的婚床等，无不如此。奥尔巴赫在《摹仿论》中惊叹于这种方式，他将之归为古希腊的一种感性激荡的写作理念，似乎没有涉及其本质。细节本身即意味着独特性，唯有独特性才能形成记忆，唯有记忆才能将重复变成具体的行动，而不是纯粹的意识。

在《诗经》中，诸如《硕鼠》等，贯穿着大量的细节重复，道理即此。如果省去这些细节，那么“硕鼠”就成了回忆，而不再给人带来长久的威胁了。但是，如果细节不纯粹，暗含着观念的痕迹，那么它就是一种虚假的独特性，就有可能带来回忆的幻象，从而导致认知的误区。佩涅罗佩就发现，奥德修斯的伤疤不能佐证其身份，因为这一形式存有罅隙。伤疤是一种外在的形式，很容易被一般性架空。因为伤疤连同其故事，具有相似和摹仿的可能性。在某种意义上，当伤疤的相似性替代独特性，回忆就取代了记忆，从而带来判定的迷障。只要存有可能性，重复就不能弃绝体验形式而达至纯粹的经验形式。所以，柏拉图一直在强调，唯有记忆才能保留形式最为本质的独特性，这是源自

① ［法］柏格森著，肖聿译：《材料与记忆》，华夏出版社 1998 年版，第 65-66 页。

理念世界的智性判断。记忆的目的就是剥去形式的最后伪装，将重复变成真正的重复。对佩涅罗佩而言，奥德修的婚床，才是真正不可替代的重复体。婚床的秘密掩蔽在一般性之中，悄悄地推动着历史之轮，它是将世界变成回忆抑或重复的全部契机所在。因此，陈中梅《神圣的荷马——荷马史诗研究》认为，《奥德赛》讲述的是认知的转变：从神学认知走向经验认知。

结语

再回到Jennifer等人的言论，有关重复引发的意识，已有明确的区分。重复引发了两种完全不同的意识，其一是经验性的，它作为记忆而呈现，将重复变成一种行动；其一是体验性的，它作为回忆呈现，将重复变成一种思想。这两种意识彼此对立，又彼此缠结，或此消彼长，或完美交融。对于“奥德修斯的伤疤”而言，经验性压制了体验性，但对“玛德兰蛋糕”而言则相反。更多的时候，双方呈现出一种共生的奇妙景观。“去年今日此门中，人面桃花相映红。人面不知何处去，桃花依旧笑春风。”“桃花”反复出现，占据了话语的舞台。一方面它作为自然之物在场，连同其他的纯然之物构成了生活的背景；另一方面，它作为与人事的复杂纠葛而在场，它见证了人事的变迁。它触发了记忆，带来了物是人非的失落感；它也唤起了回忆，引发了对美好往昔的留恋。“桃花”一方面确证自我，另一方面解构自身，穿梭在过去与现在之间，也穿梭在主客体之间。它将人事与心灵紧密关联，将回忆与现实紧密关联。它扰乱了我们对世界的正常认知，将可见的与不可见的觥筹交错，形成了幻化朦胧的时空。

或许这才是重复的诗性所在。本雅明说：“孩子们都熟悉这个世界的象征物：洗衣筐里卷好的长筒袜既是一个‘包裹’又是一个‘礼物’，它具有这个梦幻世界的结构。”①重复就是这样的杂糅体，在记忆与回忆的两极，编织了意识的梦幻世界。

① ［德］本雅明著，张旭东译：《普鲁斯特形象》，《天涯》1998年第5期，第148页。

教学研究园地

“互联网+”时代的关键词讲授法*

李　远

（武汉大学文学院）

摘　要：“互联网+”时代的到来，给传统人文学科带来了前所未有的机遇和挑战。如何充分且全面地认识“互联网+”，并将其运用到当下的教学中去，是需要进行思考和探索的问题。将传统人文学科与互联网技术相融合，并运用慕课平台加以推广，已经成为互联网教学的一种趋势。面对教学方式的转变，传统人文学科讲授者纷纷转变教学思路，创新知识体系，从学生学习到师生一同学习，从“一言堂”到互动式大课堂，从单一的考试到多元化的评价体系，有机地将中国文化与互联网技术相融合。同时，运用“关键词讲授法”，直击中国文化的核心与枢纽，让碎片化学习变为经典化学习，让中国传统文化在“互联网+”时代焕发新的生机与活力。

关键词：“互联网+”　教学改革　讲授法　慕课（MOOC）

随着互联网时代的来临，传统的人文学科面临着前所未有的挑战和机遇。一直以来，文学、历史、哲学等传统学科的教授均采取“口传心

---

* 本文为湖北省教育科学规划 2015 年度重点项目《“互联网+”时代本科教改理念及实践》（项目编号：2015GA001）阶段性成果。

授”的方式，传统课堂的优质教育只能被少数人所享受，在时间、空间和传播范围上都受到一定的限制。互联网技术的普遍应用，则能够很好地解决人文学科所面临的瓶颈和制约。通过互联网和移动终端设备，打破时间空间限制，通过视频、音频、动画等方式，让学习者能够随时随地享受优质的学习资源，从而扩大人文学科的影响力。因此，在“互联网+”时代，如何应对学习方式的变化，是所有传统人文学科的讲授者必须思考的一个重要问题。另一方面，如何将传统人文学科的知识内容与互联网技术有机的结合，采用何种方式和何种知识体系讲授，也是值得我们探讨的问题。

中国文化源远流长，博大精深，如何将中国文化这种既“古”又“玄”，兼具传统性与理论性的课程与互联网时代相适应？笔者认为，通过互联网技术，运用“关键词讲授法”来阐释中国文化，是行之有效的途径。中国文化包罗万象，内容之丰富，犹如星辰大海。“关键词”是最闪亮的明星和大海中的岛屿，即中国文化中核心的、重要的术语、概念、范畴和命题。而互联网技术则是一叶扁舟或一艘飞船，即通过互联网技术达到传播中国文化的目的。通过“关键词讲授法”，探讨传统文化的核心范畴及观念演变，能够直击中国文化之枢纽，帮助我们在“互联网+”时代进行高效便捷的教学。

一、“互联网+”时代与教学

对于互联网，我们已经非常熟悉，它已经深入到了我们生活的方方面面，买一个早点都可以用支付宝付款，更不必说平时的购物。然而我们对于“互联网+”却并不是很了解，一个小小的加号，会对我们的教学带来什么样的改变呢？

首先，我们应该明确“互联网+”的定义。“互联网+”代表一种新的经济形态，即充分发挥互联网在生产要素配置中的优化和集成作用，将互联网的创新成果深度融合于经济社会各领域之中，提升实体经济的创新力和生产力，形成更广泛的以互联网为基础设施和实现工具的经济发展新形态。① 那么“互联网+”后面的“+”究竟加的是什么呢？它其实代表着传统的各种行业，而“+”则是相互连接，所以，我们可以简单地列出公式：互联网+XX 传统行业=互联网 XX 行业。但是它们又不是一次简单的叠加融合，两者相加肯定要大于二，其中创新起催化剂作用，也就是说创新使这个“+”更具价值、更有意义。② 由此可见，“互联网+”的含义在于跨界与融合，将互联网与各种领域相融合，从而探究出新的发展思路和模式。2015 年 3 月 5 日，十二届全国人大三次会议在人民大会堂举行，国务院总理李克强在会上作政府工作报告时提出，国家要制定“互联网+”战略。“互联网+”在中国已不再是概念，不单单是互联网企业或传统产业的愿景，而是已经上升为一个正在崛起的伟大民族的国家战略。③

而教育行业则成为“互联网+”时代下最受关注的领域和行业。国外早在 2008 年就提出了“MOOC”④这个术语，开始尝试通过互联网技术将教育网络化并设计在线课程。“MOOC”(Massive Open Online Courses)即

---

① 马化腾等：《互联网+：国家战略行动路线图》，中信出版社 2015 年版，第 19 页。

② 解继丽：《“互联网+”引领教育改革新趋势》，《雄楚师范学院学报》2015 年第 2 期。

③ 陈灿等：《互联网+：跨界与融合》，机械工业出版社 2015 年版，序言一第 8 页。

④ MOOC 这个术语是 2008 年由加拿大爱德华王子岛大学网络传播与创新主任与国家人文教育技术应用研究院高级研究员联合提出来的。在由阿萨巴斯卡大学技术增强知识研究所副主任与国家研究委员会高级研究员设计和领导的一门在线课程中，为了响应号召，Dave Cormier 与 Bryan Alexander 提出了 MOOC 这个概念。

大型开放式网络课程，可以满足多人在线学习且不受时空的限制。而中国也在十年前开始探索互联网教育。例如，将大数据和云计算概念引入教学和科研，并开始设计研发网络自主学习平台。互联网教育和教学自2012年起开始快速发展，逐渐扩展到整个教育行业。这一年，美国的顶尖大学陆续设立网络学习平台，在网上提供免费课程，Coursera、Udacity、edX三大课程提供商的兴起，给更多学生提供了顶尖大学的优质学习资源。2014年，中国大学MOOC平台开通，承接教育部国家精品开放课程任务，由此引发了中国大学教育教学的深刻变革。

在笔者看来，在线教育的模式，最大的优势在于学习的生活化。无论身处何地，无论什么时间，只要接入互联网，就可以享受到优质的教育资源。这种学习不再是一种被排除于生活之外的学习，而是成为了日常生活的有机组成部分。新互联网时代的在线教育，用户所共享的除了具体的教学资源，还有学习框架、数据库、个性化服务甚至用户交流，由此，在线教育实际上形成一种更具创造性和生动性的教学模式。而在用户一端，又是完全个性化的，以用户的学习主动性为直接推动。①

二、互联网教学下的学习模式转变

传统高校课堂中，知识传授的模式主要来自老师的讲授，学生的参与互动程度较差，课堂成了老师的“一言堂”，学生的思考能力和表达能力均不能得到有效的锻炼。互联网教学则以其开放的平台和多元化的评价体系，尽可能地让学生参与到课堂教学活动中来，形成一种师生有效

① 马化腾等：《互联网+：国家战略行动路线图》，中信出版社2015年版，第366页。

互动的教学思路和课堂氛围，从而改变现有的教学模式，使得学生更易于接受。这里，我们将以中国大学 MOOC《中国文化概论》①等课程为例，探究互联网教学下的学习模式的转变。

第一，从学生学习到老师和学生一同学习。传统课堂中，老师是课堂的主导者，学生是知识的接受者，这种“填鸭式”的教育模式已经过时。为此，传统人文学科讲授者为激发学生主动参与课堂教学的意识频出新招，有趣的作业和灵活的考试让学生大呼过瘾。例如，武汉大学文学院副教授肖圣中在其讲授的《古文字学》课程中，要求学生用古文写情书，被各大媒体相继报道。② 肖圣中副教授认为，古文字的学习很枯燥，通过写情书的形式可以激发学生学习的积极性，体会到学习的乐趣。无独有偶，讲授《中国现代文学史》的叶李副教授则要求学生写一首情诗和一封情书。从读新月派诗人的诗作到自己尝试创作情诗，学生由课堂的被动接受者转变为主导者，变书本知识为实践能力，真正融入到课堂教学活动当中。《中国文化概论》课程的讲授者李建中教授在先前已尝试过不同的方式，让学生一同参与到课堂教学中来。例如将辩论引入课堂，探讨中国文化中的不同理论命题，借此提高学生的课堂参与度，同时也锻炼了学生的思辨能力和表达能力。③另一方面，在考试方式上也进行了改革和创新，让学生根据一学期的

---

① 该课程旨在全面系统地讲授中国文化的基本知识、主要类型、理论要义及精神品质，自 2014 年 9 月 1 日在全国慕课平台“爱课程”网中国大学 MOOC（http：//www. icourses. cn/imooc/）上线以来，已吸引全国各地几万人次报名学习，并得到公司职员、中学教师、在校研究生等不同层次学习者与《湖北日报》《长江日报》等媒体的关注与好评。

② 详见王怀民、廖婧：《图文：古文字写情书 您看味道如何》，《楚天都市报》2015 年 11 月 10 日。

③ 详见王怀民、邓宇晴：《武大：这个考试很不错》，《光明日报》2012 年 3 月 19 日。

学习，对照《中国文化概论》教材，自拟一份考卷，找出重点，借此来考查学生对于课程内容的理解程度。① “互联网+”时代下，讲授者和学生同样都是学习者。学生需要适应网络教学的新模式，提交作业和课堂讨论均在网上完成。而作为讲授者，则需要了解互联网技术，学习视频录制并设计新的教学内容、教学思路和教学体系，完善学生评价体系。因此，在课程进行的过程中，师生共同参与，共同学习，推动了良好课堂氛围的形成。

第二，从“一言堂”到互动式大课堂。传统的课堂教学中，老师是知识的传授者，或者说在一定程度上是知识的“灌输者”，师生互动偏少。在互联网技术的推动下，虽然老师和学生不能面对面地进行交流，但是通过网络，师生间的交流更加快捷。开放的平台能够让师生都畅所欲言，思想的交锋才能激发出智慧的火花。例如，在中国大学 MOOC《中国文化概论》《唐诗经典》《中国哲学经典著作导读》《哲学问题》等传统人文科学课程中，专门设有课程讨论区，方便学生与学生、老师与学生之间的交流。这些课程每期开课，选修人数多达几千人，其中有在校学生，也有参加工作的职员，还有其他学校的老师。不同教育层次、不同年龄阶段的学员均可以在这个开放的平台互相交流，从而更好地加深对中国思想文化的理解。同时，每一个课程团队还设有专门的课程助教，对学员们学习中提出的疑问及时回复解答。例如，在《中国文化概论》课堂讨论区，有些学员对孔子的职业产生了误解，认为孔子的职业是哭丧，引起了学员们的热烈讨论，后来经过课程助教耐心的解释，学员们的问题得到了解答。通过对“儒”“道”“易”“礼”等文化关键词的解读，学员们对中国文化的认识也有了极大的提升。而在《唐诗经典》课程的讨论区中，

① 详见夏静：《武大考试现新招 学生为己出考卷》，《光明日报》2011 年 1 月 23 日。

讲授者胡可先教授和陶然教授则会亲自回复学员们在学习上遇到的困惑，小到一句诗中一个字的读音，大到唐诗创作的意义。问题有深浅，学问无小大，学贵有疑，疑则进也。因此，互联网教学并不会因为老师与学生的距离加大而产生隔阂，反而会给老师和学生间架起更多沟通的桥梁，从而形成师生互动的良好氛围，能够更好地解决学生学习中产生的困惑与问题。

第三，从单一考试到多元化的评价方式。传统的课堂教育中，基本都采用考试的方式对学生的学习成果进行考查，或者采取点名的方式保证课堂的到课率。在“互联网+”时代下，对于学生学习成果的考查变得更加多元化，逐渐形成一种科学高效的评价体系。例如，在中国大学MOOC《中国文化概论》课程中，采用多种方式对学生进行考查。平时考核占40%，包括单元测验、单元作业和课程讨论，结课考试占60%，但考试方式为开卷，题目为自拟考卷和诗性文本书写，给予了学生极大的发挥空间，并无标准答案。学员们或文或赋，或诗或词，构建了奇妙的文学意境。有同学作七绝一首畅谈学习中西文化的感想：“楚国文章齐鲁语，二千六百岁行难。道由玄牝生天地，法自无常解涅槃。空磊高台思后世，尽趋洋学忘衣冠。一朝香火烟消处，正读书诗待铗弹。”也有同学对中国文化之精深有了深切体会，遂作打油诗一首：“中国文化真心难，次次上课云游天。临到考场心大惊，唯尽所学强作答。不料本人才学浅，胸墨未染一杯水。人生巅峰太遥远，只求考试不挂科。”这样的原创诗文，激发了学员们的创新意识，同时也让他们明白中国文化的奥义之所在。同时，课程团队要求每次作业学生间进行互评，从而杜绝了抄袭现象，也强化了学员们的学术诚信意识。

正所谓“教学相长”，老师与学生共同学习，相互促进，老师赋予学生新知识，学生赋予老师新观点，从而达到了课堂教学的双赢。

三、碎片化教学下的关键词运用

面对“互联网+”时代的来临，碎片化阅读成为一种必然。互联网的迅速发展将我们引入一个信息爆炸的时代，如何筛选有效的阅读信息，在最短时间内掌握最多的知识，成为一个十分重要的问题。由于生活节奏的加快，生活内容的复杂化，我们自身也被碎片化。在“互联网+”时代，在线教育兴起，将碎片化的学习时间与中国文化相契合，找到一种合适的教学方法和体系，便成为一种必然。笔者认为，通过关键词讲述中国文化，可以有效地将网络教育和碎片化学习相融合。“关键词”译自英语的 key words，喻指那些重要的核心的词语，亦即雷蒙·威廉斯所说的“重要且相关的词”，“意味深长且具指示性”①。所谓《中国文化概论》课程的“关键词讲授法”，是指从中国文化中遴选如“人”“天”“道”“文”等具有代表性的“关键词”，然后按照“元生—衍生—再生”的路径追寻其从源起、通变到转义的生命历程，进而揭示中国文化的深层结构、传承机制和人格精神，并发掘、阐扬中国文化的现代性与实践性的教学方式。② 因此，将“关键词讲授法”与在线教育相融合，就能很好地解决碎片化教学下的一系列问题。

第一，关键词是打开中国文化大门的金钥匙。中国文化博大精深，源远流长，在课堂上概而论之已有难度，要在短短的十几分钟内讲述一个文化问题，更属难上加难。因此，通过“关键词讲授法”能够快速抓住

---

① ［英］雷蒙·威廉斯著，刘建基译：《关键词：文化与社会的词汇》，生活·读书·新知三联书店 2005 年版，导言第 7 页。

② 李建中，李立：《传递金钥匙：用“关键词”方式讲授中国文化》，《许昌学院学报》2015 年第 1 期。

中国文化的核心，直击中国文化之枢纽，从而达到事半功倍的效果。对于关键词的筛选，应该有严格的标准和要求，唯有与人们对宇宙、社会、人生的思考密切相关，与人们对生存实践的理解频繁发生内在联系的核心因素相关，才可能得到语言的"加冕"，并最终成为文化的关键词。同时，该关键词必须有着悠久的历史，在今天仍对我们的生活和学习有着十分重要的作用。例如，在中国大学 MOOC《中国文化概论》课程中，讲授者通过"文""化"这个两个关键词对"大文化"和"小文化"进行论述，通过"儒""仁""礼"等关键词来阐述儒家文化，通过"道"等关键词来论述道家文化，让中国文化变得具体丰满起来，而不是内容丰富的文化碎片。再者，讲授者通过"儒"这个关键词，从"孔子与儒学的创立"到"儒学三期"(原始儒学、两汉经学、宋明理学)，最后抵达儒家三义(仁义、礼乐、内圣外王)，将儒家文化的内容贯穿起来，形成一个清晰的脉络和有机的整体，剥离枝叶，理其主干，能够让学生在最短的时间内充分领悟到儒家思想的奥义之所在。在浙江大学开设的《哲学问题》课程中，讲授者通过"存在""知道""意愿""共同体""论辩""审美"等关键词，充分表达了哲学作为知识的整体形态。同时这些主题也几乎涵盖了哲学的所有领域，通过讲授最核心、最关键的主题，使教学系统严密且具逻辑性，抓住了哲学问题的根本，从而让学生能够快速掌握所学知识。山东大学开设的《神韵诗研究》课程在讲述神韵理论时，借助"风格""味外味""妙悟""神韵"等关键词，将诗歌演变史与诗歌理论发展史融为一体，简明扼要地勾勒出神韵理论的发展流变，有助于学生更好地理解其中的理论内涵。西安交通大学开设的《中国哲学经典著作导读》课程则选取中国文化元典，如《周易》《道德经》《庄子》《论语》等，通过讲述元典中的部分关键词，窥探出其中蕴藏的思想精髓。在讲述王阳明思想时，该课程团队运用“心即理”“知行合一”“致良知”三个关键词，深刻把握其思想价值，帮助学生充分认识和了解王阳明的心学思想，取得了良好的教学效果。

第二，碎片化的学习和教学要求我们使用关键词。“互联网+”时代给学生带来丰富的教学资源，同时也增加了筛选信息的负担。为此，作为互联网教育资源的传播者，讲授者理应为学生们提前做好信息筛选工作，保证学生们在最短的时间内掌握最核心的知识。为了应对网络化视频教学，《中国文化概论》课程团队根据现实需要，将原有的课堂教学体系全部打破，研发了一套全新的知识体系和教学方式。全部课程分为十一个单元，每个单元下再细分为 2 到 5 个小专题，每个小专题提供十分钟左右的视频，以适应目前快节奏生活和碎片化阅读的需要。视频虽短，却个个是精品。课程团队秉承“篇无废句、句无废词、词无废字”的授课原则，字字珠玑，为各位同学提供了高效有趣的课堂讲授。同时，课程团队在新一期开课前，都会认真翻阅上一期课程讨论区的内容，随时了解学员的学习要求和兴趣点，并融入到新一期的教学中去。例如，课程中重点对姓氏文化进行了详细的介绍，引起了学员们的热烈讨论。有的学员说：“我姓吴，吴姓最早起源于炎帝姜姓，距今已有 5000 多年的历史。”还有学员回复：“我姓顾，《通志·氏族略》所云：‘顾姓，伯爵，夏、商之伯爵，舜裔之后，姚姓妫之衍生姓氏，今濮州范县东南有故顾城，是其地也，子孙以封地为姓氏。又：越王勾践十三世孙闽君摇，汉封东瓯，摇别封其子为顾余侯，汉初居会稽(今苏州吴县)，亦为顾氏。’这段话就是‘北顾’、‘南顾’之说由来。”如此贴近自身的姓氏文化引起了学员们的热烈讨论，仅课堂交流区的发帖就有二百八十余条，让学员在新鲜有趣的氛围中获取了知识，加深了对自身姓氏的了解，同时又提升了查找文献资料的能力，可谓一举两得。完成本次课程后，学员们都感触良多，有一位仍在读高中的学员说："作为一个学习压力巨大的高中生，我每周末回家就会上这样的课，感到非常放松快乐而有意义，不仅起到了缓解学校压力的作用又对自己有一个知识上的丰富和提升。"还有一位学员学习完全部课程后，写下了这样的心得体会："中国文化是唯一一个有古有今的文化，所以我们要将中国传统文化发扬光大，来开启中国文化现代意义的世界。在传承中国传统文化的过程中，我们要依靠文化关键词。从轴心期延伸到今天的文化关键词有三种特征，即：名实俱存、名存实变和名存实亡，对不同特征的文化关键词要采取不同的传承策略。同时，我也明白了中西文化关键词是可以共通的，是可以相互借鉴的。所以说，文化关键词的古今融合、中西融合是其发展的根本道路。"

"关键词讲授法"能够获得学员们的支持和认可，不仅是某个教学团队的一次成功实践，更是"互联网+"时代下在线教学方式获得认可的具体表现，对教师进行教学模式的改革具有十分重要的启示意义。这种关键词讲授方法，不应仅仅局限于网络教学，在日常教学中也应该被有意识地运用，并形成一种思维常态，从而让讲授者能够牢牢抓住课程内容的核心和枢纽，能直击问题的关键，同时也能让学生更为有效地把握知识结构脉络，对所学内容有更加清晰的认识和了解。

四、结语

刘勰《文心雕龙·神思》篇云："枢机方通，则物无隐貌；关键将塞，则神有遁心。"①文学创作应如此，课堂教学亦然。将"关键词讲授法"与

① 刘勰著，黄叔琳注，李祥补注，杨明照校注拾遗：《增订文心雕龙校注》，中华书局2012年版，第372页。

互联网技术相融合，就能打破传统教学中时间、空间和受众范围的限制，给古老的传统人文学科注入新的活力，从而让中国文化能够与时俱进，发挥其更大的意义和作用。

硕博论坛

论庄子的“游世”哲学

杨家海

（长江大学文学院）

摘　要： 庄子追求自由的精神世界是建立在对现世有着清醒认识的基础之上的。生命的悲剧性事实和现世的限制性困境使庄子认识到，“名”为乱世之源，入世和避世均不可取，只有虚己游世，回归于道，才能“游”于名，从而实现精神之自由。

关键词： 庄子　虚己　游世

精神之自由是人的最高追求。庄子追求自由的精神世界是建立在对现世有着清醒认识的基础之上的。生命的悲剧性事实和现世的限制性困境使庄子认识到，“名”为乱世之源，入世和避世其实都是缘名而行的，只有游世才可以排除“名”的干扰，从而实现精神之自由。本文以《人间世》为线索，结合《庄子》语境，探析庄子的处世哲学。

一

首先，释“人”。有人将其解释为没有等级之分、贵贱之别的个体。但在《人间世》的文本中，有这样一些词语，如“暴人”“人恶有其美”“人之民”等，还有“轻用民死”“民其无如”“庶民”等。通过比较可以发现，在《人间世》中，“人”是与“民”相对的一个词，有着特殊的定义。再看《天下》篇，庄子呈现了一个由天人、神人、至人、圣人、君子、百官和百姓七个阶层所构成的社会秩序，而在《逍遥游》和《齐物论》中，庄子论述了天人、神人、至人和圣人四个阶层。结合《人间世》的七个寓言故事，里面论述了三类人：一是积极渴望入世，希望跻身政治的人，颜回是也；二是已经跻身政治的人，叶公子高和颜阖是也；三是看透了政治险恶，与政治世界保持距离的人，支离疏、楚狂接舆是也。这三类人中都没有被统治的百姓，由此可以推断，《人间世》中的“人”不是一个泛指，而是特指君子百官。

从词性上看，“间”可以做名词和动词。作为名词，有间隙和空间的意思。《说文解字》曰：“间，隙也。”段玉裁注曰：“隙者，壁际也。引申之，凡有两边有中者皆谓之隙。隙谓之间。间者，门开则中为际。凡罅缝皆曰间。”①这里将“间”释为“罅缝”，可以引申为人的生存空间，与后面的“世”相对。《说文解字》云：“三十年为一世。”②结合起来看“人间世”，就是说君子百官在当时当地的存在问题。郭象注云：“与人群者，不得离人。然人间之变故，世世异宜，唯无心而不自用者，为能随变所适而不荷其累也。”③“间”还可以作为动词，《左传·庄公十年》：“十年春，齐师伐我。公将战，曹刿请见。其乡人曰：‘肉食者谋之，又何间焉。’”④这里的“间”就是参与的意思。后面的“世”则可以解释为人所生活的世界。不论“间”作为名词还是动词，“人间世”要论述的问题就是君

① 段玉裁：《说文解字注》，浙江古籍出版社2002年版，第589页。

② 段玉裁：《说文解字注》，浙江古籍出版社2002年版，第89页。

③ 本文所引用《庄子》文及郭象注均出自郭庆藩撰、王孝鱼点校《庄子集释》，中华书局1961年版。

④ 郭丹、程小青、李彬源注译：《左传》，中华书局2012年版，第213页。

子百官如何参与世界的问题。

庄子清醒地认识到，无论身处何世，“命”和“义”是无法避免的两“大戒”，《人间世》云：“天下有大戒二：其一，命也；其一，义也。子之爱亲，命也，不可解于心；臣之事君，义也，无适而非君也，无所逃于天地之间。是之谓大戒。”不少人误解《人间世》专注地讨论了人与社会之间的关系，即“义”。其实，二者不可分。命是义之基，义是命之用，即有什么样的命，就决定了有什么样的义。其行独的卫君因命而生为君主，其德天杀的太子也因命而尊为储君，而有治国之方的颜回和太傅却因命只能侍君，危险重重。又如《德充符》云：“死生、存亡、穷达、贫富、贤与不肖、毁誉、饥渴、寒暑、是事之变、命之行也。日夜相代乎前，而知不能规乎其始者也。”虽然，命之本在于事亲，并没有生命危险，但不可选择的“命”却决定了在社会秩序中的“义”。

其实，甲骨文中就有“命”字，在先秦也经常使用，如《尚书·召诰》云：“有夏服天命。”①《尚书·汤誓》云：“有夏多罪，天命殛之。”②又《诗经·大雅·文王·大明》云：“有命自天，命此文王，于周于京。”《诗经·周颂·维天之命》云：“维天之命，于穆不已。”可见，命最初多称“天命”，包含一种上对下的强制性。《说文解字》对“命”的解释曰：“命，使也。”段玉裁注曰：“令者，发号也，君事也，非君而口使之，是亦令也。故曰：命者，天之令也。”③其后，儒道两家都讲“命”，但“天”的神秘色彩逐渐褪去，指一种人力所不能改变的外在力量。如《论语·季氏》云：“君子有三畏：畏天命，畏大人，畏圣人之言。”④《论语·雍

---

① 王世舜、王翠叶编注：《尚书》，中华书局2012年版，第224页。
② 王世舜、王翠叶编注：《尚书》，中华书局2012年版，第97页。
③ 段玉裁：《说文解字注》，浙江古籍出版社2002年版，第57页。
④ 朱熹：《四书章句集注》，中华书局1983年版，第172页。

也》云："伯牛有疾，子问之，自牖执其手，曰：'亡之，命矣夫！'"①《老子》第十六章云："夫物芸芸，各复归其根。归根曰静，静曰复命。复命曰常，知常曰明。"②《庄子》中关于"命"的言说，《达生》篇云："不知吾所以然而然，命也。"《山木》篇云："吾命，其在外者也。"实际上，先秦将"命"看成一种无法解释清楚的事情，正如张岱年所说："任何事的结果都非人力所决定，不得不言有命；但推本原始，命又是如何而有的？儒家言天命，似乎命由于天，但天亦非究竟，命到底由何而来？命的有无，实难确定；实际上不过是对于不能解释的事情姑说为命而已。"③

所以，庄子不言"命"，是因为命无以言说，不在"六合之内"。《齐物论》云："六合之外，圣人存而不论。六合之内，圣人论而不议。"六合是指天地四方，圣人对一个不可知的世界不必讨论，但六合之内，圣人是"论而不议"。"论"是对一个事物的秩序、规律的条陈，"议"是对一个事物的美丑、好坏的评议。在庄子看来，圣人不必也不能改变世界，但可以清晰地认识世界。因此，庄子秉持一个态度，就是认识而不评议无法逃遁的生活世界。认识了自己的生活世界，才能决定以何种方式去应付这个世界。

二

面对礼崩乐坏的世界，儒家有入世和避世两种处世方式，《论语·

① 朱熹：《四书章句集注》，中华书局1983年版，第86页。

② 陈鼓应：《老子注译及评介》，中华书局2003年版，第124页。

③ 张岱年：《中国哲学大纲》，中国社会科学出版社1982年版，第402页。

泰伯》云：“危邦不入，乱邦不居。天下有道则现，无道则隐。”①入世，像儒家孔子一样，汲汲寻求入仕，既可以改变世界之乱，也可以为自己争取名声；避世，像隐士伯夷一样，遁入山林，在不问世间变化获得自身安逸时，也获得了鄙夷名利的声望。显然，这两种方式都是以“名”为基础的，也是庄子所鄙视和不屑的。在《史记》中，司马迁对庄子经历的记载是比较简单的：“庄子者，蒙人也，名周。周尝为蒙漆园吏，与梁惠王、齐宣王同时。……楚威王闻庄周贤，使使厚币迎之，许以为相。”②结果是庄子拒绝了楚王的厚意，作为一个严肃的史官，司马迁应该不是为了文学渲染而刻意进行编造。可以由此推测，庄子也曾经入仕过，有和儒家一样积极入世的一面，并非一开始就超然于世。柳春蕊在审视《庄子》内七篇的结构和主旨的基础上认为：“《庄子》是从政治视野中审视人的存在，政治是《庄子》思考的根本问题。《庄子》阐述的任务就是政治，它所谓的‘逍遥’是指政治生命的逍遥以及在政治中生命如何适性。”③这说明庄子对政治问题是非常关注的，甚至有不少学者认为，庄子出自孔门。比如刘师培就认为庄子为子夏门人，“田子方受业子夏而其学流为庄周”④。钱穆也说：“试就庄子书细加研寻，当知庄子思想，实仍沿续孔门儒家，纵多改变，然有不掩其为大体承续之痕迹者。故《庄子》内篇，屡称孔子，并甚推崇。……今欲详论颜氏思想，虽憾书阙有间，然谓庄周之学，乃颇有闻于孔门颜氏之风而起，则殊约略可推信

① 朱熹：《四书章句集注》，中华书局1983年版，第106页。

② 司马迁：《史记》，岳麓书社1988年版，第494-495页。

③ 柳春蕊：《论〈庄子·人间世〉寓言主体的政治身份》，《浙江工商大学学报》2013年第2期。

④ 李妙根编选：《国粹与西化——刘师培文选》，上海远东出版社1996年版，第105页。

也。"①这样的推断可以从《人间世》的"孔子悖论形象"中窥视一二。在《人间世》的开头，孔子懂得"万物之化也，禹、舜之所纽也，伏羲、几蘧之所行终"的大道，是宇宙大道的代言人，一个"嘻"字巧妙地显示出他对颜回积极入世的嘲讽，可到了结尾，孔子成了不识时务的被嘲讽对象，后来李白的诗句"我本楚狂人，凤歌笑孔丘"就是对此的化用。讽人者反被人讽，这样的孔子悖论形象在《庄子》的其他篇章中也屡次出现。章太炎如是解释道："其实《渔父》篇未为揶揄之言，《盗跖》篇亦有微意在也。七国儒者，皆托孔子之说以糊口，庄子欲骂倒此辈，不得不毁及孔子，此与禅宗呵佛骂祖相似。"②

但我们从《庄子》文本中可以知道，庄子生活一直较为困难，曾向监河侯借米。既然曾经肯为漆园小吏，为何拒绝楚国相位呢？而且，庄子也没有像其他隐士一样选择避世，否则我们就难以见到如此瑰丽的《庄子》了。中间是否发生过什么变故？这样一个由入仕而不仕的转变是为何呢？或许正因为庄子出自孔门，并曾为漆园小吏，对所处之乱世有了更为深刻的领悟，才逃出了入世与避世的名利循环圈，选择了游世的高蹈策略。首先，庄子生活的时代，君王统治，社会无道，所谓"方今之时，仅免刑焉"(《人间世》)。为了改变现状，各家学派纷纷提出了各种见解，正如《天下》篇所云："天下之治方术者多矣，皆以其有为不可加矣。"但在庄子看来，这些方术都是一隅之见，不见根本。譬如庄子最喜欢依托的孔子，想通过施行各种仁义道德来治理天下，到处奔寻赏识他的君王，结果是处处碰壁，《让王》云："再逐于鲁，削迹于卫，伐树于宋，穷于商周，围于陈蔡。"甚至连生活都很困难，惶惶如丧家之犬。《人间世》中的"颜回之卫"实际上是再现了孔子当年的心态。其次，在庄

① 钱穆：《庄老通辨》，生活·读书·新知三联书店2002年版，第133-134页。

② 章太炎：《国学讲演录》，华东师范大学出版社1995年版，第212页。

子看来，这些积极布道以求改变世界的人，其目的是为了名。《人间世》云：“且若亦知夫德之所荡而知之所为出乎哉？德荡乎名，知出乎争。名也者，相轧也；知也者，争之器也。二者凶器，非所以尽行也。”而且，《老子》第四十八章早就指出：“为学日益，为道日损。损之又损，以至于无为。”①最后，庄子认为，人之所以好名斗智，说到底是人性使然。在《人间世》中，庄子借孔子之口，诉说历史上的人物，不论贤与不肖，其实都是为了名：“且昔者桀杀关龙逢，纣杀王子比干，是皆修其身以下伛拊人之民，以下拂其上者也，故其君因其修以挤之。是好名者也。昔者尧攻丛枝、胥敖，禹攻有扈，国为虚厉，身为刑戮，其用兵不止，其求实无已。是皆求名实者也，而独不闻之乎？名实者，圣人之所不能胜也，而况若乎！”

庄子知道，面对一个乱世，入无以入，避无所避。这种限制性的困境构成了他的学说的生成背景，所以，看似不食政治烟火的庄子，在《人间世》中却处处论政治。既然入世和避世都不可取，那么，不即不离、若即若离的不仕，就成为庄子对待乱世的无奈选择，也是他洞见世界之后的睿智选择，可谓“游世”。《说文解字》云：“游，旌旗之流也。”段玉裁注云：“旗之游如水之流也，故得称流也。”②“游世”即是说人处世中，如旗之流，随风而行，亦如水之流，随物婉转，看似至柔至弱，实则保全自己，达于目的。

三

说到庄子的“游世”，必然要与《逍遥游》结合起来看待。庄子在《逍

① 陈鼓应：《老子注译及评介》，中华书局2003年版，第250页。

② 段玉裁：《说文解字注》，浙江古籍出版社2002年版，第311页。

遥游》中曾幻想“逍遥”于“无何有之乡”，“彷徨”于“广漠之野”。但幻想并不能超脱现实，生存之“大戒”须臾不离其身，恰恰是严酷的社会现实，才构成了庄子处世哲学得以产生的客观前提。在先秦时代，作为君子百官的两“大戒”，“命”作为伦理生命而存在，“义”作为政治生命而存在，它们共同构成了现实生命。虽然，在《人间世》中，庄子主要讨论的不是伦理生命，而是君子百官的政治生命，但不可选择的命导致了在社会中的义，而如何处理义，又反过来决定了命的意义。只有处理好了这二者之间的关系，才能游于人间，实现逍遥。

如果不能巧妙而睿智地处理好人与世之间的关系，逍遥永远只是幻想，并不具有安身之义和指导之用。《人间世》与《逍遥游》在论旨上有所不同，但在结构上却有相同之处。从潜在的思想线索上看，都提供了一个不断摆脱现实束缚、不断净化精神的过程。《人间世》在论述从“祭祀之斋”到“心斋”的转换时，就是一个不断排除欲望、进入虚静状态的过程，其中很重要的就是拒绝“知”。《人间世》云：“闻以有翼飞者矣，未闻以无翼飞者也；闻以有知知者矣，未闻以无知知者也。”庄子通过对“有翼而飞”与“无翼而飞”、“以有知知”与“以无知知”的辨析，来引导人突破“知”的禁锢，从“以有知知”进入“以无知知”的状态。前者是借助知识所达到的知，始终囿于知的范围；后者则是忘掉知识后的对世界的一种洞见。在《逍遥游》中，“小大之辨”可谓是其眼目。庄子通过一系列小大不同的形象对比，如小知与大知、小年与大年，来引人突破小大的局限，否则，囿于自身经验就会出现蜩与学鸠对大鹏的无知嘲讽。郭象注《逍遥游》云：“夫小大虽殊，而放于自得之场，则物任其性，事称其能各当其分，逍遥一也，岂容胜负于其间哉!”

从显现的文本安排上看，都是在不断超越中达到最高的境界。《人间世》共描写了七个故事，计三类人，分别代表了对待现实世界的三种态度：从“想入世”到“已入世”再到“出世”。这可以分为三个层面：第一层面是心理层面，第二层面是现实层面，第三层面是目的层面。心理层面说明入世的不可取和根源，现实层面说明入世的危险，目的层面说明游世的好处。从其结构安排来看，三个层面，层层递进，在不断否定前面的方式中引出最后的旨趣。在《逍遥游》中，庄子刻画了南徙冥池的鲲鹏形象，还有宋荣子笑世、列子御风、许由辞让等生动故事。尚永亮先生曾对“逍遥游”的三个层面进行论述：第一层面是现实中的低级层面，也是一个不逍遥的层面，以学鸠、斥[illegible]等为代表；第二层面是现实中的较高层面，也可谓之中介层面，以大鹏、宋荣子、列子等为代表，因已获得较大自由而接近道境；第三层面是超越了现实的理想层面，至人、神人、圣人等均活动于其中并昭示着“逍遥游”的意蕴。通过对三个层面的逻辑关系分析，尚永亮先生认为：“‘逍遥游’的真正价值并不在其理论形态和最终目标，而在庄子对此一境界的追求过程和借此表现的对束缚自我之现实的否定。”①通过比较发现，它们的结构有相似之处，都是在不断否定的逻辑推理下，层层递进，最后导出文章的主旨。可以说，庄子在《逍遥游》中提供了一种不断否定现实束缚、追求逍遥境界的过程，而在《人间世》中，庄子提供了一种如何在无法避免的政治世界中逍遥的策略，那就是游世。

这是因为外在社会的困厄引发了庄子对生命和人生的思考。庄子发现，人要面临着乱世的威胁，但世人却不知道避祸趋福，如《人间世》所云：“方今之时，劲免刑焉。福轻乎羽，莫之知载；祸重乎地，莫之知避。”同时，还要面对无法逃离的、与生俱来的悲剧性事实：人生是短暂的。《人间世》云：“来世不可待，往世不可追也。”《盗跖》篇

① 尚永亮：《矛盾的庄子与庄子的悖论——〈逍遥游〉的“小大之辩”及其它》，《苏州大学学报》2001 年第 1 期。

云："人上寿百岁，中寿八十，下寿六十……天与地无穷，人死者有时，操有时之具而托于无穷之间，忽然无异骥骥之驰过隙也。"人生也是苦难的。《盗跖》篇云："除病疫死丧忧患，其中开口而笑者，一月之中，不过四五日而已矣。"所以，在《人间世》的篇末就有楚狂接舆笑孔丘，云："天下有道，圣人成焉；天下无道，圣人生焉。"如此对照凸显了人生的可贵，故重生、养生、追求适意，成为庄子人生思考的自然选择。

一篇《逍遥游》，就是庄子力求超越苦难，追求逍遥人生的宣言，不论是"水击三千里，抟扶摇而上者九万里"的鲲鹏，还是"乘云气，御飞龙，而游乎四海之外"的姑射山神人，都洋溢着不同于世俗原则的理想色彩。但如此美好的人生境界却落实于"无何有之乡""广漠之野"，不能不令人伤怀于世。庄子在《人间世》中的游世就是试图将逍遥的人生境界落实于人间。庄子深深地感觉到，所谓的忠、孝、仁、义不过是对人的愚弄而已，为人君者刻薄少恩，君子百官贪名心切。"名"就是社会之乱、人心之乱的根源，而"名"来自于人心对外物的感受、思考和意欲等。只要人的心灵在正常地运转，人们就难以摆脱这些感觉和意欲的干扰。因此，庄子从根本处着手，认为只有回归于道，才能摆脱物欲和声名的干扰，而回归于道的根本途径就是"心斋"，其后的叙事都是以此为基础展开的。《人间世》云：

> 颜回曰："敢问心斋。"
>
> 仲尼曰："若一志，无听之以耳而听之以心，无听之以心而听之以气！听止于耳，心止于符。气也者，虚而待物者也。唯道集虚。虚者，心斋也。"

“听止于耳”应是“耳止于听”，即耳朵不要去听，以此类推则有眼睛不要去看，鼻子不要去嗅等，就是说各种感官不要去感觉外物。这样，就自然过渡到“心止于符”，即心灵不要有感受、思考和意欲等反应。那么，又该如何面对外界的事物呢？“听之以气”。在此，庄子并非真的要人们以气去听，他的意思是说，能够心斋的人可以达到至柔至虚的境界，有如气一样，可以虚而待物了。所以，郭注将“心斋”释为“去异端而任独(者)也(乎)”，也说明“心斋”就是一种排除心中杂念和欲望的精神修养过程。

人虚而待物，便是与作为世界整体的道同而为一了。庄子对体道之人的空明境界作了非常生动的描述，《人间世》云：“瞻彼阕者，虚室生白，吉祥止止。”仿佛太阳冉冉升起，阳光射入空房里，屋里顿时四壁生辉，豁然开朗。正因为房子的空旷和看似无用，才能更好地让阳光射入，从而实现房子的大用。其他事物无不如此。在遭遇乱世时，人只有心志专一，用心体会，才能空明照物而通达大道。庄子在《人间世》中塑造的“栎社树”“商丘大木”“楸柏桑”等“无用”之木和“无用”之人支离疏，都说明“有用”恰恰可能会带来危险，而“无用”反而会无忧，可以保全自己的生命。在《逍遥游》中，庄子同样以大树之无用得以终年作为篇尾，来说明无用方可避免乱世之危险。这样，《人间世》之“人皆知有用之用，而莫知无用之用也”的游世主旨也就顺理而出了。所以郭沫若说：“‘无用者’，无用于世；‘之用者’，有用于己，全身、保身、养亲、尽年就是大用了。”①

由以上论述可以发现，“游世”是庄子在《人间世》中为君子百官如何

① 郭沫若：《郭沫若全集·历史编》(第2卷)，人民出版社1982年版，第204页。

处世指出的一条道路，这是庄子缜密思考所处之世和自身生命后的洞见。只有游世才能游心，真正做到逍遥其身。同时，也只有贵生而虚己游心，才能淡然游世，逍遥于世。

论“五行”和“阴阳”理论的起源、发展与合流

陈　硕

(武汉大学文学院)

摘　要：在中国古代文化中，“五行”和“阴阳”思想占据了举足轻重的地位，成为了中华文化中不可或缺的一部分。而探寻和追溯“五行”和“阴阳”这两个关键词的起源，发展和合流，理清其在中国历史文化发展中的脉络和轨迹，是非常必要的。本文试图回到中国文化的轴心时期，探究“五行”和“阴阳”的起源和发展，并找到它们之间产生联系的关键节点，从而更加深入地理解“五行”和“阴阳”作为中国文化元典的关键词，其思想内涵在中国文化的组成中所起到的关键作用。

关键词：五行　阴阳　文化　儒家　周易

一、“五行理论”的起源和发展

“五行”一词，最早见于《尚书·甘誓》：“有扈氏威侮五行，怠弃三正，天用剿绝其命。”《甘誓》属于《虞夏书》中的《夏书》，是夏启在准备讨伐有扈氏时，在甘(今陕西户县西南)发布的战争动员令。而这里的“五行”具体所指为何，文中并没有详说。而稍晚的《尚书·洪范》中，对

“五行”有了进一步的阐述：“初一曰五行……五行：一曰水，二曰火，三曰木，四曰金，五曰土。水曰润下，火曰炎上，木曰曲直，金曰从革，土曰稼穑。润下作咸，炎上作苦，曲直作酸，从革作辛，稼穑作甘。”《洪范》第一次提及五行的基本概念，即水火木金土这五种构成世间万物的基本物质，同时也介绍了它们所具有的特点以及与之相联系的五种味道。《洪范》记载的是周灭商后二年，商朝旧臣箕子向周武王所陈述的“九畴”即九种“天地之大法”的记录，后人多认为其成书于西周至春秋时期。可见，最早于西周时期，“五行”作为金木水火土五种基本物质的总称的观念，就逐渐形成了。作为“五种基本物质”概念的“五行”，又被称为“五材”。如《左传・襄公二十七年》：“天生五材，民并用之，废一不可”。杜预注：“金，木，水，火，土也。”又《周礼・考工记・总目》：“或审曲面势，以饬五材，以辨民器。”郑玄注：“此五材，金，木，皮，玉，土。”因此，“五行”起源于水火木金土五种基本物质的学说，在春秋时期已深入人心，并成为了五行起源说的主流观点，在中国历史上占据了最重要的地位。

但是，由于五行说来历久远，古代典籍中有关它的原始资料传至今日已少之又少，且五行说本身内容过于庞大芜乱，令人难以把握。因此有关五行学说的内涵和起源，除了“五行五材说”以外，学术界还有各种不同的看法。现列举其中的一些主要观点：

1. *五方说*

“五方说”的观点认为，五行的原始含义是指东、南、西、北、中五个方位。持这种观点的人从“行”字的构造和意义中寻找支撑这个论点的论据。“行”的甲骨文写作“卄”，意为东南西北四个方向。原始的人们需要借助空间来认识世间万物，故方向的把握对当时人类的认知起到了至关重要的作用。河南安阳挖掘的殷墟墓的平面图及上古明堂宗庙平面多半呈“亞”字形，而这种建筑在中国后期却很少出现，可以推断，它体现了殷商人早期对空间方位的膜拜。罗振玉在《殷商书契考释》中说：“行像四达之衢，人之所行也。”①这也是“行”最早的原始义。最早，“行”只代表东南西北四个方位，逐渐地由四方变成五方。因为四方观中已经蕴涵了五方观，要确定四方，必须首先确定中央，《诗经·商颂·玄鸟》中有“古帝武汤，正域彼四方”，即从中央看四方。因此，说四方，就已经意味着五方。因此，从“行”字的原始义上推断“五行”起源于“五个方位”，应该算是比较权威的论据了。②

2. 五星说

“五星说”的观点认为，“五行”最早源自天上肉眼可见的五颗行星。有些学者考证，“行”字和“道”等字有相似的含义，都有道路的意思。如《尔雅·释宫》曰：“行，道也。”而和“道”字一样，“行”字也引申出“规律”“道理”的意思。《周易·复卦》：“反复其道，七日来复，天行也。”孔颖达疏：“此乃天之自然之理，故曰天行也。”《史记·历书》云：“黄帝考定星历，以立五行。”因此持“五星说”观点的人认为，“五行”是指辰星、太白、荧惑、岁星和填星五个天体有规律地在天上运行移动的现象。而这五颗行星在战国以后被称为水星、金星、火星、木星和土星。“五方说”和“五星说”其实是当时的人们一种朴素的自然观念的体现，是人们对昼夜交替、四方等时空现象的朴素看法，它们和“五材说”一样，体现了早期中国人对自然和万物的认知。

3. 手指计数说

这个说法是郭沫若先生提出的，他认为，五行之“五”与人身的手足之数相同，因此，他提出五行源自古人对人体的观察。在他的《甲骨文

① 罗振玉：《殷虚书契考释三种》，中华书局2006年版，第140页。

② 贺娟：《五行与中国传统文化》，《国学》2011年第1期，第46-50页。

字研究释五十》中指出："数生于手，古文一二三四作'㇀、𠄞、彡、亖'，此手指之象形也。手指何以横书？曰，请以手做数，于无心之间，必先出右掌，倒其拇指为一，次指为二，中指为三，无名指为四，一拳为五，六则伸其拇指，轮次至小指，即以一掌为十。"①《周易·系辞下》记载，伏羲治理天下时，为认识客观世界，"通神明之德"，"类万物之情"，从而"近取诸身，远取诸物。"而手指计数说，颇为印证了早期人们的这一做法。

4. 其他起源说

除了上述观点以外，关于五行的起源的推论，还有代表四季轮转的"四时说"、代表句芒、祝融、蓐收、玄冥和后土的"五神说"等。

关于五行的起源，历代学者众说纷纭，至今尚无定论。但五行说自西周提出之后，它的所指从来都不是一成不变的，而是具有多重的含义。而这其中又是以"五材说"为基础而传承的，这体现了中国古代朴素的唯物主义思想。

在"五行说"的概念提出来以后，随即在当时的中国，出现了一种文化趋势，即将"五行"作为一种模型，将自然界和人类社会中出现的各种事物用来套用分类。如《尚书》中便有关于五品、五典、五服、五礼、五刑等记载。《尚书·尧典》中有帝曰："契，百姓不亲，五品不逊，汝作司徒，敬敷五教。"《尚书·吕刑》有："两造具备，师听五辞。五辞简孚，正于五刑。五刑不简，正于五罚。五罚不服，正于五过。"《左传》中更是有"五谷、五善、五色、五声、五典、五材、五味、五节"等四十余被称为"五"的概念。学术界把这种现象称之为"五行配五"。"五行配五"的提出，使"五行说"逐渐渗透于中国古代的天文、历法、人的思维模式、

① 郭沫若：《甲骨文字研究·释五十》，《郭沫若全集》第一卷考古编，科学出版社1982年版，第115页。

礼数、医学、音乐等各个领域，成为我国上古文化的代表。而作为“木火土金水”的五材，也与先前提及的“东南中西北”五方，“春夏秋冬”四季，以及其他的概念命题有了一一对应的关系。囿于篇幅，在此不能一一展开来讨论了，下文列附表一张，展示了“五行”与各种事物“五行配五”的对应关系。

五材	木	火	土	金	水
四时	春	夏	长夏	秋	冬
五方	东	南	中	西	北
五数	八	九	五	七	六
五帝	太皞	炎帝	黄帝	少皞	颛顼
五神	句芒	祝融	后土	蓐收	玄冥
五味	酸	苦	甘	辛	咸
五音	角	徵	宫	商	羽
五色	青	赤	黄	白	黑
五宫	青龙	朱雀	黄龙	白虎	玄武
五脏	肝	心	脾	肺	肾
内腑	胆	小肠	胃	大肠	膀胱
五情	怒	喜	思	悲	恐
五牲	羊	鸡	牛	犬	彘
五化	生	长	化	收	藏
五事	视	言	思	听	貌
五官	目	舌	口	鼻	耳
五气	风	暑	湿	燥	寒
五性	仁	礼	信	义	智
五政	宽	明	恭	力	静
五祀	户	灶	中溜	门	井

二、“阴阳”理论的起源和发展

“阴阳”是中国最古老的哲学观念之一，和“五行”一样，“阴阳”概念的产生起源于原始氏族社会对自身和自然万物的观察。在古文字形成以前，人们用“- -”表示所有阴性属性的事物，用“—”表示所有阳性属性的事物，后来这样的符号在《周易》里被称为阴爻和阳爻。而“—”和“- -”两个符号最初具有什么象征意义，历来众说纷纭。20 世纪 20 年代，钱玄同认为“原始的易卦，是生殖器崇拜时代的东西”。他提出“—”和“- -”“是两性生殖记号”。之后，郭沫若也支持这种论断，他进一步提出，“—”符号像男根，“- -”符号像女阴平面截图，所以阴阳符来自男女生殖器，是古代生殖器崇拜的孑遗。并由此推演出男女、父母、阴阳、刚柔、天地的观念。阴阳爻产生于男女生殖器的说法，得到了大多数专家学者的认同。而阴阳爻的产生，也标志着在原始氏族社会中人们对阴阳观念有了初步的认识。

“阴”和“阳”原本表示的是一对相反的概念，是两个词。“阴”字的甲骨文是“[illegible]”，上部是省写的“今”，表声；下部是“佳”(鸟)，表形。意为天色将暗，因此鸟鸣不已，所以，“阴”最早具有“阴暗”的意思。古人把山的北面和水的南面称之为阴。《说文・阜部》：“阴，暗也，水之南，山之北也。”《周礼・秋官・柞式》：“冬日至，令剥阴木而水之。”在中国，山的北面往往是背向太阳的，而中国的大江大河恰好又是由西向东流淌。水的南岸是朝向江河而背对太阳。山的北面水的南面有一个共同的特点就是背阳而阴暗。而这与“阴”在甲骨文中“阴暗”的意思正好吻合。而“阳”字的甲骨文是“[illegible]”，左边为“阜”，表示升高的意思，右边是一盏明灯，明灯升高，光明至极，因此“阳”表示“光明”的意思。《说文・阜部》：“阳，高明也。”和“阴”相对，古人把山的南面和水的北面称之为阳，因为山南水北恰好是面向太阳的方位，因此也能够得到更多的阳光而明亮，和甲骨文中“光明”的意思也相吻合。而“阴”和“阳”的所指，也得到了最初的确立。而此时的阴阳，仅仅是一个具体的概念，尚未具备哲学世界观意义上的范畴。

在先秦时期，“阴”“阳”二字的含义得到了引申。“阴”具有了诸如“阴暗”“寒冷”“黑色”“冬季”“阴影”“隐藏”等含有消极、被动的意旨。如《尔雅·释畜》：“阴白杂毛，骃。”这里“阴”就是浅黑的意思。如《说文·阜部》：“阴，暗也。”《管子·宙合》：“夏处阴，冬处阳。”《诗·邶风·谷风》：“习习谷风，以阴以雨。”《周礼·天官》：“掌王之阴事、阴令。”等等。而“阳”也相应地具备了诸如“太阳”“温暖”“显露”“光明”“生机”等积极主动的色彩。如《诗·小雅·湛露》：“湛湛露斯，匪阳不晞。”《诗·豳风·七月》：“春日载阳，有鸣仓庚。”《庄子·达生》：“无入而藏，无出而阳。”《庄子·齐物论》：“近死之心，莫使复阳也。”等等。从以上例子可以发现，先秦时期的著作中“阴”“阳”二词随处可见，虽然在这些作品中阴阳仍然只被当做具体的名词或形容词使用，但我们已经依稀可以体会到阴阳二字所体现出来的二元对立的哲学含义了。

历史上，第一个明确用阴阳来解释自然运动的，是西周的大夫伯阳父，《国语·周语上》记载了他说的话：“天地之气，不失其序，若过其序，民乱之也。阳伏而不能出，阴迫而不能蒸，于是有地震。”他认为产生地震的原因是天地所产生的阳气和阴气“失其序”。与此同时，阴阳观念也开始被引入医学。《左传·昭公元年》记载：“医和说：天有六气，降生五味，发为五色，征为五声。淫生六疾。六气曰阴、阳、风、雨、晦、明也。”从这些引文可见，当时的人们普遍用“阴阳”来解释自然现象，体现了西周至春秋时人们朴素的自然观念。

最早把“阴阳”的概念引入哲学范畴的作品是老子的《道德经》。《道德经》第四十二章云：“道生一，一生二，二生三，三生万物。万物负阴而抱阳，冲气以为和。”“万物负阴而抱阳”，从字面意义上理解，就是世界万物中都包含着“阴”与“阳”这两种要素。这也体现出老子的阴阳说继承了当时人们朴素的自然观念。但进一步结合前后文来分析，“道生一，一生二，二生三，三生万物”中，“一生二”之“二”，一般都解释为阴阳，说明阴阳在《老子》中已经不是一对具体概念了，而具有了哲学上的意义。“冲气以为和”则体现了道家的和谐思想。阴阳运动的最终目的是为了达到“和”，也就是协调和平衡的状态。因此，在这里，“阴阳”已经不再仅仅是一对对立的概念，而是达到了某种程度的统一。因此，以老子为代表的道家阴阳学说，是对当时阴阳概念的一种突破和创新。

另一部提到“阴阳”概念的经典是《周易》。《易传·系辞上》曰：“一阴一阳之谓道。”考虑到《易传》的编著应该在孔子之后，且多带有儒家思想的色彩。因此，这里的“阴阳”应该是儒家“阴阳说”的源头。“道”在这里指自然规律，即世间万物的运动、变化和发展。因此，《易传·系辞上》认为，自然界的一切事物的运行规律都是阴阳两种要素相互作用，相互渗透的结果。而这和老子的观点殊途同归。《周易》中代表阴阳的“--”和“—”二爻组成了八卦，八卦再两两相互组合，最终形成了具有丰富含义、包罗万象的六十四卦，不正是儒道二家阴阳观的体现吗？太极图中区分阴阳鱼的反S曲线，也体现了阴阳学说一分为二的思想，而点缀在阴阳鱼中的眼睛，则是阴阳二者你中有我，我中有你，相互依存、不可分割的体现。

阴阳说在道家和儒家的思想体系中都具有重要的地位。道家经典《列子》中有很多地方提及了阴阳，如《列子·天瑞第一》说：“阴阳尔，四时尔，不生者疑独，不化者往复。”“造化之所始，阴阳之所变者，谓之生，谓之死。”《庄子》的外篇和杂篇多为庄子后学所作，其中也多次提到了“阴阳”，如《庄子·外篇·天运》说：“一清一浊，阴阳调和，流光其声。”《庄子·外篇·知北游》说：“阴阳四时运行，各得其序。”可见，道家学说无不强调阴阳之间的相互运动、调和和转换。而后来衍生出来的道教，更是结合了太极、八卦和阴阳思想，创造出了太极八卦图，并成为了道教的标志。

儒家学派也积极运用“阴阳”的思想充实自己的理论观点。如《荀子·礼论》：“天地合而万物生，阴阳接而变化起。”董仲舒等汉儒把阴阳学说应用于政治教化，提出阳尊阴卑的思想，并将其用来比附君臣、父子、夫妇等关系。他在《春秋繁露·基义》中说：“君臣、父子、夫妇之义，皆取诸阴阳之道。君为阳，臣为阴；父为阳，子为阴；夫为阳，妻为阴。”他的这种思想服务于封建统治阶级，为封建专制统治建立等级和尊卑秩序提供了理论依据。宋代的理学鼻祖周敦颐提出阴阳“二气交感，化生万物”，从源头上对阴阳思想进行继承和锻造，服务于他的理学理论。

三、阴阳理论与五行理论的合流

作为古代中国最重要的两种有关宇宙万物的认识论，阴阳和五行是中华民族传统文化和哲学的重要组成部分，对古代中国人的思想意识形态的形成起到了至关重要的作用，而阴阳和五行的思想最终也得以合流，成为了一个理论化、系统化的思想体系，即阴阳五行理论。

阴阳和五行思想的合流在《周易》中就初见端倪。《周易·系辞》曰：“易有太极，是生两仪，两仪生四象，四象生八卦。”这里的两仪就是先前提到的阴和阳。而八卦是周易的八种基本卦象，即乾、坤、震、巽、坎、离、艮、兑，它分别对应自然界的八种物象：天、地、雷、风、水、火、山、泽。可见，在《周易》中，已经记载了类似五行一样构成自然界万物的八种基本元素。后人将八卦和五行进行调和，使之形成了对应关系：乾兑属金、坤艮属土、震巽属风、坎为水、离为火。因此，在《周易》中，阴阳和五行就初步建立了联系。而西周时期的周太史伯阳父应该是最早运用阴阳五行思想解释自然万物的人，《国语》记载了他的两段话："幽王二年，西周三川皆震。伯阳父曰：'周将亡矣！夫天地之气，不失其序，若过其序，民乱之也。阳伏而不能出，阴迫而不能蒸，于是有地震，今三川实震，是阳失其所而镇阴也。'""夫和实生物，同则不继。以他平他谓之和，故能丰长而物归之；若以同裨同，尽乃弃矣。故先王以土与金木水火杂，以成百物。"这两段话分别见于《国语·周语上》和《国语·郑语》。可见，早在西周时期，人们已经主动运用阴阳和五行的概念来解释自然界的一些现象，并积极思考阴阳和五行等元素之间的内在联系。春秋时期，周卿士单提出了"天六地五"，即天有阴、阳、风、雨、晦、明六种气象，地有金、木、水、火、土五行，把阴阳和五行相提并论。至此，阴阳五行思想开始出现合流。

春秋后期，由稷下学者们编写的《管子》正式将阴阳和五行结合到一起，提出了"阴阳五行"思想。《管子》将五行以木、火、土、金、水的顺序排列，并与之与五季的时令联系在一起的，把一年分为五个季节，每季七十二日。《管子·五行》曰："昔黄帝……作立五行，以正六时，以正人位。人与天调，然后天地之美生。日至，睹甲子，木行御……七十二日而毕。睹丙子，火行御……七十二日而毕。睹戊子，土行御……七十二日而毕。睹庚子，金行御……七十二日而毕。睹壬子，水行御……七十二日而毕。"由这段话我们可以看出，《管子》按照五季排序，以季节的轮转次序，显示了五行的相生顺序，它意味着五行相生的思想已经出现。同时，《管子·四时》篇有：“阴阳者，天地之大理也，四时者，阴阳之大径也；刑德者，四时之合也”，“阳为德，阴为刑”，“春赢育，夏养长，秋聚收，冬闭藏”。《管子·枢言》说：“凡万物，阴阳两生而参视。”还说：“先王用一阴二阳者，霸；尽以阳者，王；以一阳二阴者，削；尽以阴者，亡。”可见，在《管子》的理论框架中，阴阳五行思想无处不在，阴阳和五行两个概念已经互相渗透，有机地融为了一体。《管子》一书的问世标志着阴阳五行的学说已经发展到了一个理论新高度。

战国的阴阳家邹衍是先秦阴阳五行学说的集大成者，他继承了《管子》的“阴阳五行”说，并在此基础上提出了“五德”说，五德即土德、木德、金德、火德、水德。《史记·孟子荀卿列传》中记载：“邹衍睹有国者益淫侈，不能尚德，若大雅整之于身，施及黎庶矣。乃深观阴阳消息而作怪迂之变，终始、大圣之篇十万余言。其语闳大不经，必先验小物，推而大之，至于无垠……称引天地剖判以来，五德转移，治各有宜，而符应若兹……然要其归，必止乎仁义节俭，君臣上下六亲之施。”邹衍认为：“新朝之起必因前朝之德衰，新朝所据之德必为前朝所不胜之德。”因此，每个朝代都有自己所对应和符合的一德，它决定着朝代的命运。五德是按照木土水火金五行相克的原则进行转移的，因此朝代的更替是有定数的。邹衍的学说成为秦国的意识形态之根据。《史记·秦始皇本纪》载：“始皇推终始五德之传，以为周为火德，秦代周德，从所不胜。”《史记·封禅书》也说：“于是秦更名河曰德水，以冬十月为年首，色上黑，度以六为名，音上大吕，事统上法。”事实上，自秦汉至明清时代，五德终始说始终是历代王朝阐述其政权合法性的基本理论框架。

“五德说”的提出标志着阴阳五行思想完成了从原始的宇宙观向神秘主义的过渡。与邹衍同处战国时期的儒学思孟学派则从另一个角度发扬“五行说”。子思在《中庸》中提出了“诚”，而这种“诚”既是“天命”，也是“性”。郑玄注《中庸》一章“天命之谓性”时，提出“木神则仁，金神则义，火神则礼，水神则智，土神则信”。因此，天命之谓性就包含了五行的内容。而后孟子用“信”代替了“诚”，将“木金火水土”与“仁义礼智信”一一对应。而“五行说”也成为儒家思想的重要内容之一，西汉著名的儒学家董仲舒继承和发扬了思孟学派的五行理论，并使其与阴阳再次合流。董仲舒《春秋繁露》中各篇之名目充分体现了他的阴阳五行合流的思想，现列举如下：《符瑞》《五行对》《五行之义》《阴阳位》《阴阳终始》《五行逆顺》《洪水五行》《治乱五行》《五行变救》《五行五事》《阴阳义》《阴阳出人》《五行相生》《五行相胜》《求雨》《止雨》《循天之道》《天地阴阳》。其中《五行相生》有：“天地之气，合而为一，分为阴阳，判为四时，列为五行。”体现了阴阳和五行思想的紧密结合。董仲舒继承了邹衍“五德说”、孟子“五行说”等把五行和政治伦理结合的理论观点，创造了“天人感应”的理论。如《天辨在人》有：“故春夏之阳，秋冬之阴，不独在天，亦在于人。”《深察名号》亦有：“人之诚，有贪有仁。仁贪之气，两在于身。身之名取诸天。天两有阴阳之施，身亦两有贪仁之性。天有阴阳禁，身有情欲枉。”他的“天人感应”的理论将儒家思想、阴阳五行思想与当时封建专制政治相结合，为封建统治者巩固其政权而服务。而经过董仲舒、刘向等汉儒的改造，阴阳五行学说已经同儒家思想紧密结合，并为封建专制大一统服务，渗透到中国古代文化的各个角落，逐渐成为了古代中国全社会的普遍信仰。

西汉时期阴阳五行说与儒家思想的结合并发展壮大，客观上阻碍了西汉思想学术的自由发展，使得当时社会出现了儒家一家独大的局面。但是其对于五行阴阳理论本身的发展和完善，则起到了极大的推动作用。而五行阴阳理论在之后又与中医学、命理学、堪舆学、易学、音乐学、美术学等学科结合，衍生出许多独特的文化，其影响遍布十中国古代思想文化的方方面面。比如在中医理论方面,《金匮真言论》中说:“背为阳,阳中之阳,心也;背为阳,阳中之阴,肺也;腹为阴,阴中之阴,肾也;腹为阴,阴中之阳,肝也;腹为阴,阴中之至阴,脾也;此皆阴阳表里、内外、雌雄相输应也,故以应天之阴阳也。”阴阳五行理论在古代天文、历法、地学等学科的发展过程中,也起到了重要的作用,因而促进了中国古代科学技术的发展。最值得一提的是,现代科学的很多理论与中国古代的阴阳五行思想不谋而合。比如现代哲学中辩证唯物法的对立统一规律,正好与中国阴阳五行思想的“冲气以为和”吻合。发明了二进制的德国数理哲学家莱布尼兹承认,他的灵感来源于《周易》中的阴阳思想,二进制中的 0 和 1 正好就是阴爻和阳爻的符号代码。二进制理论的提出,为现代计算机的发明和信息技术的发展提供了强有力的科学支撑。量子力学理论中也提到了阴阳能量和粒子形成的关系。由此可见,阴阳五行思想虽然是中国的一个古老学说,但是它具有强大的生命力和坚实的理论依据,依然为现代科技的发展提供着理论基础。

《周易》之“离”浅析

程婷婷

（武汉大学文学院）

摘 要：《离》卦为火。在《周易》中，根据语境和爻位的不同，“离”字的含义也随之变化，有“使……美丽”“附丽”“文明”“黄霓”等义。而“离”字本身的含义也十分丰富，从古至今其释义不下十种，即使释义在发展中有所变化，但其基本意一直很稳定。本文意在梳理《周易》之“离”的含义及“离”字本身含义的发展变化，并根据“离”字在《周易》中的“修饰”和“文明”意，简要分析其与中国古代文论的联系。

关键词：离 《周易》 文论 形式

引言

中华文化如浩瀚星空，绚烂多姿，中国汉字是中华文化的一部分，博大精深，在闪亮的文化星空中熠熠发光。一个汉字，往往多义，并且不会孤立地存在，总是与某种文化紧紧相连。本文就万千星辰中取一“离”字，试浅析“离”字在《周易》中的具体含义及其如何延伸到中国古代文学理论当中。“离”字很早就已出现，从甲骨文到说文，离的字形没有多大的变化，字义虽有所增加，但变化亦不大。随着时间的推移，含义逐渐增加，从古代汉语词典中已可见七种解释外加两种别音。发展到现代，“离”字便留下了四种基本义，是最为常见用法。“离”在《周易》中本是八卦之一，从整个卦象来看，“离”字主要是依附之意，但其具体含义也因在八卦中所处的位置和语境的不同而有所不同。如果从“离”字的某个含义引申开来，便能与中国古代文学理论的某些方面联系起来。本文主要从“离”的“使……美丽；修饰”的含义出发，谈到古代文论中形式与内容的关系问题，并提及“离”作为“文明”之意的教化作用。

一、“离”字的源头及发展

“离”这个字的发展并不复杂，但是含义却很丰富。“离”字的源头，要从甲骨文说起。在甲骨文中，离是会意字，[illegible]=[illegible](鸟)+[illegible](禽，捕鸟用的网)。《甲骨文形义集释》中解释“离”：“甲骨文下面是个带把的网，网中有一只鸟，大概是黄鹂，表示黄鹂鸟遭到擒拿。本义当捕鸟，如《诗经》：‘鱼网之设，鸿则离之。’引申为遭受、离散。离散则有距离，又引申为相距等义。由于‘离’为引申义所专用，便又另加义符‘隹’写作‘離’，今简作“离”，并用以表示上面之义。”①在《说文》中可找到这样一种解释：“离黄，鸧鹒，今用鹂为鹂黄，借离为离别也。”②鸧鹒即是黄鹂，也作仓庚。黄鹂是一种很常见的禽类，在古诗中常有引用，是可爱而美好的象征。如杜甫“两个黄鹂鸣翠柳，一行白鹭上青天”；白居易

① 刘开田，陈靖：《甲骨文形义集释》，武汉出版社2007年版，第193页。

② 蒋人杰编纂，刘锐审定：《说文解字集注》，上海古籍出版社1996年版，第729页。

“几处早莺争暖树，谁家新燕啄春泥”。《说文》中“离”字也有别的含义：“离，山神兽也。”这显然是根据篆文所作的解说，本义当为捕鸟。今按“离”“離”皆借为螭。螭，龙也，谓云气似龙形者，虹之类也。音转而谓之霓。螭在古代也有两种解释：一是指古代传说中一种没有角的龙，古建筑或器物、工艺品上常用它的形状作装饰：螭头；二是同“魑”，魑魅的意思。由此可见，“离”字在古代意义范围很窄，是指一种动物或一种鬼怪。

到后来，“离”字的含义逐渐增多。据笔者所查，在古代汉语词典中，“离”字至少有以下九种含义：

一作“离开，离别”意。贺知章《回乡偶书二首》：“少小离家老大回，乡音无改鬓毛衰。”中“离”字就是“离开”的意思。

二作“背离，违背”意。《商君书·画策》：“失法离令。”意思是“不遵守法律，违背了命令”。

三作“离间，叛离”意。《孙子·计》：“亲而离之。”这就是著名的诡道十二法之一，意思是主、将和谐、将士同心、君臣一体，此难胜之敌也，我使间、以利、用计、无中生有，离间对方之间的关系，使亲者疏，疏者仇，借敌之手，成我大事。

四作“经历”意。《史记·苏秦列传》：“我离两周而触郑，五日而国举。”意思是“我经过东周、西周，进逼韩都，五天可以攻下韩都”。

五作“八卦之一”，代表火。

六作通“罹”，“遭受，遭遇”意。《诗经·邶风·新台》：“鱼网之设，鸿则离之。”意思是“本是求年轻美好的爱侣，得到的却是一个弯腰驼背的老头子。比喻得到的不是自己想要的”。

七作“分析”意。《礼记·学纪》：“一年视离经辨志。”意思是“第一年考察学生离分析经文义理和辨别志向所趋的能力”。

“离”作第三声[lǐ]时作“离跂”意，用力的样子。

“离”作第四声[lì]时通“丽”，“依附”的意思。①

在现代汉语词典中，“离”有四种解释：

一是“分离；离开”，如：离别/悲欢离合/貌合神离。例句：他离家已经两年了。

二是“距离”，如：我们村离车站很近/两个地方离得不远。例句：离国庆节只有十天了。

三是“缺少”。例句：发展工业离不了钢铁。

四是作为姓氏的一种。②

这是“离”字现今的基本意，很常用。由于离字属于基本词汇，其意义中有许多基本义、常用义，不能被其他词语所代替，故能流传下来。

二、《周易》之“离”

“离”在《周易》中含义很丰富，根据语境和爻位的不同，其基本释义有以下四种：一是“离”为火，古人常用草绳之类以保存火种，故“离”又为绳也；二是“离”为日为明；三是“离”为丽，即“附丽”的意思；四是“离”为“使……美丽，修饰”的意思。接下来具体阐释“离”在《周易》中的含义，主要参考高亨的《周易大传今注》③与王弼的《周易注》④。

首先，“离”作为六十四卦中的一卦，阐释依附的原则：当在险难

① 任超奇：《新编古汉语常用字字典》，崇文书局2006年版，第293页。

② 《现代汉语词典》，商务印书馆2005年版，第831页。

③ 高亨：《周易大传今注》，齐鲁书社2009年版。

④ 王弼：《周易注》，载楼宇烈校释：《王弼集校释》，中华书局1980年版，第368-372页。

中，必然就要攀附，找到依托才能安全。应把握中正的原则，不可投机取巧。应觉悟升沉生死是自然常理，知天乐命，才不会因得不到依附而自寻苦恼。依附不可乘人之危，采取胁迫的手段，以免招祸。依附强者，应柔顺中庸，时刻警觉，才能化险为夷。

但是，在具体的语境中和不同的爻位上，“离”的解释又有所不同：

《彖》曰：《离》，丽也。日月丽乎天，百谷草木丽乎土……柔丽乎中正，故“亨”，是以“畜牝牛吉”也。①

在这里，“离”有两种解释。一种解释为“丽，附着”，日月附丽于天，能照天下；百谷草木附丽于地，能养动物……由于离卦都是阴爻居中位，所以所附得宜，即“柔丽乎中正”，故能亨通。还有一种解释为“使……美丽”，这是依据语境而得的。日月能使天更为美丽，百谷草木能使大地更为美丽，很符合人们日常所见之事实。

《象》曰：明两作，《离》。大人以继明照于四方。②

在这里，“离”既有字意的解释，又有卦名的意思。《易传》称日为大明，又称日为明，所以离为日，为明。然则本卦卦象是日两作，即今朝日升，明朝日又升，相继不已，以照天下。日之运行附丽于天，是以卦名曰“离”。

六二：黄离，元吉。③

《象》曰：“黄离元吉”，得中道也。④

在这里，“离”有三种解释。王弼是按照爻位来解释的，他认为，“离”是文明的意思，“黄”是正中的意思，那么阴爻居阴位，所以居中得位，以柔处柔，履文明之盛而得其中，故曰“黄离元吉”。因此，《象》云

---

① 高亨：《周易大传今注》，齐鲁书社 2009 年版，第 239 页。

② 高亨：《周易大传今注》，齐鲁书社 2009 年版，第 240 页。

③ 高亨：《周易大传今注》，齐鲁书社 2009 年版，第 241 页。

④ 高亨：《周易大传今注》，齐鲁书社 2009 年版，第 241 页。

“得中道”，以其得中央黄色之道也。高亨则依据古字意，得《经》《传》不同解释。《经》意按《说文》：“离，山神兽也。”今按离離皆借为螭。螭，龙也，谓云气似龙形者，虹之类也。音转而谓之霓，黄螭即黄霓。黄为吉祥之色。古人认为黄霓出现在天空是吉祥之兆，故曰：“黄离，元吉。”《传》意“离”为附丽的意思。黄离就是黄色附丽于物也，色不能独存，必附丽于物。《易传》认为黄是美丽之色，可比人之美德。黄离比人有美德附丽于其身，故大吉。由于六二居下卦之中位，像人得正中之道，即美德，所以《象》有此说。

九三：日昃之离，不鼓缶而歌，则大耋之嗟，凶。①

《象》曰：“日昃之离”，何可久也。②

在这里，高亨依据此卦的情境，以《经》中离的解释：离離皆借为螭，龙也，谓云气似龙形者，虹之类也。音转而谓之霓，黄螭即黄霓。日昃，即日侧，日在西方也。古人认为：日昃时有霓出现在天空是凶兆，如不击鼓歌唱以解除之，则老人悲叹矣。以《传》意：“离”为附丽。爻辞曰：“日在西方，附丽于天，不就将落，如人在晚年寄托于世，不久将死。当此时，不鼓缶而歌，及时行乐，则大耋之龄一至，徒自悲叹，是凶矣。”《象》云：“何可久也？”我认为在此情境中即为日之将落，人之将没之嗟叹。王弼依据爻位，九三处下离之终，明在将没，故曰：“日昃之离”也。明在将没，又时既老耋，当须委事任人，自取逸乐。若不委之于人，则是不鼓击其缶而为歌，则至于大耋老耄而嗟叹，何可久也？所以凶也。故《象》云：“日昃之离，何可久也？”

六五：出涕沱若，戚嗟若，吉。③

① 高亨：《周易大传今注》，齐鲁书社 2009 年版，第 241 页。
② 高亨：《周易大传今注》，齐鲁书社 2009 年版，第 242 页。
③ 高亨：《周易大传今注》，齐鲁书社 2009 年版，第 242 页。

《象》曰："六五"之"吉"，离王公也。①

在这里，王弼高亨都依据爻位将"离"解释为附丽，但二者又有所差异。王弼认为此释"六五吉"义也。所以终得吉者，以其所居在五，依附于王公之位，被众所助，故得吉也。高亨按《传》意：爻辞云"出涕沱若，戚嗟若，吉"，指臣下而言也。臣下出涕戚嗟，乃遭遇不幸之事，而归于吉者，以其附丽于王公，得王公之庇护、救助也。《象传》此释乃以六五及上九之爻象爻位为据。六五为阴爻，为柔，象臣下；上九为阳爻，为刚，居一卦之最高位，象王公。六五在上九之下，象臣下附丽于王公。由此可见，王弼的附丽是附丽于六五至尊之位本身，而高亨之附丽是六五附丽于上九，二者有不同之处。

综上所述，"离"字在《周易》中的解释要依据其所处位置及其所在语境具体问题具体分析，然后得其一卦之解。各家之言，皆有所长，当自我品会其意，不可偏废。

三、"离"与中国古代文艺理论

"离"在《周易》中释义丰富，将之与中国古代文论相联系，若皆数论之，不免芜杂，本文单取其"使……美丽，修饰"之意，在文艺理论方面可引申为形式对内容的修饰作用。在中国古代文论中，论及形式、文采、写作技巧对内容的修饰润色作用的观点很多，尤其在魏晋南北朝时代。

早在先秦时期，孔子就已经注意到了文采的重要性，他一直强调内容与形式并重。《礼仪·卷八》里引孔子的话："辞无常，孙而悦，辞多则史，少则下达，辞简足以达义之至也。"他认为修辞没有固定的格式，

① 高亨：《周易大传今注》，齐鲁书社2009年版，第243页。

只要用得顺当，使人看了一目了然即可。太过浮华固然不好，过于贫乏也不行，辞采能够充分表达人们的思想感情才最适宜，所以必须做到内容和形式的有机统一。在《论语·雍也》中，他也表达过类似的观点：“质胜文则野，文胜质则史。文质彬彬，然后君子。”意思是质朴胜过了文饰就会粗野，文饰胜过了质朴就会虚浮，质朴和文饰比例恰当，然后才可以成为君子。孔子强调质文并重，在重质的同时，充分看到了文对质的修饰作用。《礼记·表记》：“情欲信，辞欲巧。”意思是文章感情要真实，言辞要美好。《易·系辞》里也说道：“其旨远，其辞文。”意思是这个人所做的文章，意境深远又富于文采。可见，孔子对文采十分重视，将其作为评论文章的一个标准，对后世文论影响巨大。

到了汉朝，《淮南子》以道家思想为主，同时借鉴、吸收了儒家的部分观点。在内容和形式的关系上，强调内容的首要地位：“必有其质，乃为其文。”这里的“质”即指内容，“文”即指形式，艺术以人之感情为质，感情作为艺术之质，当然比文更为重要。但它并没有摒弃形式，相反，对形式也相当重视。《修务训》云：“今夫毛嫱西施，天下之美人，若使之衔腐鼠，蒙蝟皮，衣豹裘，带死蛇，则布衣韦带之人，过者莫不左右睥睨而掩鼻。尝试使之施芳泽，正蛾眉，设笄珥，衣阿锡，曳齐纨，粉白黛黑……则虽王公大人，有严志颉颃之行者，无不惮悇痒心而悦其色矣。”①这个例子高度肯定了文饰之美。《俶真训》也说：“百围之木，斩而为牺尊，镂之以剞劂，杂之以青黄，华藻镈鲜，龙蛇虎豹，曲成文章，然其断在沟中，一比牺尊、沟中之断，则丑美有间矣。”②说明了修饰对美的重要性。

如果说先秦两汉时期讲究质文并重，到了魏晋南北朝时期，讲究

① 赵宗乙译注：《淮南子译注》，黑龙江人民出版社 2003 年版，第 71、1035 页。
② 刘凤泉编著：《中国古代文论选读》，暨南大学出版社 2012 年版，第 52 页。

“形式美”已经成为一种潮流，以至走向浮艳绮丽。曹丕《典论·论文》首倡“诗赋欲丽”，是形式美观念在魏晋时期崛起并受到普遍重视的标志。此后，陆机的《文赋》强调形式美的创造，重视追求词藻华缛和对偶工整。他强调诗歌创作要“其会意也尚巧，其遣言也贵妍，暨音声之迭代，若五色之相宣”①、“或藻思绮合，清丽芊眠”，即诗歌在艺术形式上要尚巧贵妍，绮靡清丽，注重音声之美。《文赋》云：“诗缘情而绮靡。”“缘情”是指诗歌是言情的，抒情的；“绮靡”即要求诗歌富有文采，表明他的文学创作追求形式的完美和主观情感的抒发。如果“缘情”和“绮靡”不能有机结合起来，便会出现“言寡情而鲜爱，辞浮漂而不归；犹弦幺而徽急，故虽和而不悲”②的情形，使文学作品丧失艺术美感和社会功用。

陆机之后，追求诗文华美形式的风气一直延续下去。刘勰《文心雕龙》设有《声律》《丽辞》《事类》和《练字》等篇目，它从声、色、形等美感方面来讲如何配置词语；《熔裁》《比兴》《夸饰》《章句》等篇目是从谋篇布局、修辞手法、章法结构等方面来讲形式的美感作用的。《文心雕龙·情采》篇通篇论述了作品内容和文采的关系，十分重视对“形式美”的追求：“虎豹无文，则鞹同犬羊；犀兕有皮，而色资丹漆；质待文也。”③虎豹的毛需要花纹装饰，用犀牛兕牛的皮制作器物需要色彩才能美观，可见内容也要文采装饰。《文心雕龙·风骨》篇要求作品文辞刚健精练，文章气骨与文采兼备：“若风骨乏采，则鸷集翰林；采乏风骨，则雉窜文囿。唯藻耀而高翔，固文笔之鸣凤也。”只有既有藻丽耀眼的羽毛而又能翱翔上天的，才算得上是文章中的凤凰。刘勰将“风骨”与“采”

① 刘凤泉编著：《中国古代文论选读》，暨南大学出版社 2012 年版，第 53 页。

② 刘凤泉编著：《中国古代文论选读》，暨南大学出版社 2012 年版，第 96 页。

③ 王运熙、周锋译注：《文心雕龙译注》，上海古籍出版社 2012 年版，第 212 页。

对举，认为只有内质美和外在的形式美统一起来，才能算得上上好的文章。

钟嵘同样重视形式的美感，《诗品》云：“故诗有三义焉：一曰兴，二曰比，三曰赋……宏斯三义，酌而用之，干之以风力，润之以丹彩，使味之者无极，闻之者动心，是诗之至也。”①意谓诗歌应以明朗刚健的风格和质朴有力的语言为骨干，以华美的辞藻加以润色，这样写出来的诗才能使人听着动心。钟嵘认为好的诗歌要配之以优美的诗歌形式，而缺乏形式美的诗歌“率皆鄙质如偶语”，可见形式对内容的修饰作用之大。到了梁朝，萧统的《文选》以“综辑辞采，错比文华”作为选文的标准，对形式美越发注重；萧绎论文学“唯须绮教纷披，宫徵靡曼，唇吻遒会，性灵摇荡”，更是把形式美渲染到了极致。

以上可以看出，从先秦至魏晋南北朝的文论史上，对追求“形式美”一直十分重视。即使在魏晋以后，一些文论家致力于矫正齐梁之际浮艳绮丽的诗风，对内容有所偏重，也并未完全否定对“形式美”的追求。可以说，追求形式的美感一直贯穿于整个中国古代文论史。不可否认，对于文章来说，内容和形式二者不可偏废，它们只有有机地结合在一起，才能写出情采并茂的文章。历史上流传下来的千古文章莫不如此，如王勃的《滕王阁序》，苏轼的《赤壁赋》等。

从《周易》之“离”到文论中对“形式美”的追求，以“离”字的内在含义为桥梁，我们可以发现汉字内涵的渊远广博及其与文化水乳交融的联系。当然，依据“离”字在《周易》中的其他义，我们都或多或少能找到其与文艺理论、社会风俗及为人处世等方面的联系，如“离”与“文明”教化之间的关系。这有待我们去发掘和提炼。凡字都不可能凭空造出，也不

① 王运熙、周锋译注：《文心雕龙译注》，上海古籍出版社 2012 年版，第 194 页。

可能孤立地存在。认识一个字，我们必须从它的源头厘清，然后多方面、多角度考察其含义，这是一个有趣的现象，也从另一方面印证了中华文化的博大精深。

“奇”——刘勰的坚定与游移

杨　琼

（武汉大学文学院）

摘　要： 奇，作为中国文化及文论的关键词具有某种异端色彩，从而与权力话语构成复杂的关系。“奇”义演变至《文心雕龙》，作为孔子追随者的刘勰凭借对“奇、正、诡”的辨异及语用，表明他的“坚定”：试图用一部“体大思精”的文论著作来确立儒家文化的正统地位。与此同时，作为文学家的刘勰，面对“新、奇、异”的文学之美时，又表现出对文化秩序及话语权力的“游移”。剖析刘勰的坚定与游移，不仅可以厘清“奇”关键词在中国文论史上的奇妙之演变，而且可以揭示《文心雕龙》之用“奇”对后世文论的奇特之影响。

关键词： 奇　正　诡　异　文心雕龙

“奇”是中国文化及文论关键词中的奇异性存在。许慎《说文解字》曰：“奇，异也。一曰不耦。”段玉裁注“异”为“不群之谓”；注“耦”曰“奇耦字当作此。今作偶，俗。按二义相因。”①可见“奇”指的是单、不群、不成对，有奇零的内涵。《周易·系辞下》：“阳卦奇，阴卦耦。”②

① 许慎著，段玉裁注：《说文解字》，上海古籍出版社1988年版，第204页。

② 阮元：《十三经注疏·周易正义》，中华书局1980年版，第75页。

无物与之对应的“奇零”义又可引申为独特、奇异、不寻常、与众不同等。《文心雕龙》五十篇，“奇”字出现五十余次(详见文后附表)，几乎篇篇有“奇”。龙学界对“奇”的讨论，多从“观奇正”切入，如寇效信《释奇正》、王英志《也释〈文心雕龙〉之“奇正”》、童庆炳《〈文心雕龙〉“奇正华实”说》等。若从文化关键词研究的层面切入，则发现“奇”并不属于正统的经学及文学之列。在讲求和谐圆融的华夏文化正统之中，“奇”具有某种特殊地位和异端色彩。具体到《文心雕龙》，刘勰如何在文化权力话语的较量和博弈中或解构或重构“奇”义？又如何通过对“奇”的释义及语用建立起一个兼容“正”与“变”的多元空间？这些，正是本文要探讨的问题。

一、“奇技”“奇丑”“神奇”：“奇”之脉络

追溯刘勰之前“奇”字的源流，可以看出“尚奇”与“黜奇”的对立一直都存在。偏则斜，斜则奇，奇意味着不规整与超常，所以在经书中主要承担了负面的含义，如《礼记·王制》讲司寇之官在遇到“作淫声、异服、奇技、奇器以疑众”①这类案件时，可以不经审讯就将犯人处死。《尚书·泰誓》批判商纣：“郊社不修，宗庙不享，作奇技淫巧以悦妇人。”②《管子·治国》更是直接表示“止奇巧而利农事”③。可见奇技奇器可荡人心，统一的秩序不需要独特性，不合规矩的危害是很大的。而关于“尚奇”的论述最早可能发源于《孙子·势》：“战势不过奇、正，奇正之变，不可胜穷也。”“奇、正相生，如循环之无端，孰能穷之?”④以兵

① 阮元：《十三经注疏·周易正义》，中华书局1980年版，第116页。
② 阮元：《十三经注疏·周易正义》，中华书局1980年版，第70页。
③ 黎翔凤：《管子校注》，中华书局2004年版，第924页。
④ 郭化若：《孙子译注》，上海古籍出版社1984年版，第115页。

力和战术布置上的多寡、正变来取得胜利。《楚辞》有：“余幼好此奇服兮，年既老而不衰。带长铗之陆离兮，冠切云之崔嵬。”①以长剑云冠的奇服表达自己的不羁。《庄子·知北游》：“万物一也，是其所美者为神奇，其所恶者为臭腐，臭腐复化为神奇，神奇复化为臭腐。故曰：‘通天下一气耳’，圣人故贵一。”②庄子好奇，是为了反对儒家的中庸，将雅正变为奇特，将文质彬彬的君子变为支离疏类的丑人。可见“奇”字常被作为中国古代道家和兵家的概念，代表的大多是一种“非常态”的存在，这种不合乎规则的创造性一开始就被作为反对主流的武器。

汉代《淮南子·主术》高诱注：“奇，非常也。”③《新序·杂事》：“夫胜任瑰意奇行。”注：“奇，美也。”④《淮南子·精神训》：“珍怪奇异，人之所美也。”⑤汉人如司马迁、司马相如、扬雄已经懂得将不群之“奇”用于创作以达到独特的审美效果，但为刘勰之“奇”开辟新土的应属王充。

王充在《论衡》中对当时文坛尚奇的风尚进行了批评，如《艺增》篇有：“何则？俗人好奇。不奇，言不用也。故誉人不增其美，则闻者不快其意；毁人不益其恶，则听者不惬于心。”⑥然而他也肯定了“奇”代表的匠心独运在作文时的必要性，在《超奇》篇有：“故夫鸿儒，所谓超而又超者也。以超之奇，退与儒生相料，文轩之比于敝车，锦绣之方于缊袍也，其相过，远矣。……然鸿儒，世之金玉也，奇而又奇矣。奇而又奇，才相超乘，皆有品差。”⑦

---

① 屈原等：《楚辞》，中华书局2010年版，第115页。
② 钱穆：《庄子纂笺》，生活·读书·新知 三联书店2014年版，第311页。
③ 刘文典：《淮南鸿烈集解》，中华书局1984年版，第385页。
④ 石光瑛：《新序校释》，中华书局2001年版，第78页。
⑤ 刘文典：《淮南鸿烈集解》，中华书局1984年版，第323页。
⑥ 黄晖：《论衡校释》，中华书局1990年版，第381页。
⑦ 黄晖：《论衡校释》，中华书局1990年版，第607页。

二、“奇”“正”“诡”：刘勰对文章正统秩序的建构

在宇文所安看来，《文心雕龙》有两个作者在争夺对文本的控制：一是刘勰本人，二是骈体文的修辞。做一个类比，我们也可以看出，《文心雕龙》中的关键词之一“奇”也有两个角色在写作，一是拥有符号权力、渴求获得政治话语权的刘勰，二是作为文学家、鉴赏者的刘勰。第二个角色将在下一部分详细说明。

> 当它与一定的权力体制相结合时，当它依据自身的再生产能力维护现存社会秩序及其再生产时，当它将既定社会空间的结构关系永久化、合法化、自然化时，文学必然由于拥有一定的符号资本而表现为一定的符号权力。①

文论在文学开始自觉的魏晋时期讨论着文章创作的应有之本、叙事抒情之义，从而在一定程度上可以控制公共文学、舆论，从而发挥其符号权力功能，得到体制的认同。虽然刘勰自己可能并不会意识到，因为文论与政治权力的“同谋”已建立在他对主流意识形态认同的基础上。在对符号资本追求的过程中，文论家已经将这种追求加以合理化、自然化、内在化，也就是将其建构成自己内在习性的一部分，建构成与自己自觉交融在一起的一种基本信念，也可以被称为一种文化无意识。用阿尔都塞的话说就是“个人被传唤为主体，为的是能够自由地服从主体的戒命，

① 朱国华：《文学与权力：文学合法性的批判性考察》，华东师范大学出版社 2006 年版，第 16 页。

也就是说，为的是能够接受这种臣服的地位”①。

一般对刘勰《文心雕龙》强调正统的直接动机做如下解释：对于当时“去圣久远，文体解散，辞人爱奇，言贵浮诡”、“竞一韵之奇，争一字之巧”②的浮靡文风进行纠正。这种说法固然没错，然而如果换个角度，剥离其作为文论经典不可言说的神圣性，从刘勰最著名的两个梦看——一是“彩云若锦”；二是“执丹漆之礼器，随仲尼而南行”，而欲“敷赞圣旨”——这是更加真实的叙述，我们也可得出结论，实际上意识形态话语已经内化为刘勰自己的个人话语，让他从来就以真理守护者的姿态在文学的内容和形式上提出自己的一套观点，并与挑战这些禁区的文学作斗争。而且值得注意的是，虽然在完成《文心雕龙》时他并没有入朝为官，然而即使不在庙堂之上，他仍会对正统观念有所效忠，如范仲淹所说的“居庙堂之高而忧其民，处江湖之远而忧其君”——甚至表现出越疏远越效忠的倾向。通过刘勰对“奇”的论述和态度就可以看出他是要如何建立正统秩序的。

“文之枢纽”的五篇是刘勰构建正统框架的关键，特别是从《正纬》和《辨骚》开始正视“奇”与“正”以建立文学正统秩序的问题。《正纬》篇中有：“今经正纬奇，倍摘千里。其伪一矣。”“事丰奇伟，辞富膏腴，无益经典，而有助文章。”而《辨骚》篇更值得重视。纪昀说：“辞赋之源出于骚，浮艳之根亦滥觞于骚，辨字极为分明。”③从此篇的态度足可见刘勰的“奇”观。

---

① 何怀宏：《哲学与政治：阿尔都塞读本》，吉林人民出版社 2011 年版，第 372 页。

② 范文澜：《文心雕龙注》，中华书局 1961 年版。（拙文对《文心雕龙》的引用皆源于此，恕不一一标注。）

③ 王更生：《文心雕龙的经学思想》，载于《文心雕龙研究》，湖北教育出版社 2002 年版，第 194 页。

我们可以从这两篇看出，刘勰作为正统的儒家诗学的代言人，在面对异己话语时采取了两种方式。

第一是提倡“执正驭奇”：在自身的话语体系内，古代文论向来表现出巨大的弹性和伸缩空间——预先拆除其可能成为对立面的合法性根基，并将其加以改写，使之可以被容纳进内部。比如儒家的“诗言志”和“缘情”说，以及“以文入诗”“以诗入词”的发展。纵观整个文学批评史，“正”代表的儒家正统话语权力其实从来没有被真正动摇过，人们总是把“正”的含义，如同“诗言志”一般无限扩大，或者把“奇”当做“正”在一段时间内的自我修补，才能曲折地表达不同的观点，但不可能超越“正”的藩篱。

相对于《诗经》，《楚辞》被称为“奇文郁起”，它的“奇”是和《诗经》的“正”相对应的。《辨骚》一开篇就激赏《楚辞》：“自风雅寝声，莫或抽绪，奇文郁起，其离骚哉?”将《楚辞》列入“文之枢纽”表明了他的态度：将楚辞之奇风归入秩序之中，作为从经入文的枢纽、从诗而赋的枢纽，更是由奇到正的枢纽。刘勰认为《楚辞》本质上是同于风雅的：有典诰之体、规讽之旨、比兴之义、忠怨之辞。虽是奇文，然而也引用了三代以下中土流传的史实典故；在技巧上，《楚辞》有比兴规讽之意，精神上更是符合儒家诗学的贞洁美质。福柯曾在《话语的秩序》中揭示了话语与权力的共生关系，并且论述了其具体的程序之一就是“注解”。关于《楚辞》是否真的有规讽之义，后世多有争论，然而既然刘勰需要将《楚辞》的行文归入正统秩序，这样的解释也是必然的了。

然而刘勰在盛赞《楚辞》“气往铄古，辞来切今，惊采艳绝，难与并能”之后，最终还是要将基本观念再次重申，即“酌奇而不失其贞正，玩华而不坠其实”。《楚辞》对后世赋体影响太大，继承了楚地的巫风，人神杂糅、人鬼相恋的传说，在行文上大胆放肆、热情浪漫，这方面的

“奇”与刘勰的宗经意识是有不合之处的，所以最终他还是要求必须以《雅》《颂》为准则。《楚辞》带来的张力也被理所当然地纳入了“正”的历史之中，这似乎成了后人的共识：“按楚辞者，诗之变也。”

第二是反对“空结奇字”——即类似“诡”的奇风。刘勰将那些无法纳入儒家正统谱系的文风及文辞称之为“奇诡”，从形式到内容，“奇诡”均属于异己话语，在地位上低于经史。对此，《文心雕龙》多有论述。“史”的地位必然高于纯文学，《史传》篇对史书的要求是“至于寻繁领杂之书，务信弃奇之要，明白头讫之序，而酌事例之条”。提倡实理，反对“爱奇”。《定势》篇专论文章的基本格调，刘勰认为“近代辞人，率好诡巧”，用“颠倒文句，上字而抑下，中辞而出外，回互不常”的方法来创新，实则“诡异”，不值提倡。在《知音》篇中，刘勰更是用“浮慧者”“爱奇者”来讽刺对文章鉴赏的偏颇。

三、“奇”“巧”“异”：刘勰作为文学家的游移

如上文所说的，就文章道统观念很强的刘勰而言，对于无法纳入体系之内的，应该作为异端加以排斥。而事实上刘勰所表达的思想，并不是已经成形和固定的，而是一个思辨的过程。我们也可以看出，他与流芳百世的很多文学家文论家一样，对于正统的信念绝不是亦步亦趋的跟随，而有自己的独立性，在很多方面表现出对政治控制的超越。

对于中国古代的文学家而言，“寒窗苦读”与“致君尧舜”之间，“歌功颂德”与“皇恩浩荡”之间，确实有某些关联。但另一方面，“权力研究的魅力之一在于这个事实：无论愿意与否，艺术家与思想家永远不可能

完全接受权力"①。中国古代的文论家首先也是文学家，在写作时只要追求灵感的闪现和文辞的修饰，那么他们必然会屈从于对艺术的直觉，所以我们不能忽视《文心雕龙》中刘勰作为文学家对于正统和权力的游移。

对刘勰而言，文章美的最高境界总与缘情、至美、纯粹、和谐有关，对于"奇"文"奇"字的追求本就是对鲜活的审美体验的追求、对激情的释放与表达，甚至是灵魂的话语。所以他对于思想的奇特、新颖、标新立异，辞采的奇绝华丽、振聋发聩，风格的雄奇恣肆、不附庸风这些"奇"质都是非常赞同的。在《原道》篇之中他已将"日月叠璧，山川焕绮"与"道之文"相联系，在本体论上首先肯定了华彩文章的合法性。

后世的研究者倾向于无视刘勰文本之中的矛盾，将其完全归于"唯务折衷"的写作方法。例如刘永济："彦和此书，思绪周密，条理井然，无畸重畸轻之失。"②从总体的观感来看，《文心雕龙》一书的确比较好地贯彻了和谐折衷的美学态度，不偏不倚。然而，我们也恰恰能看出，在试图构建正统文学秩序的同时，刘勰作为文学家的坚持。导致细看来全书到处留下了无法弥合的冲突、缝隙、碎片，被绑架、又在挣脱这种绑架，最终刘勰并没有提供完美的调解。《体性》篇就提供了一个较好的例子。刘勰将文章风格分为了四组八类，其中就包括了"新奇"一类，并较为客观地提出文章风格是作者性情的表现，然而在最后的"赞"中，刘勰又硬邦邦地加上一句"雅丽黼黻，淫巧朱紫"。过分求"奇"求"巧"就如同朱紫混色，杂乱不堪。

钟嵘在《诗品》之中约有十处提到"奇"，无一不是褒扬之语，然而他将"奇"与"平"并举，赞扬的是文学领域艺术作品中的不同寻常与个性气

① Berle. A., *Power*, *Harcourt*, *Brace&World. Inc*, 1969. *p*. 10.

② 刘永济：《文心雕龙校释》，中华书局1962年版，第2页。

质。然而在笔者看来，刘勰将“奇”“正”相对，在坚持经学是“恒久之至道，不刊之鸿教”之后，还对于意、事、辞、风格的“奇巧”都不吝美辞地欣赏，这恰恰更能体现一种张力。《辨骚》篇最后还是用“惊才风逸，壮志烟高”来对《楚辞》的成就进行很高的评价。《定势》篇强调文学写作是“因情立体，即体成势”，并无一定的限制，作者应本己之才性，审文情异势，而精心布局，常能出新意于法度者，最能表现出作者的创造力。故作者感叹道：“渊乎文者，并总群势，奇正虽反，必兼解以俱通；刚柔虽殊，必随时而适用。”《夸饰》篇中强调作家“因夸以成状，沿饰而得奇”，认为夸饰是形成奇特文风的重要手段。在《丽辞》中更是认为，“若气无奇类，文乏异采，碌碌丽辞，则昏睡耳目”，认为作者必须有奇气，从而使文章具有卓尔不群的艺术态度，其余诸篇论述可见本文附表。

四、“奇意”“奇语”“奇情”：奇之承续

刘勰将“奇”引入文学理论，在试图用“奇、正、诡”的概念构建出文学秩序的同时，也表现出作为文学家对于奇巧文章的钟爱。至于后世随着文学审美更加独立于经学，求“奇”以作诗作文的现象更加普遍，看起来似乎甚少人再坚持刘勰“执正驭奇”的文章观。事实上当我们仔细观察，仍可发现利用“奇”进行文化资本的争夺依旧在发生。

唐代韩愈是古文运动的中坚力量。“愈之志在古道，又甚好其言辞。”①韩愈贬低文学的“奇巧”审美召唤古文的回归，从后世对他诸多作品和文论的研究来看，他喜欢标新立异，在诗歌创作上对“奇”“险”十分

① 马其昶：《韩昌黎文集校注》，上海古籍出版社 1998 年版，第 176 页。

推崇，称扬“横空盘硬语，妥帖力排奡”的谲怪诗风。司空图《题柳柳州集后》有曰：“韩吏部歌诗数百首，其驱驾气势，若掀雷挟电，撑抉于天地之间，物状奇怪，不得不鼓舞而徇其呼吸也。”宋代张戒在《岁寒堂诗话》亦云：“退之诗，大抵才气有余，故能擒能纵，颠倒崛奇，无施不可。”甚至由“奇”入“怪”，以丑为美。

到了宋代，欧阳修极力革新，反对奇怪之语，《宋史》有载：“文章之变与政通。今设科选才，专取辞艺……迩来文格日失其旧，各出新意，相胜为奇。朝廷恶其然，屡下诏书戒饬。”①而西昆派以浮华语言、肆意虚和用险韵造就奇的效果，太学诗派则以复古而字句奇僻。梅尧臣以奇峭为美，苏轼与黄庭坚虽诗歌主张不同，然在诗风的创造上，苏黄却表现出一致的倾向，这就是以才学为诗，以文为诗，好奇险，尚古硬。吴乔《围炉诗话》载苏轼语：“诗以奇趣为宗，反常合道为趣。”姜白石在其《诗说》中主张作诗“波澜开阖，如在江湖中，一波未平，一波已作。如兵家之阵，方以为正，又复为奇；方以为奇，忽复是正”。当然他主张的“奇正”已与刘勰不同，所谓的“奇”与“正”都是单指艺术创作时的波澜，“奇”失去了在宏观上挑战经典的大气象，“正”也已无刘勰所谓类似“文以载道”之正统观了。

奇在宋以及之后代表的更多是“惊奇”“奇意”“奇语”，是一种创作时类似于“陌生化”的效果，激活人们对于千篇一律的麻木感官，达到审美快感。李清照有“学诗漫有惊人句”，戴复古《论事十绝》云：“有时忽得惊人句，费尽心机做不成。”正如刘勰强调的那样，谲怪奇特经过一段时间的推崇，最终归于平淡的“正”。元好问《论诗三十首》：“奇外无奇更出奇，一波才动万波随。只知诗到苏黄尽，沧海横流却是

① 《宋史》，中华书局1977年版，第3614页。

谁?”陈师道《后山诗话》：“善为文者，因事以出奇，江河之行，顺下而已。”

明代的“奇”主要体现在小说范畴中。对于完全不同于刘勰时期推崇的经学秩序，作为通俗文学的小说有着新的精神品性，本身就够“奇”，是主流的异端。异端的文人们拒斥“庙堂之高”，甚至也懒处“江湖之远”，将不容于经的“奇”情升格为文。在这样的背景下，金圣叹的《水浒传》评点共在约901处出现1151次“奇”字。李渔更是在小说创作和评点中追求“奇”事：《连城璧》中仅有的十二个标题中，卷六是《遭风遇盗致奇赢　让本还财成巨富》，卷十二是《贞女守贞来异谤　朋侪相谑致奇冤》。在对“奇”情和肉体欢愉的追求中，试图挣脱权力的规训，虽然在当时没有对主流文学造成冲击，但也算是对刘勰的矛盾做了一个彻底超越。

附：《文心雕龙》“奇”字总汇

类　型	篇　目	原　文
与“偶”相对之“奇”	《丽辞》	奇偶适变。
		叠用奇偶，节以杂佩。
与“正”相对之“奇”	《正纬》	今经正纬奇。
		事丰奇伟，辞富膏腴，无益经典，而有助文章。
	《辨骚》	奇文郁起，其离骚哉！
		是以枚贾追风以入丽，马扬沿波而得奇。
		酌奇而不失其真，玩华而不坠其实。
	《风骨》	昭体，故意新而不乱，晓变，则辞奇而不黩。
	《通变》	趋时必果，乘机无怯。望今制奇，参古定法。
	《时序》	观其艳说，则笼罩雅颂，故知炜烨之奇意，出乎纵横之诡俗也。

续表

类　型	篇　目	原　文
反“正”近“诡”之“奇”	《史传》	至于寻繁领杂之书，务信弃奇之要，明白头讫之序，而酌事例之条。
	《议对》	事以明核为美，不以深隐为奇。
	《风骨》	若骨采未圆，风辞未练，而跨略旧规，驰骛新作，虽获巧意，危败亦多，岂空结奇字，纰谬而成经矣？
	《定势》	自近代辞人，率好诡巧……故文反正为“乏”，辞反正为奇，效奇之法，必颠倒文句，上字而抑下，中辞而出外，回互不常，则新色耳。
	《练字》	若依义弃奇，则可与正文字矣。
	《知音》	浮慧者观绮而跃心，爱奇者闻诡而惊听。
	《序志》	而去圣久远，文体解散，辞人爱奇，言贵浮诡。
似“巧”类“异”之“奇”	《原道》	云霞雕色，有逾画工之妙；草木贲华，无待锦匠之奇。
	《明诗》	俪采百字之偶，争价一句之奇，情必极貌以写物，辞必穷力而追新，此近世之所竞也。
	《诠赋》	斯又小制之区畛，奇巧之机要也。
	《杂文》	观其大抵所归，莫不高谈宫馆，壮语畋猎，穷瑰奇之服馔，极蛊媚之声色。
	《史传》	爱奇反经之才。
		然俗皆爱奇，莫顾实理。
	《诸子》	列御寇之书，气伟而采奇。
	《书记》	法者，象也，兵谋无方，而奇正有象，故曰法也。
	《神思》	何则？意翻空而易奇，言徵实而难巧也。
	《体性》	数穷八体：一曰典雅，二曰远奥，三曰精约，四曰显附，五曰繁缛，六曰壮丽，七曰新奇，八曰轻靡。
		故雅与奇反，奥与显殊，繁与约舛，壮与轻乖，文辞根叶，苑囿其中矣。
		新奇者，摈古竞今，危侧趣诡者也。

续表

类　型	篇　目	原　文
似“巧”类“异”之“奇”	《风骨》	若夫熔铸经典之范，翔集子史之术，洞晓情变，曲昭文体，然后能孚甲新意，雕画奇辞。
	《定势》	故奇正虽反，必兼解以具通；刚柔难殊，必随时而适变。
		旧练之才，则执正以驭奇，新学之说，则逐奇而失正。
	《丽辞》	若气无奇类，文乏异采，碌碌丽辞，则昏睡耳目。
	《夸饰》	语瑰奇则假珍于玉树，言峻极则颠坠于鬼神。
		莫不因夸而成状，沿饰而得奇也。
	《练字》	扬雄以奇字纂训。
		《雅》以渊源诂训，《颉》以苑囿奇文。
		别列淮淫，字似潜移。淫列义当而不奇，淮别理乖而新异。
		固知爱奇之心，古今一也。
	《隐秀》	始正而末奇，内明而外润，使玩之者无穷，味之者不厌也。
		然烟霭天成，不劳于妆点，容华格定，无待于熔裁，深浅而各奇，秾纤而俱妙。
		夫立意之士，务欲造奇，每驰心于玄默之表。
	《养气》	战代权诈，攻奇饰说；汉代迄今，辞务日新，争光鬻采，虑亦竭矣。
	《附会》	而汉武叹奇，晋景称善者，乃理得而事明，心敏而辞当也。
	《物色》	莫不因方以借巧，即势以会奇，善于适要，则虽旧弥新矣。
	《才略》	汉室陆贾，首发奇采，赋孟春而进。
	《知音》	是以将阅文情，先标六观，一观位体，二观置辞，三观通变，四观奇正，五观事义，六观宫商。

刘勰“宅情曰章”内义考论

余慕怡
（武汉大学文学院）

摘　要：“章”，作为中国文论的元关键词，其语义流变至刘勰笔下与“情”发生关联：《文心雕龙·章句》篇从情本视角释“章”，提出“宅情曰章”。刘勰以“明情”和“总义”为“章”之内义，强调“情”在字、句、章、篇之整体构架中的作用以及“意穷成体”的价值。“宅情”源于“情”乃为文之本，凸显出“情”在文学创作中的重要地位，“情”成为创作最初必须获取的原动力。“宅情”之术分散于《文心雕龙》全书，从《章句》篇出发进行考察，结合其他篇目，可归纳出“宅情”的三种方法：情动辞发，因情立体，控引情理。

关键词：宅情曰章　明情　总义

《文心雕龙·章句》篇中，刘勰对“章”的释义有“宅情曰章”四字，从字面上看，意为将感情安放于合适的处所就是“章”。然而，“宅情曰章”中之“章”具体该如何定义，“章”与“情”是怎样内在联系的，“宅情”有无具体可循的方法，这些问题必须通过细读《章句》篇，并结合《文心雕龙》其他篇目的考论才能得到答案。

一、"章"字之外文与内义

《章句》篇云："外文绮交，内义脉注，跗萼相衔，首尾一体。"①可知"外文"与"内义"大致可理解为字词的表层字义与内在含义，如同花之跗萼。要对"章"字进行正确的释义，则必须从外文与内义两个层面进行分析。

"章"字之外文，可以从其字源和初始义进行探究。《说文解字》云："丶，有所绝止，丶而识之也。"②黄侃先生将《说文解字》对于"丶"这一符号的解释引入对"章"的解释："施于声音，则语有所稽，宜谓之丶；施于篇籍，则文有所介，宜谓之丶。一言之顿，可以谓之丶；数言连贯，其辞已究，亦可谓之丶…… 丶从声以变则为章。"③以上文字，从字源上探寻出"章"的原初义："章"由符号"丶"演变而来。《说文解字》释"章"："章，乐竟为一章，从音从十，十，数之终也。"④段玉裁注"乐竟为一章"为"歌所止曰章"。⑤ 黄侃先生在《文心雕龙札记》中引申这一释义："言乐竟者，古但以章为施于声音之名，而后世则泛以施之篇籍。"⑥黄侃先生认为，将言乐之"章"用于言文之"章"，意为文辞连贯且完结即为"章"。此外，吕思勉先生在《文字学四种》一书中由《说文解字》之"乐竟"说提出："则凡陈义已终，说事已具者，皆得谓之为章。"⑦将"章"明确定义为陈述事义的完成。因此，"章"从字源上看，其字义为"终止"和

① 范文澜：《文心雕龙注》，人民文学出版社1958年版，第571页。
② 许慎：《说文解字》，中华书局1963年版，第105页。
③ 黄侃：《文心雕龙札记》，上海古籍出版社1998年版，第102页。
④ 许慎：《说文解字》，中华书局1963年版，第58页。
⑤ 段玉裁：《说文解字注》，上海古籍出版社1981年版，第261页。
⑥ 黄侃：《文心雕龙札记》，上海古籍出版社1998年版，第102页。
⑦ 吕思勉：《文字学四种》，上海古籍出版社2009年版，第6页。

“完结”，从最初用于乐曲发展到用于篇章文字。

在字源义的基础上，“章”在文字发展过程中与其他字进行组合，又生发出新的意义。儒士注释古书之盛自汉代始，自此“章”与“句”连称，成为一种注释体例。对于汉代注疏之盛行，马宗霍先生在《中国经学史》中讲到：“要之立名虽繁，而通行之体，则不外乎传注章句三者。”①黄侃先生在《文心雕龙札记》中也提到：“章句本施于《诗》，其后离析众书文句者，亦有章句。”②可见，古书因无句读不便于当时之人阅读，对古书加以分章和注释之学由是兴起，成为解读剖析古书的重要方法。“章句”之法发展到一定程度，因进行“章句”工作的学者将自己对于经文的理解融入“章句”工作中，使得经文有了个体解读色彩，在明晰字义的基础上，经文大意也得到串讲，“章句”便逐渐演变为一门能够反映注释者个人才力与见解的专门之学。冯友兰先生曾指出：“先秦的书是一连串写下来的，既不分章，又无断句。分章断句，都须要老师的口授。在分章断句之中，也表现了老师对于书的理解，因此，章句也成为一种注解的名称。”③正是对“章句”成为注释之学的解说。

综合“章”字自起源到不断发展过程中的意义流变，从“外文”来看，以结构言之，“章”有终止之意，为结构单位，以陈述的完结为“章”之定义。以内容言之，“章”能作用于文意，为解经的手段，以离析文意为“章”之功能。

“章”之内义，从刘勰“章者，明也”入手，“章”有显明、彰显之意。又《章句》篇属《文心雕龙》“剖情析采”部分，论分章造句之法。周振甫先生指出《章句》篇所涉及的两部分内容：“一，结合内容来安排章句；

① 马宗霍：《中国经学史》，上海书店 1984 年版，第 56 页。

② 黄侃：《文心雕龙札记》，上海古籍出版社 1998 年版，第 128 页。

③ 冯友兰：《中国哲学史史料学初稿》，上海人民出版社 1962 年版，第 140 页。

二，结合情韵来安排章句。”①从“章”与内容的关系看，陆侃如、牟世金《文心雕龙译注》说：“刘勰所说的‘章’，是沿用《诗经》乐章的‘章’，用以指作品表达了某一内容的段落。”②明确指出了“章”与内容的关系。从“章”与“情”的联系看，刘勰在《章句》篇以“情”释“章”，将“情”作为“安章”工作的主导与对象。此外，在《文心雕龙》他篇，诸如《情采》《熔裁》《附会》等，都将“安章”与“情”紧扣为一个整体，这一点在文章之后的部分将详细论述，此处仅就“章”之内义与“情”的联系进行阐述。刘勰所言“宅情曰章”，以“情”为本体释“章”这一主体，“宅”字有内向性的安放、隐蔽之意，“章”字有彰显、明晰的外释倾向。因此，处理好“情”的收放与隐显，便是“章”对于“情”所具有的功能意义。刘勰对这一点也进行了论述：“故章者，明也……明情者，总义以包体。”③刘勰认为，“章”是用来表明情理的，这是“章”的特质；同时“章”又能总领文意，将情感包含在一定的范围之内，这是“章”的功能。“总义以包体”也反映了“章”原初义的引申，“章总一义，须意穷而成体”④。这里“章”的含义由“终止”引申为文意的完整与结束，即文章所要表达的某个思想内容或某一主旨的结束。由此，“章”由外在字形义之“终止”发展为涉及文章情理的思想内容和主旨的陈述与完结，内涵进一步丰富。“章”在具有“内义”后，与“情”之关系更为紧密，《章句》篇云：“其控引情理，送迎际会，譬舞容回环，而有缀兆之位；歌声靡曼，而有抗坠之节也。”⑤言“章”需要掌控好情理的表达，对情理进行或开或合的处理。“章”之于“情”，通过开与放来营造篇章高低起伏的审美效果，通过总括与离析来进行内容

① 周振甫：《文心雕龙今译》，中华书局2012年版，第307页。

② 陆侃如，牟世金：《文心雕龙译注》，齐鲁书社1995年版，第425页。

③ 范文澜：《文心雕龙注》，人民文学出版社1958年版，第570页。

④ 范文澜：《文心雕龙注》，人民文学出版社1958年版，第570页。

⑤ 范文澜：《文心雕龙注》，人民文学出版社1958年版，第570页。

层次的划分。正如刘勰所引歌舞之喻，“章”之能使情理跌宕、连贯、呼应，犹如舞蹈有位置和范围的变化，歌声有音量和音调的起伏。

“章”与“情”联系为一个整体后，其内涵得以扩充，被赋予“明情”的特质与“总义”的功能，“章”总领了一定的情理与主旨，在收放中使情理明晰且富于变化，最终形成完整的篇什。“明情”“总义”以及“控引情理”就是“章”所包蕴的内义。

二、章总一义——章乃“意穷成体”之本

“章”既然拥有了“明情”的特质与“总义”的功能，其在裁文匠笔时的意义和作用就尤为凸显，“章”因而成为文章能够最终“意穷而成体”的根本所在。“章总一义”的根本性地位，主要表现在四个方面，一曰振本而末从，二曰贯一而拯乱，三曰情趣之旨归，四曰条贯统序。

其一，振本而末从——“章”是文章结构搭建的基石。《文心雕龙》多处以树木的根与枝叶为喻来阐述为文的道理，《章句》篇以“振本而末从”表明“章”在谋篇布局中的根基性地位。章之于文，犹根之于木，“章”是建立文章架构的基础，与字、句、篇共同承担起划分文章层次、明晰文章情理的任务。《章句》篇述“章”的根本性地位云：“夫人之立言，因字而生句，积句而成章，积章而成篇。篇之彪炳，章无疵也；章之明靡，句无玷也；句之清英，字不妄也；振本而末从，知一而万毕矣。”①此处，刘勰所言之“本”，笔者认为不是指篇，而是指章以及构成章的句，意即章、句是文章架构中的基础性部件。从刘勰所探讨的字、句、章、篇的四层架构来看，将字与句归为一组小单位，将章与篇归为一组大单位：

① 范文澜：《文心雕龙注》，人民文学出版社1958年版，第570页。

微小的字句，是构成章的基础，章通过"总义"统摄全篇的情理，篇则是最后的成品。由此不难看出，"章"实为文章之"本"，刘勰所谓"振本"，就是指"安章"，以"章"为文章之根基。

其二，贯一而拯乱——"章"是文章内容连贯完整、首尾相应的保证。《章句》篇提出了文章进行安章工作后的审美要求："故能外文绮交，内义脉注，跗萼相衔，首尾一体。"①对于文章而言，文章在内容上需前后连贯，各部分之间有机联系为一个整体，否则就会"乱"。"乱"即《神思》篇中"贯一为拯乱之药"②之"乱"，意为杂乱无章、逻辑混乱。文章首尾贯一，需要有总领全文的纽带将各部分有序维系起来，这就要求"章"发挥其"总义"的功能，使文章各部分既有序排列，又在思想内容的陈述上层层递进最后同归于一旨。《章句》篇云："然章句在篇，如茧之抽绪，原始要终，体必鳞次。启行之辞，逆萌中篇之意；绝笔之言，追媵前句之旨。"③具体说明了"章"如何使文意前后相衔、首尾一体。刘勰认为"章"能统贯全篇的中心思想，在全局意识的统摄下，"章"协调篇章首、中、尾各部分的衔接与照应，最终达到主旨统一、首尾呼应、篇章连贯的审美效果。因此，"章"是为文章思想内容的贯一不乱服务的。

其三，情趣之旨归——"章"是文章述情达趣的必要手段。《章句》篇从组织关系分析字、句、章、篇后云："夫裁文匠笔，篇有小大；离章合句，调有缓急；随变适会，莫见定准。"④篇之小大与调之缓急需要"随变适会"，而"变"则要以文章的内容和所要表达的情理为依据。换言之，内容与情理的准确表达是在"章"进行篇幅增删、韵调调节的过程中得以实现的，"章"是文章内容和情理表达的必要手段。通过增删篇幅，以契

① 范文澜：《文心雕龙注》，人民文学出版社 1958 年版，第 571 页。
② 范文澜：《文心雕龙注》，人民文学出版社 1958 年版，第 495 页。
③ 范文澜：《文心雕龙注》，人民文学出版社 1958 年版，第 570 页。
④ 范文澜：《文心雕龙注》，人民文学出版社 1958 年版，第 570 页。

合所要表达的思想内容和情理；通过调节韵调，以表达出情感高昂与低沉之间的起伏变化。此外，文章要述情达趣，还需要“章”对文章的顺序进行排列和裁缝。《章句》篇云：“是以搜句忌于颠倒，裁章贵于顺序，斯固情趣之指归，文笔之同致也。”①表情达意的顺利进行，还取决于篇章的合于顺序。秩序井然、条理分明是文章“情趣”之“指归”，否则，文章就会内容混乱、情无统摄、理无条贯，出现繁杂失统的问题。刘勰强调裁章之顺序是韵文和散文共同的写作要领，但是于强调顺序之外，我们还应看到刘勰讲裁章之“变”，所谓“随变适会”，即根据情理的变化可对顺序进行一定程度的调整，而非拘泥于固定的顺序毫无变通。

其四，条贯统序——“章”与字、句、篇作为整体而共同作用于文章。整体性是《文心雕龙》全书十分重视的问题，刘勰在《熔裁》篇中谈到对于文采的调节时指出：“绳墨以外，美材既斫，故能首尾圆合，条贯统序。”②“条贯”即有条理层次，“统序”即有系统。“章”对于文章的作用，不是孤立生成的，而是在字、句、章、篇这一整体构架中运行的，“章”作为主导与根本，与整体中的其他要素共同作用于文章的遣词造句和谋篇布局。《章句》篇的“跗萼之喻”，《附会》篇的“神明”“骨髓”“肌肤”“声气”之喻，都是对整体性的强调。因此，在“章”之功能上，刘勰始终将“章”置于字、句、章、篇的四层构架中发挥其特质与作用。在刘勰设定的四层构架中，字句是语言生成的基础，积字句而成篇章；篇章的思想内容是由少及多、由小及大的，积字义、句义而后才能成篇章之主旨；情理的表达也是初融于字句而终彰显于全篇。无论是从文章结构还是从文章内容与情理的安排看，字、句、章、篇皆各有其位，虽地位殊别，但却不可替代。“章”之“总义”的功能必须在字句各司其职后才能

① 范文澜：《文心雕龙注》，人民文学出版社1958年版，第571页。

② 范文澜：《文心雕龙注》，人民文学出版社1958年版，第543页。

发挥，如果将四层构架拆分开来，整体与部分的功能都将丧失，造成"跗萼失衔"。因而，字、句、章、篇以"条贯统序"为前提，共同作用于文章的遣词谋篇。

三、情动辞发——情乃造文之本

"宅情曰章"以情释章，而"章"乃文章"意穷而成体"之根本，"章"须安宅的对象"情"，则是造文之根本。《文心雕龙》全书将"情"视为作者倚重的对象，不仅多次申明"情"的作用与地位，也时时述及"情"之言说方法，可见"情"实乃文学创作的根本。

"情"首先与自然之天地与人体之生命内在相息。《原道》篇云："文之为德也大矣，与天地并生者何哉?"①体现出他对于自然天地的崇尚与敬畏。进而云："心生而言立，言立而文明，自然之道也。"②"心"为人所特有，人因有了心才有了情志，才能立言造文，因而"情"一方面联系着崇高广极的天地自然，另一方面又紧扣于生命个体之心灵，这种相息于自然又沟通于人心的本质确立了"情"在刘勰心中的本体地位。《原道》篇云："雕琢情性，组织辞令，木铎起而千里应，席珍流而万世响，写天地之辉光，晓生民之耳目矣。"③强调圣人的情感具有高尚的特质，圣人通过"情文"传扬其思想与功业，即以"文"为传播高尚情感的桥梁。故刘勰在《征圣》篇云："陶铸性情，功在上哲，夫子文章，可得而闻。"④圣人之情形于文章，而后能陶铸出芸芸众生的美好性情。"文"之生发，是由自然到心灵，再由心灵到情志，最后由圣人将"情志"诉诸文辞。在

① 范文澜：《文心雕龙注》，人民文学出版社 1958 年版，第 1-2 页。
② 范文澜：《文心雕龙注》，人民文学出版社 1958 年版，第 1-2 页。
③ 范文澜：《文心雕龙注》，人民文学出版社 1958 年版，第 1-2 页。
④ 范文澜：《文心雕龙注》，人民文学出版社 1958 年版，第 2 页。

文章产生的过程之中，“情”是不可或缺的桥梁。

“情”不仅是文章生发之纽带，同时也使文学语言对人类心灵产生影响和作用成为可能。《乐府》篇云：“敷训胄子，必歌九德，故能情感七始，化动八风。”①刘勰认为，“情”使文学与人的心灵建立起联系，故而才有“感化”之说，若人无“情”，则无文之生发；若文无“情”，则无感化之效用。《明诗》篇云：“人禀七情，应物斯感，感物吟志，莫非自然。”②人之七情受到外物的激发转化为情志，进而产生表达情志、持人性情的诗，故刘勰云：“诗者，持也，持人情性。”③《明诗》篇中还明确以“情”作为审美标准：“观其结体散文，直而不野，婉转附物，怊怅切情，实五言之冠冕也。”④“怊怅切情”指出情的深切能带来哀感动人的审美效果，五言诗因此才能感人心志。《辨骚》篇云：“《九歌》《九辨》，绮靡以伤情。”⑤此处“伤情”与《明诗》篇中“怊怅切情”相类。言屈原、宋玉二人之作：“故其叙情怨，则郁伊而易感；述离居，则怆怏而难怀。”⑥哀怨之情与怆怏之志使文学作品产生了易感与难怀的艺术感染力。以上论述皆反映出情感对于文学的非凡价值，情感可由生发文章的内在原动力转化为使文章能感染人心的外在磁性。对人而言，文之磁性使人情与文情的感应成为可能；对文章而言，文之含情使人心对文情的感应和共鸣成为必然。

从本质上讲，“情”是“文”的主导和枢纽，而从“情”的特性上讲，“情”拥有彰显和释放的特质，“情”又成为“文”的表现对象。《情采》篇

① 范文澜：《文心雕龙注》，人民文学出版社 1958 年版，第 2 页。
② 范文澜：《文心雕龙注》，人民文学出版社 1958 年版，第 65-66 页。
③ 范文澜：《文心雕龙注》，人民文学出版社 1958 年版，第 65-66 页。
④ 范文澜：《文心雕龙注》，人民文学出版社 1958 年版，第 65-66 页。
⑤ 范文澜：《文心雕龙注》，人民文学出版社 1958 年版，第 47 页。
⑥ 范文澜：《文心雕龙注》，人民文学出版社 1958 年版，第 47 页。

云：“故立文之道，其理有三：一曰形文，五色是也；二曰声文，五音是也；三曰情文，五性是也。”①形文、声文和情文即《原道》篇所言之“文德”、“情文”就是指抒发感情、陈述志趣的文学作品，从文章产生之原动力出发，可进一步释“情文”为“性情之文”。刘勰云：“五情发而为辞章，神理之数也。”②说明“情文”是人之性情有所感而形成的。刘勰于创作中标举“情文”，即标举以“情”为表现对象的文学作品，越是充分表情达意的作品，就越能受到刘勰的褒奖。刘勰以“为情造文”和“为文造情”对举：“昔诗人什篇，为情而造文；辞人赋颂，为文而造情。”③诗篇属为抒情而作，赋颂却为作文而虚造感情，刘勰以“情”为标准，定褒贬之意显矣。刘勰进一步对此进行了解释说明：“盖风雅之兴，志思蓄愤，而吟咏情性，以讽其上，此为情而造文也。”④《诗经》中的风雅篇什，述志陈情，以情志的充分表达为指要，因而列于“为情造文”之优等。而“诸子之徒，心非郁陶，苟驰夸饰，鬻声钓世，此为文而造情也”⑤。虚夸而无真情的赋，以文辞的浮华为表现对象，外现出虚伪之情，因而置于“为文造情”之劣等。此处还可以看出“真情”与“伪情”之对立，以情感为表现对象，则“情”的性质必顺乎自然而为真情；以文辞的浮华为表现对象，则“情”的性质必然违背自然而坠于虚伪之中。言“情”为文之表现对象，实言文学创作中必先生发出自然的情感，再将此种情感作为吟咏之对象加以充分表达，刘勰所谓“述志为本”是也。

从“情”与“辞”的关系来看，“情”依然处于根本和主导的位置。《情采》篇云：“故情者，文之经；辞者，理之纬；经正而后纬成，理定而后

① 范文澜：《文心雕龙注》，人民文学出版社 1958 年版，第 537 页。
② 范文澜：《文心雕龙注》，人民文学出版社 1958 年版，第 537 页。
③ 范文澜：《文心雕龙注》，人民文学出版社 1958 年版，第 538 页。
④ 范文澜：《文心雕龙注》，人民文学出版社 1958 年版，第 538 页。
⑤ 范文澜：《文心雕龙注》，人民文学出版社 1958 年版，第 538 页。

辞畅，此立文之本源也。”①刘勰看到了文学创作中“情”与“辞”的对立统一。一方面，刘勰重“情”，却没有将为文的全部要义归于“情”之表达；另一方面，刘勰又凸显出“情”的绝对优先性，经为主导、纬为辅助，“情”的主体地位不会动摇。“繁采寡情，味之必厌。”②“情”与“辞”的主次关系显而得见。“辞”即语言，语言既不能违背于情而创造，亦不能在繁寡上喧宾夺主，在文章写作中，情感始终是文章之主导，语言作为辅助要素必须服从并服务于“情”，否则便会产生“厌”的不良效果。

四、宅情之术—— 一曰动，二曰立，三曰控

“情”在文章写作中处于中心地位，既为文章之主导，是创作的内在原动力，又是文章之表现对象，是创作需要进行充分表达的内容，因此，“宅情曰章”中之“宅情”就显得极其重要。从《章句》篇放射至《文心雕龙》全书，我们可简要概括出“宅情”的三大方法：一曰动，即动情；二曰立，即因情立体；三曰控，即控引情理。

一曰动，动情是也。《体性》篇云：“夫情动而言形，理发而文见，盖沿隐以至显，因内而符外者也。”③言情感有所激发而后方能形成语言。此外，并不是简单的“动情”即可，因为凡有心志的生命体皆能动情，但能为情造文之人却鲜矣。因此，动情既指感情受到激发，同时还包含了情感与创作之才力发生碰撞，进而得以形成从隐到显、由内至外的过程。“情”之受到激动是一切文学创作的前期准备，优秀的文学作品皆因受到情感的驱使、并以充分表达情感为目的进行创作。在这个过程中，“情”

① 范文澜：《文心雕龙注》，人民文学出版社 1958 年版，第 538 页。
② 范文澜：《文心雕龙注》，人民文学出版社 1958 年版，第 539 页。
③ 范文澜：《文心雕龙注》，人民文学出版社 1958 年版，第 505 页。

无疑激发了语言文辞的生发，同时，文辞也为情志的外显和释放提供了载体，在一定程度上升华了情的广度与深度。“情”在受到激动之后，要与人的创作想象力产生互动方能进入写作过程，情与想象力的互动，是情能融诸于文辞、显现于篇章的必要条件。刘勰认为，情与想象的互动，主要依靠物之意象与人之心灵得以实现，他在《神思》篇中谈到：“神用象通，情变所孕。物以貌求，心以理应。”①其中所言之象、情、物、心，都是创作的元素。分而言之，就情与物之意象互动而言，刘勰强调物象对于情之激荡的重要作用。《神思》篇云：“夫神思方运，万途竞萌，规矩虚位，刻镂无形，登山则情满于山，观海则意溢于海。”②“山情”与“海意”就是主体的神思与不同的物象互动之后产生的不同情感类型，物象不仅决定了情之有无，还能决定其类别。就情与人之心灵互动而言，刘勰强调个性与心情的差异对情之最终形成的影响。《体性》篇云：“然才有庸俊，气有刚柔，学有浅深，习有雅郑，并情性所铄，陶染所凝，是以笔区云谲，文苑波诡者矣。”③个性包括先天之资与后天之学，共同构成作者的性情，性情的差异使得文章的风貌千差万别。《体性》篇专论内在的性情气质与外在的文辞之间必相符契，因而“自然之恒资”与“才气之大略”影响个体创作中“情”的形态，进而影响文章的风貌。此外，《神思》篇还指出了心性与思维方式对于文章表现手法的影响：“若夫骏发之士，心总要术，敏在虑前，应机立断；覃思之人，情饶歧路，鉴在疑后，研虑方定。”④情与不同的心性思维互动，则产生“通达”与“歧路”两种不同的表达方式。

二曰立，因情立体是也。《定势》篇开篇云：“夫情致异区，文变殊

① 范文澜：《文心雕龙注》，人民文学出版社 1958 年版，第 493-495 页。
② 范文澜：《文心雕龙注》，人民文学出版社 1958 年版，第 493-495 页。
③ 范文澜：《文心雕龙注》，人民文学出版社 1958 年版，第 505 页。
④ 范文澜：《文心雕龙注》，人民文学出版社 1958 年版，第 493-495 页。

术，莫不因情立体，即体成势也。”①《定势》篇讨论的是文章体裁与风格相适应的问题，而“情”对于文章风格有着重大影响，因此，首先应依照“情”来确立体裁。“因情立体”，即根据创作主体之情感确立文章体制。一方面，文学创作的“为情造文”要求作者依据情感确立体制；另一方面，就文学的表达方式而言，不同文学体裁需要与之相适应的表达方式，因而对“情”的表现手法也产生了个性化的需求。刘勰详细说明了各种文体对于情感表达的不同要求，既包括文学性强的文体，如诗骚和赋颂，也包括诸如应用文一类的文学性相对较弱的文体。对于诗骚和赋颂，情感的驱动力强劲，对于情感的表达也要求自由且充分。《诠赋》篇定义赋体文学：“赋者，铺也；铺采摛文，体物写志也。”②言赋体文学创作乃体察物貌、抒情述志。《颂赞》篇称屈原之颂“情采芬芳”，言颂体文学情感表达的深切。此类文学体裁中，“情”是其“体”得以确立的内在要求，如同《熔裁》篇所说的创作三准：“履端之始，则设情以位体。”③“设情”对于文学性强烈的体裁来说是属辞为文的内在要求。此外，“因情立体”还需触兴致情、睹物兴情。《诠赋》篇在谈及抒情小赋的创作时提出对于草木、禽兽等各类事物的刻画需要“触兴致情，因变取会”④，即要重视景物的起兴作用，以景物的变化兴发情感的变化。“原夫登高之旨，盖睹物兴情。情以物兴，故义必明雅；物以情观，故词必巧丽。”⑤极言情思的兴起离不开外物的引导，必须重视物能兴情的作用。而文学性相对较弱的文学体裁对“情”的内在要求同样存在，并且在一定程度上带有法则

① 范文澜：《文心雕龙注》，人民文学出版社 1958 年版，第 529 页。
② 范文澜：《文心雕龙注》，人民文学出版社 1958 年版，第 134 页。
③ 范文澜：《文心雕龙注》，人民文学出版社 1958 年版，第 543 页。
④ 范文澜：《文心雕龙注》，人民文学出版社 1958 年版，第 135 页。
⑤ 范文澜：《文心雕龙注》，人民文学出版社 1958 年版，第 136 页。

与规范的意味。《哀吊》篇云：“原夫哀辞大体，情主于痛伤，而辞穷乎爱惜。”①哀辞需表达出伤痛，因而要有哀伤爱惜之情充溢其中。“隐心而结文则事惬，观文而属心则体奢。”②言哀辞必“为情造文”才能情辞相契。“奢体为辞，则虽丽不哀；必使情往会悲，文来引泣，乃其贵耳。”③为达到哀辞文体的效果，避免文辞虚浮而情感淡乏，就必须将哀情融于悲痛中进行创作。《杂文》推究杂文的产生云：“原兹文之设，乃发愤以表志。身挫凭乎道胜，时屯寄于情泰。”④这里既有发愤之情志，又有舒泰之心情，二者都是杂文文体对情感提出的内在要求。其他篇目，《史传》篇之“世情利害”，《谐隐》篇之“怨怒之情”，《论说》篇之“烦情入机”，《议对》篇之“事切而情举”，《书记》篇之“情固而巧”，皆言各文体对于“情”之表达有不同要求，必须“因情立体”，才能处理好情感表达与文辞书写的关系。

三曰控引，控引情理是也。情、理、辞三者在文学创作中相互影响，“章”之“宅情”还需将此三者加以配合协调，在安章过程中控引情理。《章句》篇以歌舞为喻对此进行了论述：“其控引情理，送迎际会，譬舞容回环，而有缀兆之位；歌声靡曼，而有抗坠之节也。”⑤回旋与靡曼，言情理处于文章整体之中，要求连续不分；缀兆与抗坠言情理于各部分有其中心和主旨，必情理昭晰。做到情理昭晰，一要正确认识情理之关系与地位，二要处理好情理之表达。《情采》篇提出了涉及情理关系的“情经辞纬”说：“故情者，文之经；辞者，理之纬；经正而后纬成，理

① 范文澜：《文心雕龙注》，人民文学出版社 1958 年版，第 240 页。
② 范文澜：《文心雕龙注》，人民文学出版社 1958 年版，第 240 页。
③ 范文澜：《文心雕龙注》，人民文学出版社 1958 年版，第 240 页。
④ 范文澜：《文心雕龙注》，人民文学出版社 1958 年版，第 255 页。
⑤ 范文澜：《文心雕龙注》，人民文学出版社 1958 年版，第 570 页。

定而后辞畅，此立文之本源也。”①若据此对情、辞、理进行排序，则情先于理，理又先于辞。《章句》篇云：“理资配主，辞忌失朋。环情草调，宛转相腾。”②言理要配合情感主旨，而文辞的起草，要以“环情”为中心，情、理、辞之地位则囿别有分。处理好情理的表达，首先要做到情理的统一。《附会》篇云：“夫才童学文，宜正体制：必以情志为神明，事义为骨髓，辞采为肌肤，宫商为声气。”③这里的情志与事义，即指情与理。情志为神明，强调情乃文章的原动力；事义为骨髓，说明理能作用于文章框架的建构。二者统一方能形成总领文章的旨意与框架。其次，要以情真意切为理之根本，即强调情的真实性。《宗经》提出了效法经书为文的六则优点，其一便是“情深而不诡”④。“不诡”不仅言情感的中正不偏邪，也言情感的真实不虚伪，只有建立在“不诡”基础之上的“情深”才能成为文章之神明，发挥统摄理与辞的作用。

从探究“章”的外文和内义出发，理清“章”与“情”在文章及文学创作中的地位和作用，方能较为深刻细致地考察“宅情曰章”之内义。

---

① 范文澜：《文心雕龙注》，人民文学出版社 1958 年版，第 538 页。
② 范文澜：《文心雕龙注》，人民文学出版社 1958 年版，第 572 页。
③ 范文澜：《文心雕龙注》，人民文学出版社 1958 年版，第 650 页。
④ 范文澜：《文心雕龙注》，人民文学出版社 1958 年版，第 23 页。

心随境变——袁中道生死观的一个关键词

朱晓骢

(厦门大学人文学院)

摘　要：面对生死困惑，晚明文人袁中道(1570—1623)提出了“心随境变”的生死观，认为心性会随着外境的变化而变化。这一生死观既打上了鲜明的晚明烙印，也与他的个人经历有关。与“心随境变”的生死观相对应，袁中道提出了“自适”的理想境界，希望最终能够不依赖外境而至内心安乐。

关键词：袁中道 生死观 心随境变 自适

生死问题包括人类对死亡的本质、价值和意义的探究，也涵括对生存这一过程的不断思考。面对生死困惑，晚明文人袁中道(1570—1623)提出了“心随境变”的生死观，并将这种生死态度践行于生活中。本文以《珂雪斋集》为文本，探讨袁中道“心随境变”的生死态度及其时代背景，并提及袁中道不依赖外境而至内心安乐的理想境界。

一、霹雳火化为清冷云

《易》曰：“乾道变化，各正性命。”朱熹注曰：“物所受为性，天所赋为命。"钱穆认为，古人素来在观念里将性、命二字分开，性"在己在内"，而命"在天在外"。也就是说，"性"是一个人与生俱来的天性，属于精神世界；"命"是经历际遇和外在荣辱，属于物质世界。中国古人一生所求的不过尽性与安命而已①。"性""命"既有所区分，又相互依存。袁中道将"性"理解为"心性"，即内在的精神世界，将"命"视为外境，即外在的物质世界。他的生死困惑归根结底是心性与外界如何调和的问题。

首先，袁中道重视心性甚于外境。他将心性比作"意根"，将物质世界比作"造物"。袁中道青年时代屡试不第，遂逃向酒盏与山水寻求释怀。他中年时追悔不已，说道："不自宝惜意根，持锋颖以与造物战，而不胜。"②"造物"在此处是指物质世界。他认为"意根"是与生俱来的天性，自呱呱落地的婴孩时代就存于体内，像一柄崭新的利刃，可若想以天性对抗外界，只白白磨损心性而已。袁中道认为守护心性重于功业文章，甚至不惜偏激地将诗文的地位置于心性之下。他在《宗镜摄录序》一文中说："予等逐逐世缘，并镂画世间文字，皆切泥相也。"③若用心性这利刃来切泥，非但不能将泥雕刻出形状来，反使刀锋钝损。由此可见，袁中道重视心性甚于外境。

其次，袁中道主张将心性与外境割裂开来，但他也承认心性受到外境的影响，并由此提出了"心随境变"的生死观。袁中道在解释心性与外物两者关系时，常常站在心性这边，不仅与外界保持对立，甚至有时还显示出敌对的姿态来。如他认为，自古隐士心中存有不平之气，遂寄托外物以自我排解，其目的是为了"借所寄者力与之战"④，也就是与外界进行斗争。袁中道倾向于将心性与外境割裂开来，并时刻保持一种与外

① 钱穆：《晚学盲言》，生活·读书·新知三联书店2010年版，第587-588页。
② 袁中道撰，钱伯城点校：《珂雪斋集》，上海古籍出版社1989年版，第481页。
③ 袁中道撰，钱伯城点校：《珂雪斋集》，上海古籍出版社1989年版，第519页。
④ 袁中道撰，钱伯城点校：《珂雪斋集》，上海古籍出版社1989年版，第423页。

界且战且走的警惕和不安。但是，他也承认心性非常容易受到外境的影响。这也就是他所说的“心随境变”：

> 人心如火，世缘如薪。可爱可乐之境当前，如火遇薪，更益之油矣。若去其油脂，洒以清凉之水，火亦渐熄。吾尝见人阅除书，则进取之念愈炽；睹广柳，则谋生之意少灰。乃知心随境变，可用吾斡旋之法。①

袁中道认为心性并非恒久不变，反而如风中之烛，极易受到外境影响。他将心性比作躁动之火，一旦生发，即耗损心性。若遇木柴则燃烧愈烈，若浇清水则烦火顿歇。人若沉溺书卷，见多功名之语，则不免萌生进取之心；徜徉山水，看冷山凉泉，则自然少了些追求功名之念。这种单靠外境改变心境的过程不免有些武断，但袁中道认为这是使心灵平静的有效方法之一，他将这一过程形象地比喻为“霹雳火化为清冷云”②。

那么，究竟怎样合适的外境才能真正保护心性呢？袁中道进一步解释道：“是以修行之人，常处逝多林中，借其无常之水，以消驰逐奔腾之火，此亦调心第一诀也。袁崧好唱挽歌，盖亦有意。”③在这里，袁中道提出了两种方法：一是追求佛法，修行于逝多林中；二是阅读哀叹无常、歌咏生死的文学作品。

生死本是佛教最为关注的命题之一。袁家亲属素有崇佛传统，袁中道舅父龚唯长、龚唯学一直致力于在二圣寺中整理佛藏，兄长袁宗道与袁宏道也都先后由崇拜道教转入研究佛学与心学。因此，袁中道耳濡目

① 袁中道撰，钱伯城点校：《珂雪斋集》，上海古籍出版社 1989 年版，第 743 页。
② 袁中道撰，钱伯城点校：《珂雪斋集》，上海古籍出版社 1989 年版，第 743 页。
③ 袁中道撰，钱伯城点校：《珂雪斋集》，上海古籍出版社 1989 年版，第 743 页。

染，也喜亲近佛法。袁宏道认为文字如戏笔，性命最真切，于是潜心于佛法以了悟生死，袁中道赞他醉心佛法是“真善用其利刀”①，真正保护了心性。

袁中道还认为，若要消减心中欲望，就要时时记得人生无常。除佛法之外，还可以翻阅与生死相关的诗词文章，如唱挽歌。万历三十五年(1607)，三十八岁的袁中道下第，对仕途灰心绝望，因此“取古今诗篇悯生伤逝之语”②，命为《苦海》。《苦海》现已不存，但据袁中道所言，其中所载应是古诗中哀叹人生反复无常、歌咏生离死别之悲作。万历三十七年(1609)，舟居的袁中道旧病复发，苦闷之际又翻出《苦海》，每每歌咏之时，便感到世事无常，繁华如梦，便不再烦恼。从袁中道对李贽“虽好之，不学之”的态度和对李贽自杀的反对态度来看③，他和袁宗道、袁宏道一样珍惜性命，因此编撰《苦海》绝非是因为欣赏以悲为美的诗风和慷慨赴死的清高执着，恰恰相反，他只想在诵读伤逝之语的过程中体味人世无常、繁华不永之意，借以提醒自己死亡将近，不必过分执着。

除此之外，受“心随境变”这一观点的影响，在面对功名、生死等问题引发的焦灼痛苦时，袁中道还刻意寻求清冷环境以消除欲火、保护心性。他喜看山听泉的孤冷环境，也爱泛家浮宅的舟居生活，归根结底是为了安抚心性，调和心性与外境之间对立的关系。

二、时代烙印与个人经历

袁中道“心随境变”的生死态度并非一个时代孤立的产物，而是深深

---

① 袁中道撰，钱伯城点校：《珂雪斋集》，上海古籍出版社 1989 年版，第 519 页。

② 袁中道撰，钱伯城点校：《珂雪斋集》，上海古籍出版社 1989 年版，第 743 页。

③ 王承丹：《“虽好之，不学之”——试论公安三袁对李贽的矛盾态度》，《临沂师范学院学报》2002 年第 2 期。

打上了晚明时代的烙印，同时这也是他个人经历影响的结果。

传统儒家道德观念以仁义礼教、君臣伦理为约束，而阳明心学的出现解放了士子思想，使“本心”“自我”得到前所未有的重视。衰息的佛教迎合晚明时代世人的焦虑心态，再度中兴，从万物变化无常这一自然规律出发，宣扬梦幻泡影的虚妄。阳明心学与佛学这两种思潮在生死观上有重叠之处，即对“心性”的重视。点破繁华、怀疑功名的佛语犹如当头棒喝，使人转而关注生死问题。当人们由接受死亡转入追寻生命意义时，佛法以“色身易坏，法身恒常”的道理警示世人，了悟生死的目的便是了悟“心性恒常”，人若能明白这一道理，就能达到随境皆安的境界。而阳明心学在高扬“心性”的这点上无疑与佛教契合，即关注内心、关注生死。

对“心性”的高度重视必然导致精神世界与物质世界的衡量标准开始失衡。事实上，许多晚明人士都毫不犹豫地偏向精神世界。他们极力说明，即便是圣人也畏惧生死。如袁宏道说：“夫蒙庄达士，寄喻于藏山；尼父圣人，兴叹于逝水。死如不足畏，圣贤亦何贵于闻道哉。”①晚明文人对生死的重视甚至影响到他们的文学创作，越是重视生死问题，越是轻视写诗作文。钟惺年近五十之时，念及人生无常，还未将生死了解透彻，所以发出“不明生死大事，贸贸而去，一妄庸人耳”②的感叹。又如屠隆欲“以文章为游戏，将希刘勰逃禅”③的行为，便将为文作诗视作游戏人间之事，随着年岁渐老，他希望自己能像刘勰一样皈依佛法。晚明文人抛弃诗文的态度可谓偏激，但也正是这种行为证明了他们对生死与心性的重视。

---

① 袁宏道撰，钱伯城笺校：《袁宏道集校笺》，上海古籍出版社 1989 年版，第 444 页。

② 谭元春撰，陈杏珍标校：《谭元春集》，上海古籍出版社 1998 年版，第 682 页。

③ 屠隆著，卫绍生、祁文洁注：《娑罗馆清言》，中华书局 2008 年版，第 38 页。

由于阳明心学与佛学存有契合之处，晚明文人生死观也打上了儒、佛两家的烙印。具体来说，晚明文人为超脱生死、安定心性而不懈求道，这种“道”兼具儒、佛色彩。佛法主张的“道”是人对生死问题的透彻理解，“人若知道，则随境心安；人不知道，则触途成滞”①。求“道”即是了悟生死，因此佛教主张人须破除执念、淡泊名利。受此影响，晚明文人的文学作品中多有佛教色彩的机警思考与外物观照。如袁宏道曾说：“登高临水，悲陵谷之不长；花晨月夕，嗟露电之易逝。”②就将人生“如露亦如电”的佛教观念融入对现实万物的观察。心学主张的“道”是修炼心性、安顿内心的过程。因此心学主张人要观照内心。受此影响，晚明文人以养生延年、修持禁欲的方式延长寿命，渴望增加生命浓度，在有限岁月里实现自身价值，其文学作品中多有对生命意义的追问与努力实现人生价值的积极精神。受此影响，袁中道“心随境变”的生死观既追求以淡泊超脱的姿态来面对死亡，也主张以积极修炼的行为来实现人生价值。受这两者的调和，其生死观不至流入佛家之虚无颓丧，也不至困于儒家之盲目进取。

除了深受晚明时代思潮的影响，袁中道“心随境变”的生死态度还与他的个人经历密不可分。万历二十八年(1600)至万历四十二年(1616)是袁中道生死观的激进期，此时的生死态度由通达转为恐惧，他在《心律》中自言此时才开始对死亡感到真正的恐惧，他因此说道：“学道十七八年，止今才有几分怕生死。”③生死观的转变影响了他对功名和生活方式

① 屠隆著，卫绍生、祁文洁注：《娑罗馆清言》，中华书局 2008 年版，第 43 页。

② 袁宏道撰，钱伯城笺校：《袁宏道集校笺》，上海古籍出版社 1989 年版，第 443 页。

③ 袁中道撰，钱伯城点校：《珂雪斋集》，上海古籍出版社 1989 年版，第 1163 页。

的看法，虽然求仕之心仍炽，但青年时的满腔愤懑不平已化作了疲惫倦怠，功名的执着中也掺杂了一丝怀疑与否定。在了悟生死的过程中，袁中道已有意识地开始节制欲望、修持养生，追求清冷外境。

其生死观的变化与这一时期的个人经历有关。除了年岁渐老与科场屡败以外，亲友多丧与病痛折磨是刺激袁中道思考生死、调和心性的关键。袁中道亲友大多于壮年仓促去世，且饱受病痛折磨。在这一时期，袁宗道病逝，李贽狱中自杀，兄长袁宏道、父亲袁士瑜和好友黄辉相继病逝，此后袁中道的亲友凋零无几。痛失亲友的悲哀中，袁中道生发出一种人世无常、死亡可惧的感受，对人生也有了虚幻之感。袁宏道死后，袁中道因过度悲痛，血疾复发，不得不前往玉泉山疗养沉疴，希冀以清冷山水来平息心中哀痛。

三、真隐自适的理想境界

“心随境变”的生死观是袁中道面对生死问题时提出的斡旋之法，他将其实践于人生之中的同时，也提出了了悟生死的理想境界。在精神世界与物质世界的对抗中，他希望能达到两者的和解，即不依靠外境而达到内心的安乐平静。他思慕一种与外界和平共处、进退自如的从容境界，追求心的安宁自适。他认为，古代隐士有不平之气，遂寄托于外物，或是饮酒，或是赋诗，然而寄托外物并不是真正的安乐。在《赠东粤李封公序》一文中，袁中道论述“真隐”：

> 借怡于物，以内畅其性灵者，其力微，所谓寒入火室，暖自外生者也。故隐者贵闻道，闻道则其心休矣。唯心休而不假物以适者，

> 隐为真隐。①

“真隐”与“寄托外物”有何不同呢？袁中道认为，古之隐君子寄情于外物以排遣心中不平的这种行为是“假隐”，而不借外物、唯靠本心而至安乐的行径才是“真隐”，两者最主要的区别在于依赖外境还是依赖心性。袁中道认为，真正理想的境界是不向外境寻求动力便能使心安乐。

袁中道随后论述陶潜之隐，评道：“（陶潜）至于生死迁变之际，每每泫然欲涕，而姑借酒以降之，又安能乐？”②他否定陶潜寄情于酒的行为，认为这样并没有解决面对生死迁变生发的悲伤愤懑之情，而殷忧内结的陶诗正是其纠缠生死、心内不安的外在表现。袁中道在《四牡歌序》中将这种观点表达得更加明白：

> 夫以阮籍、陶潜之达，而于生死之际，无以自解，不得已寄之于酒。杜武库之事业，颜真卿之忠义，终不能忘情于迁化之际，而沉碑刻石，不得已寄之于名。予皆怜其志，而哀其不知解脱之路。③

袁中道既否定了阮籍、陶潜寄之于酒的行为，也否定了杜预、颜真卿寄情功名著述的行为。在他看来，面对生死变迁，这些人都没有找到真正的解脱之路。那么，在袁中道心中，何为“真隐”？何为解决生死问题时的“解脱之路”？袁中道并未急于点明，而是将抽象概念具体到人格范本中，他认为“真隐”模范是以邵雍和陈白沙为代表的智者。在他心中，邵雍洞察生死之秘，把变化莫测的无常人生看得透彻，所以能以一种温润

① 袁中道撰，钱伯城点校：《珂雪斋集》，上海古籍出版社 1989 年版，第 423 页。
② 袁中道撰，钱伯城点校：《珂雪斋集》，上海古籍出版社 1989 年版，第 423 页。
③ 袁中道撰，钱伯城点校：《珂雪斋集》，上海古籍出版社 1989 年版，第 453 页。

的处事方法面对人生的困惑痛苦，“如炉点雪，如火销冰”，故心灵能“游于温和恬适之乡”①，得到心中真正的安乐闲适，因此邵雍之隐乃是“真隐”。而陈白沙追崇“本心”“自然”，洞明心地，知道依赖本心来化解人世困苦，所以能“处穷处达，无往不适”②。归根结底，袁中道欣赏的是一种“自适”的人生境界。“自适”是心的自适，是一种与外界和解的宁静人格，是面对死亡，“纵浪大化中，不喜亦不惧”③的从容姿态。

值得注意的是，袁中道心中的理想境界与他“心随境变”的生死观恰好相反。心随境变主张心性随着外部世界改变，而自适的理想境界却依靠本心，不需借助物质世界的力量。事实上，袁中道虽仰慕邵雍、陈白沙心灵逍遥的境界，但他也明白，这种宁静至圣之人格过于虚幻缥缈，难以追寻与模仿。在对“真隐”和“自适”的勾画中，袁中道将向往的境界转变为人格之期许。在邵雍和陈白沙身上，袁中道欣赏他们内心温和、与造物者为友、进退自如，尤其是心地安宁的境界。这种状态，千百年来没有多少人能够真的达到，与其说是难以企及，不如说是一种理想完美的境界。因此，心灵自适的境界是他的理想与目标，而“心随境变”是他解脱于生死、在心性与外境之间找到平衡的重要方法。

① 袁中道撰，钱伯城点校：《珂雪斋集》，上海古籍出版社1989年版，第423页。

② 袁中道撰，钱伯城点校：《珂雪斋集》，上海古籍出版社1989年版，第423页。

③ 陶渊明撰，袁行霈笺著：《陶渊明集笺注》，中华书局2003年版，第67页。

《文化关键词研究》稿约

一、本刊是以发表“中外文化关键词研究”相关成果为主的学术辑刊，每年一期。欢迎具有学术性、前沿性、思想性的稿件，对视角新颖、选题独特、有创见、有卓识的文稿尤为重视。

二、文章字数请控制在8000~12000字，特别优秀的稿件可放宽至20000字。译稿则须附原文及原作者的授权证明。

三、注释：

本刊不另列参考文献，相关参考与引用文献皆在注释中说明。一律采用脚注，每页编号自为起止。

1. 注释项目排列顺序如下：

(1)中文注释：

期刊：作者，文题，刊名及年卷(期)。

例：林庚：《五七言和它的三字尾》，《文学评论》1959年第2期。

专著：作者，书名及卷册，出版地，出版者及出版年，页码。

例1：吕思勉：《先秦学术概论》，东方出版中心1996年版，第16页。

例2：《马克思恩格斯选集》第2卷上册，人民出版社1972年版，第25页。

例 3：王若虚：《滹南遗老集》卷三十六《文辨》，《文渊阁四库全书》本。

例 4：孙锡信：《唐五代语气词的更迭》，郭锡良主编：《古汉语语法论集》，语文出版社 1998 年版，第 609 页。

例 5：太田辰夫：《汉语史通考》，江蓝生、白维国译，重庆出版社 1991 年版，第 78 页。

(2)外文注释：

遵从该文种注释习惯。下列格式仅适用于英文文献：

作者，书名或篇名(出版地：出版社，出版年)，页码.

例 1：Andrew Hacker，*An Introduction to Literary Criticism* (Boston：D. C. Heath and Company，1961)，324.

注意：书名用斜体表示。

例 2：Jacques Derrida，"The Law of Genre"，*Critical Inquiry* 7 (1) (Autumn 1980)：65

注意：篇名用引号表示。报刊名用斜体表示。

2. 非引用原文者，注释前加"参见"二字。

3. 引用资料非引自原始出处者，注释中注明"转引自"。

4. 凡在同一页引用同一文献二次以上者，注释依下例：⑦⑨《黄侃纪念文集》，湖北人民出版社 1989 年版，第 43、56 页。在不同页引用同一文献，需提供完整信息，不得省略。

5. 凡引文出自同一文献相邻两页或数页者，注释依下例：钱锺书：《七缀集》，上海古籍出版社 1996 年版，第 63-66 页。

四、数字：公历世纪、年代、年月日、时刻、图表序号均用阿拉伯数字。年份不能简写。

五、来稿请附上：

1. 作者简介：姓名、性别、出生年月、籍贯、所在单位(具体到院系或研究所)、职务或职称、单位所在省市、邮编、联系电话。

2. 论文的中文摘要(字数控制在150~200字)、中文关键词(3~5个)。

为方便编辑印刷，来稿一律采用电子文本。来稿若被采用，将寄样刊二册。未用稿件，恕不退稿，三月内未接用稿通知，可自行处理。文稿如有不允许删改和作技术处理的特殊事宜，请加说明。

编辑部电子邮箱：whgjcyj@163.com

编辑部主任：李立

电话：18271860351

本刊地址：湖北省武汉市珞珈山16号　武汉大学文学院《文化关键词研究》编辑部

邮编：430072

《文化关键词研究》编辑部